CSSCI 来源集刊

历史语言学研究

二○二二年第一辑

（总第十七辑）

中国社会科学院语言研究所《历史语言学研究》编辑部　编

图书在版编目(CIP)数据

历史语言学研究.二○二二年.第一辑:总第十七辑/中国社会科学院语言研究所《历史语言学研究》编辑部编.—北京:商务印书馆,2022
ISBN 978-7-100-21440-7

Ⅰ.①历… Ⅱ.①中… Ⅲ.①语言学史—文集 Ⅳ.①H0-09

中国版本图书馆 CIP 数据核字(2022)第 128275 号

权利保留,侵权必究。

LÌSHǏ YǓYÁNXUÉ YÁNJIŪ
历 史 语 言 学 研 究
二〇二二年第一辑
(总第十七辑)
中国社会科学院语言研究所
《历史语言学研究》编辑部 编

商 务 印 书 馆 出 版
(北京王府井大街36号 邮政编码100710)
商 务 印 书 馆 发 行
北京虎彩文化传播有限公司印刷
ISBN 978-7-100-21440-7

2022年5月第1版　　开本 787×1092　1/16
2022年5月北京第1次印刷　印张 14
定价:80.00元

《历史语言学研究》编辑委员会

顾　问：

贝罗贝　丁邦新　江蓝生　蒋绍愚　柯蔚南　马提索夫　梅祖麟
潘悟云

主　编：杨永龙
副主编：赵长才

编辑部主任：赵长才
编辑部副主任：陈丹丹

编审委员会：

曹广顺　冯胜利　洪　波　蒋冀骋　罗　端　麦　耘　秋谷裕幸
孙朝奋　汪维辉　王洪君　魏培泉　吴福祥　杨永龙　张丽丽
张　敏　张涌泉　赵长才

编务委员会：

杨永龙　赵长才　祖生利　李　明　陈丹丹　张　定　姜　南
陈伟蓉　于方圆　张竞婷

本期责任编辑：陈丹丹

封面题字：丁邦新

目　　录

中古汉语选择问句系统及相关问题的讨论 ………………………… 赵长才（1）
从"（我）闻如是"到"如是我闻" ………………………………… 姜　南（23）
《鼻奈耶》"取"字处置式及相关语法关系问题初探 ……………… 沈　煜（32）
从《摩诃僧祇律》语序看中古译经语言特点 ……………………… 张　文（47）

也谈句末时体助词"来着"的来源 ………………… 祖生利　高云晖（64）
清代汉语的连动式 …………………………………………………… 陈丹丹（103）
指物名词"东西"来源与形成新探 ………………………………… 冯　赫（115）

"够"类程度副词的语法化 …………………………… 史金生　李　萍（126）
北京话"X+儿"结构构式化研究 ………………………………… 龙国富（137）
东北官话表时间的"头"及其语法化考察 ………………………… 张明辉（153）

从词汇的借用到语言的转用——以东乡语为例 …… 敏春芳　付　乔（164）

· 青年论坛 ·

中古汉语第三人称代词"伊"的来源试析 ………………………… 卢玉亮（181）
数理统计视角下的五言诗早期声律特征——以宋齐五言诗为样本 …… 程　悦（197）

《历史语言学研究》稿约 ……………………………………………………（218）

中古汉语选择问句系统及相关问题的讨论*

赵长才

提　要　汉语选择问句从上古到中古时期发生了重大变化。在此前学者研究的基础上，本文对中古汉语选择问句系统提出了新的句式分类框架，并对各类中古时期存在的选择问句式进行了详细的描写和分析。文章就中古汉语选择问句系统中选择连词的确定和来源作了进一步探讨，分析了中古汉语选择问句式中句末语气词的使用情况，对中古选择问句系统理论分类中未出现的几个句式尝试作出了新的解释。

关键词　选择问句　分类框架　中古汉语　历史演变

一　选择问句的范围、界定及上古汉语选择问句的特点

1.1　选择问句的范围与界定

在对现代汉语和古代汉语选择问句的研究中，各家对选择问句所包含的范围，有着不同的理解。代表性的观点有三种：

1. 既包括列项选择问，也包括反复问。如吕叔湘（1982）、朱德熙（1982：202）。

2. 既包括列项选择问，也包括范围选择问。如杨伯峻、何乐士（2001：879）、祝敏彻（1995）。

3. 只包括列项选择问。如丁声树等《现代汉语语法讲话》（1961：204）、吕叔湘主编《现代汉语八百词》（1999：12）、太田辰夫（1958/2003：370）、何亚南（2001）、刘开骅（2008）。

我们采纳第三种观点，选择问句特指一般所认为的列项选择问，而不包括反复问和范围选择问。

丁声树等《现代汉语语法讲话》（1961：204）给选择问句下的定义是：选择问句并列几个项目，让回答的人选择一种。吕叔湘在《中国文法要略》中，给选择问句的定义是：叠用两个互相补充的是非问句，询问对方孰是孰非，就成为抉择问句。

---

* 谨以此文恭贺曹广顺先生七十华诞！

选择问也有学者称作平列选择问、并列选择问、分项选择问、一般选择问、抉择问等。

1.2 上古汉语选择问句的特点

《马氏文通》卷八："两商之辞，有皆用'宁'字者，有'宁''将'两字为先后呼应者，有单用'将'字，又有'将''抑'并用者，皆无定式，唯其是尔。"

吕叔湘（1982）认为，文言里的抉择是非问句差不多必用语气词，并且多数是上下都用；大多数文言抉择问句用关系词来连络，可用的关系词有"抑""意""且""将"等。

梅祖麟（1978）指出先秦两汉时期并列选择问句的特点是："两小句句末几乎必用'与''乎''邪'之类的疑问语气词"，而且"大多数另嵌入'抑''意''将''且''其''妄其'之类的关系词。"

从选择问句里选择连词的使用来看，上古汉语经常使用的选择连词主要有：将、且、妄、妄其、忘其、亡将、亡其、又亡其、其、其诸、抑、抑亦、抑其、亦、意、意亦。

下面略举几个上古汉语选择问句的例子：

（1）滕，小国也，间于齐楚。**事齐乎？事楚乎？**（《孟子·梁惠王下》）/ 然即国都不相攻伐，人家不相乱贼，**此天下之害与，天下之利与？**（《墨子·兼爱下》）/ 子禽问于子贡曰：夫子至於是邦也，必闻其政，**求之与？抑与之与？**（《论语·学而》）/ 知不足邪？**意知而力不能行邪？**（《庄子·盗跖》）/ **将以穷无穷逐无极与？意亦有所止之与？**（《荀子·修身》）/ 岂吾相不当侯邪？**且固命也？**（《史记·李将军列传》）/ 知其巧奸而用之邪？**将以为贤也？**（《汉书·京房传》）/ 不识三国之憎秦而爱怀邪？**亡其憎怀而爱秦邪？**（《战国策·赵策二》）

二 中古汉语选择问句的分类系统

中古汉语选择问句的研究，是建立在对上古及近现代汉语选择问句深入了解的基础上展开的。

中古汉语选择问句主要有哪些句式类型，由于各家所依据的语料不同，加之采用的分类标准各异，目前还未取得共识。以中古较大规模文献语料为基础的分类系统尚待建立。

梅祖麟（1978）较早归纳了中古时期选择问句的几种常见类型（引文出处依原文）：

1. N1VP1，为（N2）VP2（{乎也}）？

不知孚为琼之别名，为别有伍孚也？（《三国志·魏书·董二袁刘传》裴松之注）

2. N1 为 VP1（{也耶}），为 VP2（{乎耶}）？

宏曰：卿为欲朕和亲，为欲不和？（《南齐书·魏房传》）

夫得道者，为在家得，为出家得乎？（《杂宝藏经》）

为尘务经心，为天分有限邪？（《晋书·王凝之妻谢氏传》）

3. N1VP1，(N2)VP2？

况今在天上，福多，苦多？（《幽明录》）

问左右曰：今年男婚多，女嫁多？（《宋书·王王殷沈传》）

杨如雪（1998：71）将支谦和鸠摩罗什译经中选择问句的句式类型归纳为如下十式：

1."（N）VP1{耶/乎}？+VP2{耶/乎}？"式

2."VP1耶？+VP2也？"式

3."VP1？+VP2乎？"式

4."（N）VP1？+VP2也？"式

5."（N）VP1？+VP2？"式

6."（N）VP1（耶）？+为VP2？"式

7."（N）为VP1？+VP2（乎）？"式

8."（N）为VP耶？+Neg·VP耶？"式

9."（N）VP1耶？+VP2也？"式

10."（N）为VP1（耶）？+为VP2（耶）？"式

何亚南（2001：193）基于对《三国志》及裴注的语料考察，将这一时期选择问句的句式概括为四种：

1."X·语气词，Y·语气词"式

2."关联词·X·（语气词），Y·语气词"式

3."X·（语气词），关联词·Y·语气词"式

4."关联词·X·（语气词），关联词·Y·语气词"式

高列过（2003：119）讨论了东汉译经的选择问句，她首先根据分句有无"为"，将东汉译经的选择问句分为两大类，然后在大类下又分列了若干具体句式。此外，柳士镇（2002：45）对萧统《令旨解二谛义（并答问）》、黄娜（2009：49）对《贤愚经》选择问句也作了句式的分类考察。

从上面介绍的几种对选择问句的分类情况看，除梅祖麟外，学者们大多基于对某一部/类文献或个别作家作品所使用的选择问句进行句式归纳。尽管在语料的普遍性上还不足以反映出中古时期选择问句句式类型的全貌，但通过对特定文献所作的具体描写和定量分析，使我们对中古时期选择问句的基本面貌有了更多的了解，也为进一步全面考察该时期选择问句句式类型奠定了坚实的基础。

刘开骅（2008）在以往研究的基础上，对中古时期选择问句的句式类型作了进一步的有益探索，提出了新的分类标准。他认为："构建选择问句的句式系统，应当首先抓住具有句法结构意义的关联词，以关联词为构形大纲，再适当关照疑问语气词的使用情况。基于这样的思考，本书尝试将选择问句首先分为不用关联词和使用关联词两大类。在两大类内部，前者按照有无疑问语气词分成两个小类，有疑问语气词的再按照疑问语气词的位置分成次小

类；后者按照关联词的位置分成不同小类，不同小类按照疑问语气词的有无和所处位置分成各个次小类。如此下来，每一类系的最后一层便是各种各样的句式。"（刘开骅 2008：163）

刘开骅的具体分类框架如下（选择项记作 A、B，关联词记作 conj，疑问语气词记作 part）：

一、不用关联词的选择问句

（一）不用关联词而有疑问语气词的选择问句

一式：A·part，B·part

二式：A·part，B

三式：A，B·part

（二）不用关联词和疑问语气词的选择问句

四式：A，B

二、使用关联词的选择问句

（一）关联词只用于前一选择项之前的选择问句

五式：conj·A·part，B·part

六式：conj·A，B·part

七式：conj·A，B

（二）关联词只用于后一选择项之前的选择问句

八式：A·part，conj·B·part

九式：A·part，conj·B

十式：A，conj·B·part

十一式：A，conj·B

（三）关联词同时出现于两个选择项之前的选择问句

十二式：conj·A·part，conj·B·part

十三式：conj·A，conj·B·part

十四式：conj·A，conj·B

这样的分类框架诚如刘开骅所说"既有利于全面描写中古汉语选择问句的句式面貌，同时也能够较好地反映出其内部系统的层级关系"。（刘开骅 2008：164）我们认为是目前较为合理也比较科学的分类。

不过，由于受语料范围限制[①]，刘开骅的分类系统实际上是不完整的，在他所列的十四种句式中，译经文献实际所出现的选择问句式只有其中的十个，而在第五、八、十、十二这四种句式中则没有体现。

我们通过对东汉 29 部译经和魏晋南北朝时期 97 部译经以及有代表性的中土文献选

---

① 刘开骅据以分类和统计的语料包括中土文献（《论衡》《三国志》及裴注、《世说新语》和《南齐书》），译经文献（《撰集百缘经》《大庄严论经》《贤愚经》《杂宝藏经》和《阿育王传》）。

择问句的考察,参考刘开骅先生的分类框架,尝试建立一个新的中古汉语选择问句的句式分类系统。虽然调查的语料范围相对于整个中古译经文献和传世文献的数量来说仍然有限,但可以在一定程度上弥补以往译经语料统计规模过小的缺憾。

在考虑只有两个选择项,且不涉及具体使用哪些选择连词和语气词的情况下,我们认为,理论上可以有16种中古汉语选择问句的句式类型。分类的层次图示如下(选择

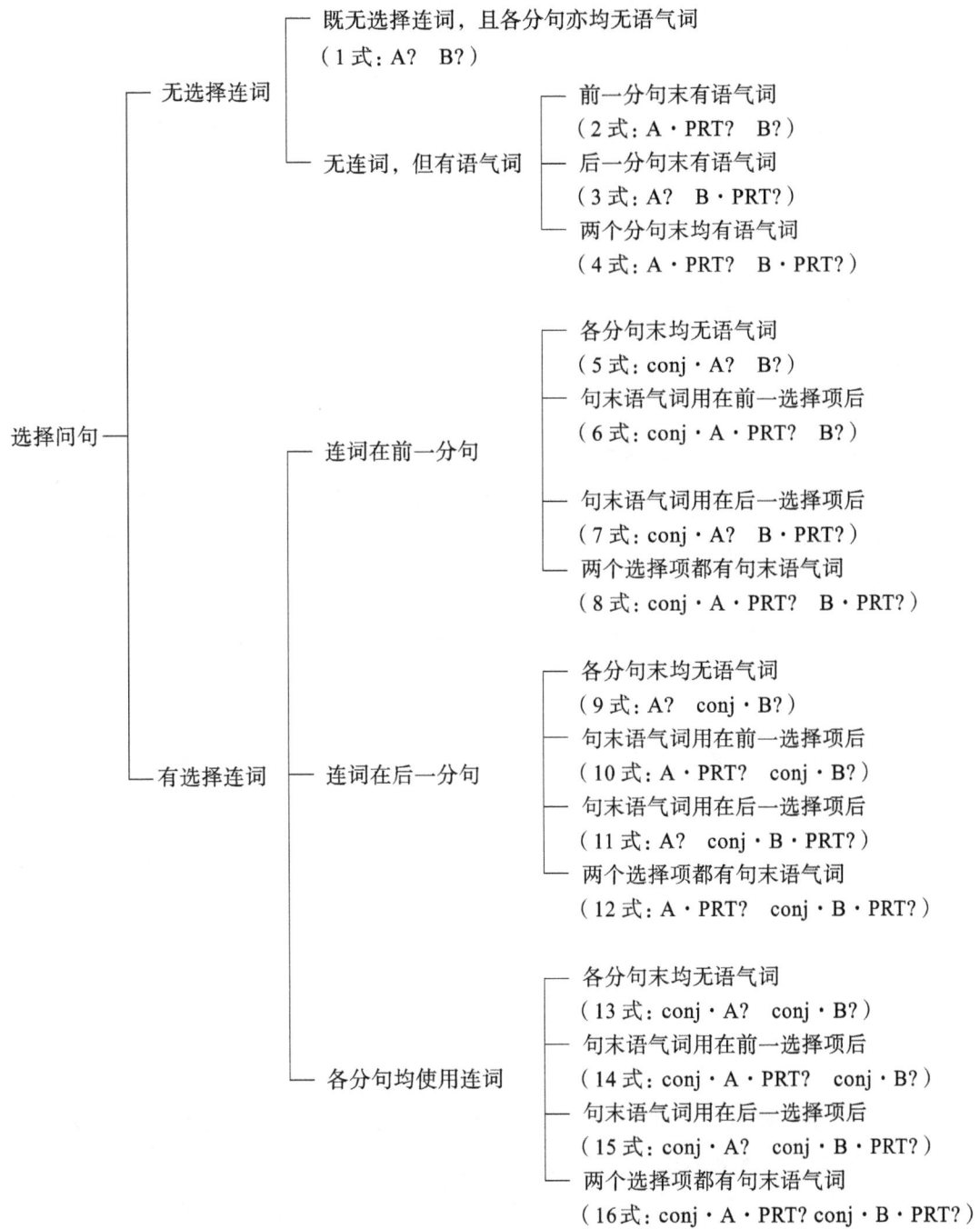

项记作 A、B，选择连词记作 conj，疑问语气词记作 PRT）：

这个分类系统跟刘开骅先生的分类系统相比有两点主要的不同，一是 conj 代表选择连词，而不是比较宽泛的关联词。关于这一点后面还会谈到。二是列出了理论上所能出现的所有选择问句式，共 16 种。这 16 种类型中的第 6 式和第 14 式，刘先生认为在中古汉语里实际上是不存在的。据我们的调查，除这两式外，第 2 式和第 10 式也没有在所调查的语料中出现。这四种类型选择问句式的共同特点是语气词在前一选择项句尾，没有出现的原因，将在后文 6.2 节讨论。

统计的语料兼顾汉译佛经文献和中土文献，因此该分类系统可以看作是整个中古汉语时期选择问句的类型归纳。

下面就上述所列各式分别举例说明：

1 式：A？　　B？

既无选择连词，且各分句亦均无语气词。

（2）舍利弗言："但菩萨无生？萨婆若亦无生？"须菩提言："萨婆若亦无生。"（姚秦鸠摩罗什译《小品般若波罗蜜经》卷一）/太子又问："唯此人老？一切皆然？"从者答："一切皆悉应当如此。"（刘宋求那跋陀罗译《过去现在因果经》卷二）/汝今欲求转轮圣王？帝释魔王？（元魏慧觉等译《贤愚经》卷一）

该式实际上还有一个变式，即用两个意义相对或相反的词语在一个单句内构成选择问，跟一般由两个分句构成的选择问句在形式上稍有不同，但所表达的选择问的语义内涵是相同的。如：

（3）为我别此义，于国为吉凶？（西晋竺法护译《普曜经》卷二）/诸子闻之，心内欣然，因更问母："佛今近远？为可见不？"（元魏慧觉等译《贤愚经》卷十三）

这种变化形式的选择问句在西汉时期的《史记》中已有用例，中古时期的中土文献也不鲜见。如：

（4）淮南王患之，欲发，问伍被曰："汉廷治乱？"伍被曰："天下治。"（《史记·淮南衡山列传》）/太尉王夷甫见而问曰："老庄与圣教同异？"对曰："将无同？"（《世说新语·德行》）

2 式：A·PRT？　　B？

无。

3 式：A？　　B·PRT？

（5）水一掬而问之曰："掬中水多？海水多耶？"（元魏慧觉等译《贤愚经》卷一）/佛言："所食是新肉，为干肉乎？"（元魏慧觉等译《贤愚经》卷四，按，此例中的"是"和"为"均为系词，而非选择连词。）/尔时太子，以慈悲心，看彼病人,自生愁忧。又复问言:"此人独尔?余皆然耶?"答曰:"一切人民,无有贵贱,同有此病。"(刘宋求那跋陀罗译《过去现在因果经》卷二)/一切诸所作,唯婆罗门能?余人不能耶?(姚秦鸠摩罗什译《大庄严论经》卷七)/如或问言:"以物为声,常?无常乎?"答曰:"为分成者,皆悉无常,声亦分成,岂独常也?"(元魏吉迦夜译《方便心论》)

4式:A·PRT? B·PRT?

(6)是识为今世耶?为后世耶?(东汉安世高译《七处三观经》)/心自念言:"佛是优为师耶?优为是佛师乎?"(西晋竺法护译《普曜经》卷八,按,这两例出现在分句中的"为"或"是"均为判断词,而非关联词或选择连词。)/应问言:"以何故遮此比丘说戒?以见故耶?以闻疑故耶?"(姚秦佛陀耶舍共竺佛念等译《四分律》卷四十六)/从谁闻法发欢喜心?世尊边耶?诸比丘边耶?(东晋佛陀跋陀罗共法显译《摩诃僧祇律》卷二十三)/今观女人身,唯筋连枯骨。但见空骨聚,和合出言音。女中有骨耶?骨中有女耶?(姚秦鸠摩罗什译《大庄严论经》卷四)/大臣问曰:"观卿作乐,而有不悦,身有患耶?心有所念乎?"(姚秦竺佛念译《出曜经》卷十六)

5式:conj·A? B?

(7)问:"坐与行,为同?不同?"报:"有时同,有时不同。"(东汉安世高译《佛说大安般守意经》)

6式:conj·A·PRT? B?

无。

7式:conj·A? B·PRT?

(8)先遣一使白大王言:"臣所总秉,三万六千,王为当都去?将半去耶?"(元魏慧觉等译《贤愚经》卷七,按,"将"在该句中为动词,意为"率领",不是选择连词。)

8式:conj·A·PRT? B·PRT?

(9)各自念言:"太子生迦维罗卫长白净王家,弃国行学,道成号佛,为于树下六年得道耶?十二年得乎?"(东汉竺大力共康孟详译《修行本起经》卷上)/尔时,鹦鹉摩纳往诣佛所,共相问讯,却坐一面,世尊告曰:"云何,摩纳,如我所说,白狗者为如是耶?不如是耶?"鹦鹉摩纳白曰:"瞿昙,实如所说。"(东晋僧伽提婆译《中阿含经》卷四十四)

9式:A? conj·B?

(10)是声当从身出?为从心出?(东汉支娄迦谶译《伅真陀罗所问如来三昧经》)/佛告诸比丘:"于意云何?恒河流水,乃至四大海,其水为多?为汝等长夜轮转生死,流泪为多?"(刘宋求那跋陀罗译《杂阿含经》卷三十三)/"云何比丘,宁受人衣裳?为宁以热铁鍱用缠裹身?"诸比丘对曰:"宁以受人衣裳,不受此苦痛,所以然者,此毒痛不可称计。"(东晋僧伽提婆译《增壹阿含经》卷二十五)

10式:A·PRT? conj·B?①

无。

11式:A? conj·B·PRT?

(11)是时,流离王复至门中,语彼人曰:"速开城门,不须稽留。"是时,诸释自相谓言:"可与开门?为不可乎?"(东晋僧伽提婆译《增壹阿含经》卷二十六)/众人闻其所说,寂然听受?为愦乱不听耶?(姚秦竺佛念译《出曜经》卷二十)/出家之标相,心与相相应?为不相应耶?(姚秦鸠摩罗什译《大庄严论经》卷十二)

12式:A·PRT? conj·B·PRT?

(12)尔时尊者大目犍连便作是念:"向者帝释得道迹而问事耶?为不得道迹而问义耶?我今当试之。"(东晋僧伽提婆译《增壹阿含经》卷十)

13式:conj·A? conj·B?

(13)佛问诸比丘:"是偷兰难陀比丘尼,为得衣故不著?为不得衣故不著?"(东晋佛陀跋陀罗共法显译《摩诃僧祇律》卷八)/复问言曰:"彼王今者,为存?为亡?"(元魏慧觉等译《贤愚经》卷六)/是时弥勒弟子生念:"彼时人身小,释迦牟尼身,为如是?为当大?"(梁僧伽婆罗译《阿育王经》卷七)/即向驭者,而说偈言:"善驭驾乘汝今听,此是何人在我前?身体不正头发稀,为生来然?为老至?"(隋阇那崛多译《佛本行集经》卷十四)/复告比丘:"于汝意云何,识为当常?为当无常?"时诸比丘即白佛言:"世尊,此识无常。"(隋阇那崛多译《佛本行集经》卷三十四)

14式:conj·A·PRT? conj·B?

无。

15式:conj·A? conj·B·PRT?

(14)时四龙王化为人形,来见其王,问起塔事:"为用宝作,为用土耶?"(元魏慧觉等译《贤愚经》卷十一)/尔时,阿那邠邸长者白世尊曰:"修摩提女为满富城中满财长者所求,为可与?为不可与乎?"(东晋僧伽提婆译《增壹阿含经》

---

① 元魏慧觉等译《贤愚经》卷一:"大王今者勇猛精进,不惮苦痛,为于法故,欲何所求?欲作帝释转轮王乎?为欲求作魔王梵王?"在我们调查的语料中仅这1例,该例在各本中虽无异文形式,但我们怀疑前一选择项句尾的"乎"可能本在后一选择项句尾而误移置此。试比较东晋僧伽提婆译《增壹阿含经》卷四十六:"汝今欲与男女嫁娶?为欲请摩竭国频毘娑罗王乎?"因是孤例,我们不作第10式的确凿证据,姑且存疑。

卷二十二）/是时五百童子白佛言："如来以何力移动此石？为神足之力？为用智慧之力安处此石乎？"（东晋僧伽提婆译《增壹阿含经》卷三十六）

16式：conj·A·PRT？　　conj·B·PRT？

（15）诸比丘白佛："今此大会，见佛意解。为是遭时也？为宿有因缘乎？"（西晋竺法护译《生经》卷五）/或我所施不周普耶？或是我仆使不欢喜耶？（三国吴支谦译《菩萨本缘经》卷上）

另外需要说明的是，中古译经选择问句由两个选择项构成的占绝大多数，因此为便宜计，上述的分类系统中不包括三个或三个以上选择项并列的情况，但实际上三个或三个以上选择项并列的选择问句在中古译经里也有不少用例。如：

（16）"为乐？为苦？为亦不乐亦不苦？"阿难应："不。"（东汉安世高译《人本欲生经》）/此五欲中何者最妙？为眼见色妙耶？为耳闻声妙耶？为鼻嗅香妙耶？为舌知味妙耶？为身知细滑妙耶？（东晋僧伽提婆译《增壹阿含经》卷二十五）/更问："一岁耶？二岁耶？五岁耶？"（东晋佛陀跋陀罗共法显译《摩诃僧祇律》卷二十五）/我为自错误，与彼残浆耶？为是彼业力，强夺此将去？或能共亲厚，与彼使将去？或是夫人瞋，夺此与彼乎？或能我迷误，而与于彼耶？或能彼幻我，使我错乱乎？（姚秦鸠摩罗什译《大庄严论经》卷十五）/或相问讯："为是天耶？梵耶？释提桓因耶？"（姚秦竺佛念译《出曜经》卷九）/时净饭王白仙人言："尊者何求故屈到此？为须衣耶？为须食乎？为复求须其余诸事？"（隋阇那崛多译《佛本行集经》卷九）

三　选择问句中的关联词与选择连词

"关联词"是一个相当宽泛的标签，一些学者将其用在中古汉语选择问句中。何亚南着眼于语义来源，将选择问句的关联词分为三大类：一是判断词类，有"为""是"；二是助动词、语气副词类，有"当""应""可""将""还""其""宁""岂""颇""审"等；三是连词类，有"抑""意""且"等。（何亚南 2001：228）

刘开骅参照何亚南，也将中古汉语选择问句使用的关联词分为同样三大类：判断词类的，有"为""是""为是""为复""为当"等；助动词、语气副词类的，有"当""将""岂""宁""审""或""其""亡将"等；连词类的，有"且""而将""亦复"等。（刘开骅 2008：182）

从何、刘二位学者的分类看，能够充当选择问句关联词的词目相当庞杂，这里面既有来自上古汉语的，也有中古时期新产生的。但问题是，这些在选择问句里出现的词是否都是真正意义上的关联词，起着关联或标记选择项的作用？

我们认为，判定某个词是否起关联词的作用，不仅要看其语义来源，还要看其在汉语史中的发展演变情况。像"当""应""可""宁""岂""颇""审"等词尽管也可以出现在选择问句式里，但不一定就起着关联词的作用，它们在句中都有较确定的独立语义内涵，将其看作关联词过于宽泛。将判断词"是"看作关联词也不妥当，在整个中古汉语时期还没有出现严格意义上的关联词"是"。

也有一些学者倾向于更严格地界定关联词，如梅祖麟（1978）、杨如雪（1998）、柳士镇（2002）只将"为""为是""为复""为当"看作中古时期的"选择问记号""类似的选择问标记"或"选择连词"。

我们认为将关联词加以严格界定是必要的，我们赞同将"为""为是""为复""为当"看作是选择连词，这几个词是中古汉语时期尤其是中古译经最重要、最常使用的选择连词。

除此之外，中古译经还使用了另外一些选择连词，如"或""或者""或是""或能""或当"。因此，实际上在中古时期中，主要存在两个系列的选择连词，可以将前一类称之为"为"系选择连词，后一类称之为"或"系选择连词。

"或"系选择连词在以往的选择疑问句研究中，因其用例不是很多，学者们鲜有关注。这里我们略举数例：

（17）时婆罗门即作是念："此兔今日为何所见？见死鹿耶？**或**死兔乎？"（三国吴支谦译《菩萨本缘经》卷下）/ 欲善者**或**是有漏？**或**是无漏？（姚秦竺佛念译《出曜经》卷四）/ 旧住比丘作是念："何以不见客比丘耶？将不命过？**或**能远去？**或**能反戒作白衣？**或**能被贼？**或**为恶兽所食？**或**为水所漂？"（姚秦佛陀耶舍共竺佛念等译《四分律》卷十二）/ 梵志祠祀典，夫妻必同行。同行法为因，终则同受报。汝何独法悭，弃我而只游？**或**见我嫉恶，更求无嫉者？**或**当嫌薄我，更求净天女？（北凉昙无谶译《佛所行赞》卷二）

这种形式问句在近代汉语时期还使用，如：

（18）请问老爷，明日出去或埋或化？（《金瓶梅词话》第五十九回）/ 端的谁使了你来？或是你家中那娘使了你来，或是里边十八子那里？（《金瓶梅词话》第十六回）

四 选择连词"为"的来源及形成过程

"为"是中古时期汉语选择问句使用最多同时也是最重要的选择连词，较早注意到"为"用作选择问标记的是清代学者刘淇[①]。现代学者围绕选择连词"为"的来源问题展

[①] 刘淇在《助字辨略》卷一"为"字条中指出：《汉书·萧望之传》："今将军规橅，云若管、晏而休？遂行日昃，至周、召乃留乎？"师古云："问望之意当趣如管、晏而止？为欲恢廓其道，日昃不食，追周、召之迹然后已乎？"愚案，遂行日昃之上，当有抑字作转。故师古云"为欲"，则"为"字亦抑辞也。《晋书·谢道韫传》："尝讥谢玄学植不进，曰：'为尘务经心？为天分有限邪？'"二"为"字，并是抑辞。

开过深入讨论，虽然有各种不同的意见，但有一点是大家都比较认可的共识，即选择连词"为"的源头是系词（或称准系词）"为"。在承认该前提的情况下，对选择连词"为"的来源及演变过程的讨论，形成了几种较有代表性的观点，详细介绍参见赵长才（2011：228—229）。

赵长才（2011）在前人基础上提出，"为"由系词发展到选择连词，其间经历了一系列的演变过程。首先由系词虚化为表认定或推断的语气副词，然后在中古各类疑问句中进一步引申发展出表测度、探究、反诘等语气副词的用法。而在选择问句的语境中，"为"原有的探究义会受到抑制，乃至完全被语境所消弭，进而只起到关联选择项的作用，才最终真正演变为选择连词。

对于"为"在中古疑问句（特指、是非、反复、选择）中各种用法产生的句法结构基础以及演变的路径问题，也存在不同的看法。

何亚南、张爱丽（2004）认为，语气副词"为"的产生与同一时期汉语选择问句的发展有着极为紧密的联系，作为选择关联词的"为"在东汉佛经的广泛运用，是"为"产生语气副词用法的句式基础。在这一基础上，如果选择问句的两个选择项恰好是事物的正反两面，就会发展出带"为"字的反复问句，即"为 VP 不"，"为"的语气副词用法可能就是直接导源于带"为"字的反复问句，而在反复问句句末否定副词虚化为句末语气词的前提条件下，就为带"为"字的反复问句向是非问句的转化提供了句式基础。然后"为"的语气副词用法再进一步扩展到特指问句、反诘问句中（何亚南、张爱丽 2004：116—117）。

何、张二位先生提出的"为"的演变路径可以描述为：

系词→选择连词→语气副词（用于反复问句）→语气副词（用于反复问句句末否定副词虚化为语气词之后的是非问句）→语气副词（用于特指问句和反诘问句）

赵长才（2011：238）对何、张二位先生的观点提出了商榷意见，首先，"为"出现在各种问句中的最早时间基本上都是东汉晚期，难以证明带"为"字的选择问句一定比反复问句和其他问句产生的时间更早，因而将其看作是"为"产生语气副词用法的句式基础也就值得怀疑。其次，带"为"字的反复问句是否就是从选择问句通过省略或删除后一选择项相同的成分后才发展出来的，也不能得到有效验证。第三，"为"由连词发展为语气副词不符合语法化的一般规律。

根据对"为"由语气副词发展为选择连词的演变过程所作的详细描述和分析，赵长才（2011：238）认为存在着如下的演变路径：

为：系词→语气副词（表认定、确认）→ 语气副词（表追究、探究）→选择连词
　　　　　　　　　　　　　　　　　↘语气副词（表委婉测度，反诘）

五 关于中古各类选择问句产生的时间问题

梅祖麟（1978）笼统地指出："现代选择问的几个句式，在五世纪差不多都已经出现。"他所指的选择问句式既包括以"为"系选择连词作选择问标记的选择问句，也包括"不另加选择问记号的选择问句"。

李崇兴、何亚南、高列过、刘开骅等学者均对梅先生的观点提出了不同意见，并对相关问题作了进一步考察。

5.1 以"为"充当选择连词的选择问句产生的时间

梅祖麟（1978）认为"用'为'字的选择问是五世纪的现象"。

李崇兴（1990）举出的"为"字较早的用例见于三国时期魏国鱼豢所著的《典略》：

（19）余曩闻刘荆州尝自作书欲与孙伯符，以示祢正平。正平嗤之，言："如是为欲使孙策帐下儿读之邪，将使张子布见乎？"（《三国志·吴书·张昭传》注引鱼豢《典略》）

何亚南（2001）认为"为"进入选择问句至迟在公元二世纪就已不是罕见的现象，他举出了7例东汉译经的用例，后来高列过、刘开骅又补充了一些例子。兹列举数例：

（20）为乐？为苦？为亦不乐亦不苦？（东汉安世高译《人本欲生经》）/舍利弗谓须菩提："学是学，亦不受亦不失。为学萨芸若？为出萨芸若？"（支娄迦谶译《道行般若经》卷一）/佛为于树下六年得道耶？十二年得道乎？（竺大力共康孟祥译《修行本起经》卷上）/（婆罗门）便问二人："恩爱为乐？为忧悲乎？"（昙果共康孟祥译《中本起经》卷下）

从何、高、刘等先生所揭举的这些用例来看，以"为"充当选择连词的这几种选择问句型在东汉译经中确实已经基本形成，时间大约是二世纪中叶或更早一点，至魏晋南北朝则更加成熟，成为这一时期选择问句的主流句式。

5.2 以"为是"充当选择连词的选择问句产生的时间及"为是"的来源

5.2.1 产生时间

梅祖麟（1978）曾举疑为张衡所作的《髑髅赋》中的一则用例作为"为是"充当选择连词进入选择问句的最早出现时间。

（21）平子怅然问［骷髅］曰："……为是上智？为是下愚？为是女人？为是丈夫？"

但蒋礼鸿（1997）、何亚南（2001）、柳士镇（2002）、高列过（2003）、刘开骅（2008）等都指出《髑髅赋》是一篇疑伪作品，是否出自张衡之手尚无定说，因此，这则用例不能作为东汉语料的确证。

高列过（2003：120）举出 1 则东汉译经的用例，认为"为是"至迟东汉晚期已进入选择问句：

（22）如是疑生生自计是身是我身。为是疑生身生身相见？为是疑生生非身见是身？为是疑生生计是为是我身？（东汉安世高译《一切流摄守因经》）

刘开骅（2005：114）对该例表示怀疑，认为"这一例句文字诘屈聱牙，很难理解其意。如果该例能够成立，便可以确定'为是'用于选择问句关联词的时间当与'为'差不多同时"。

下面是梅祖麟（1978）所举出的例子：

（23）时诸比丘，于其晨朝，白世尊言："昨夜光明，殊倍于常。**为是**帝释梵天四天王乎？二十八部鬼神大将也？"（三国吴支谦译《撰集百缘经》卷四）

刘开骅（2005：114）又补充了该经中的另外 2 个例子（引文格式依原文）：

（24）诸比丘等白言："世尊，昨夜光明照于祇桓，**为是**梵释四天王乎？二十八部鬼神将也？**为是**他方诸大菩萨来听法耶？"（《撰集百缘经》，4/226b）/ 时诸比丘，见此事已，于其晨朝，前白佛言："世尊，昨夜光明普曜祇桓，**为是**帝释梵天王等四天王耶？二十八部鬼神将耶？"（《撰集百缘经》，4/229c）

梅、刘二位先生所举用例均出自《撰集百缘经》，且出现的语境基本相同。但近年来国内外一些学者对《撰集百缘经》的作者和出经时代均提出了新的看法，倾向于认为该经译出年代要晚至六世纪前后①。因此将这几例中的"为是"视为三国时期选择问句中的连词尚存疑问。

下例出自刘宋时期的《杂阿含经》，"为是"单独用于后一选择项，可看作"为是"用作选择问句的较早例子：

（25）尊者舍利弗言："目揵连，世尊住舍卫国祇树给孤独园，去此极远，云何共语？汝今在竹园，云何共语？汝以神通力至世尊所？**为是**世尊神通力来至汝所？"尊者目揵连语尊者舍利弗："我不以神通力诣世尊所，世尊不以神通力来至我所。然我于舍卫国王舍城中闻，世尊及我俱得天眼、天耳故，我能问世尊。"（刘宋求那跋陀罗译《杂阿含经》卷十八）

此后用例就更为常见了，如：

（26）尔时太子，闻此偈已，问驭者言："此人**为是**独一家法使其如是？**为当**一切诸世间相悉皆如斯？"（隋阇那崛多译《佛本行集经》卷十四）

5.2.2 "为是"的来源

梅祖麟（1978）认为"为"字变成复词，是顺着当时语言的潮流，四、五世纪左

---

① 参见辛岛静志（2006）、季琴（2009）、陈祥明（2009）。

右,"是"字普遍地附加在其他的字之后,产生"～是"型的复词,例如"非是""犹是""即是""皆是""亦是""若是"等。

李崇兴(1990:78)则认为:"'为是'的出现显然是跟口语里面系词的使用发生变化的情况相联系的。……我们相信到了魏晋时代,口语里面已经是'是'字的天下。'为'在选择问里的断定作用是以它的系词用法作基础的,随着系词用法的消歇,这种断定作用也就渐次淡薄,'是'字的加入,正是为了使断定作用得以加强,这个'是'有实在意义而并非词尾。"

柳士镇也认为"为是"中的"是"并非以后缀的身份进入双音节语词的形式之中,其自身仍有一定的实在意义。他指出:"'为是'的'是'字来源于判断词,除助成语气外,有时会含有比'为当'的'当'更觉显明的判定意味。"(柳士镇2002:48)

高列过(2003:121)提出"为是"中的"是"并非如李崇兴先生所说是"为了使断定作用得以加强"而进入"为是"的,她认为"为是"是同义复合词:"为"和"是"两个系词同义并用,构成双音节系词"为是",又由系词的功能发展出连接选择问句分句的功能。

我们认为,"为是"中的"是"首先由其系词用法语法化后发展为附着成分,紧附于前面的连词"为",然后进一步成为词内成分,以准词缀身份与"为"组成双音节连词的。

5.3 以"为复"充当选择连词的选择问句出现的时间及其来源

5.3.1 出现时间

梅祖麟(1978)认为"为复"的流行时期是八世纪到十二世纪末,他举出的最早用例是唐王维的诗:

(27)君家少室西,**为复**少室东?(王维(701—761)《问寇校书双溪》诗)

太田辰夫(1991:57)也认为选择连词"为复"是唐代以后才出现的。

刘开骅(2005:114)则举出下面《世说新语》的例子来说明"为复"出现的时间应提前到五世纪前期。

(28)郗重熙与谢公书,道王敬仁:"闻一年少怀问鼎,不知桓公德衰?**为复**后生可畏?"(《世说新语·排调》)

不过,根据我们的调查,在西晋译经里,选择连词"为复"已经出现,如:

(29)须菩提言:"世尊,若菩萨遍学诸道尔乃上位者,菩萨**为复**在第八地取须陀洹道耶?在斯陀含地得斯陀含道?在阿那含地得阿那含道?在阿罗汉地得阿罗汉道?在辟支佛地得辟支佛道?在佛地得佛道耶?"(西晋无罗叉译《放光般若经》卷十七)

在更晚的《佛本行集经》里发现4例,如:

（30）是何果报？为复我身寿命欲尽？为共圣子恩爱别离？（隋阇那崛多译《佛本行集经》卷十六）/ 时魔波旬语菩萨言："如汝所语，我今欲得破碎汝身，作于百段。为汝在前，欲共我鬪？为复令我在前害汝？"（同上·卷二十九）

5.3.2 "为复"的来源及形成过程

梅祖麟（1978）认为"复"是后缀，"为复"也是汉语复音节化一般趋势的产品。李崇兴（1990：78）也认为"'为复'只有连接作用，没有断定作用。'复'是词尾，没有问题"。

柳士镇（2002：48）对"复"的演变过程作了进一步探讨，他指出："复"字本为副词，但自东汉开始它又可以附于其他副词之后，只起构成音节的作用，不再表示"还、又"的实义，从而演变为后缀，后来又类化用为连词后缀，应当说"复"字是以后缀的身份进入表示选择的"为复"之中的。因此，它在"为复"中的作用主要是助成选择连词"为"字的语气，构成双音节的形式。而"为当、为是"中的"当、是"则有不同，它们并非以后缀的身份进入双音节语词的形式之中。

从现有的研究来看，学者们大体上都比较认可"为复"中的"复"为词缀的观点。

5.4 以"为当"充当选择连词的选择问句的出现时间及其来源

5.4.1 出现时间

梅祖麟（1978）："'为当'出生在六世纪，在《祖堂集》所代表的九世纪还颇健旺，终年不易确定。"他举出的最早例证是下例：

（31）未知即是《通俗文》？为当有异？（《颜氏家训·书证》)

柳士镇（2002：47）举出6例梁昭明太子萧统撰《令旨解二谛义》的例子，亦是六世纪的作品，但比《颜氏家训》的时代要稍早一些。这里转引3例：

（32）光泽寺敬脱咨曰："未审圣人见真，为当渐见？为当顿见？"令旨答："渐见。"/ 丹阳尹晋安王萧纲咨曰："解旨依人为辨，有生不生，未审浮虚之与不生，只是一体？为当有异？"令旨答曰："凡情所见，见其起动，圣人所见，见其不生。依人为论，乃是异体。若语相即，则不成异。具如向释，不复多论。"/ 湘宫寺慧兴咨曰："凡夫之惑，为当但于真有迷？于俗亦迷？"令旨答曰："于真见有，此是迷真，既见有俗，不成迷俗。"

上面梅、柳二位先生所举"为当"的用例均出自中土文献，缺少译经文献的用例。太田辰夫（1991）举出1例支谦译《须摩提女经》的例子：

（33）何以故事不宜尔？为当门望不齐？为当居生不等？（三国吴支谦译《须摩提女经》）

在其他四、五世纪及更晚的译经文献中，"为当"的用例更为多见了，如：

（34）时诸比丘从毘舍离往王舍城，作如是言："我等先当作何等？为当先治房舍卧具？先论法毘尼耶？"皆言："先当治房舍卧具。"（姚秦佛陀耶舍共竺佛念等译《四分律》卷五十四）/ 然其父母应敬待何者？为当敬待母净父不净者？为当敬待父净母不净者？（东晋僧伽提婆译《增壹阿含经》卷四十六）/ 先遣一使，白大王言："臣所秉三万六千王，为当都去，将半去耶？"（元魏慧觉等译《贤愚经》卷七）/ 尔时世尊寻复告彼长老难陀，作如是言："汝意云何，为当释女孙陀利好？为当五百婇女端正？"（隋阇那崛多译《佛本行集经》卷五十七）

5.4.2 关于"为当"的来源及"当"的性质

对此学者们也存在着不同的看法。蒋礼鸿先生（1997：486）认为"为当"的"当"有实义。他指出"'当'是一个论量宜适、可否或是非的词""窃谓'为当'的'当'，论量的意味仍可看出，和'为是'的'是'作用也约略相当。"李崇兴赞同蒋礼鸿先生的意见。

柳士镇（2002：47）进一步指出："由于'当'字又可用作表示将然的时间副词，有时'为当'中的'当'字也会含有一定的将拟意味。"

张永言先生（1964）认为"为当"的"当""近乎词尾，跟'何当''谁当'中的'当'一样"。梅祖麟（1978）也主张"当"是后缀，"为当"跟"为复"一样也是汉语复音节化一般趋势的产品。

考虑到"当"在中古时期已经是一个能产性很强的后缀，我们认为将"当"视为后缀是比较稳妥的。

5.5 不另加选择问记号的选择问句产生的时间

这里所说的不另加选择问记号，是指既不用选择连词，也不使用句末语气词的选择问句。指的是梅祖麟（1978）先生举出的下面这些例子：

（35）兄今在天上，福多？苦多？（《幽明录》）/ 便问人云：此为茶？为茗？（《世说·纰漏》）/ 问左右曰：今年男婚多？女嫁多？（《宋书·王玉殷沈传》）/ 助教顾良戏之曰："汝姓何，是荷叶之荷？为河水之河？"妥应声答曰："先生姓顾，是眷顾之顾？为新故之故？"（《北史·何妥传》）

梅先生认为以上这些句子是中古新兴的句型，也是现代选择问一种句型的先趋，这种选择问句式出现在五世纪。梅先生所举均为中土文献例，缺少译经的用例。何亚南（2001：197）举出东汉译经的2个例子：

（36）一切人声从所出？从空出？（支娄迦谶译《佛真陀罗所问如来三昧经》卷上）/ 是声当从身出？为从心出？（同上）

何亚南由此认为这种句式的出现至迟当在二世纪，而不是五世纪。

但仔细考察上面这两个例子，我们觉得都存在问题。第一个例子并非是选择问句，该例中的"所"是疑问代词，犹"何"，前后不构成选择关系，应予排除。第二个例子虽然是选择问句，且没有句末语气词，但句中使用了选择连词"为"。因此何先生所举的这两个例子都不能算是严格意义上"不另加选择问记号"的选择问句。

刘开骅（2008：198）则认为"脱落疑问语气词的选择问句应当远早于二世纪就已经出现"。他举出了1例甲骨文和6例《睡虎地秦墓竹简》的用例，如：

（37）乙巳卜：帝曰，惠乙有日，惠辛有日？（美国USB11）/人奴妾盗其主之父母，为盗主，且不为？（《睡虎地秦墓竹简·法律答问》）

刘开骅所举甲骨文的例子为孤例，该例是否为选择问句尚存疑问，而且甲骨文所反映出的语气词本来就很少，很多语气词要到西周春秋以后才产生出来，这样看来，甲骨文的例子也就谈不上是脱落的问题。所举睡虎地秦简的例子中有选择连词"且"，不符合既不用选择连词，也不使用句末语气词的前提设定。因此这两个例子都不宜看作是不另加选择问记号的选择问句。

高列过考察了东汉译经的情况，找出了17例"不另加选择问记号"的选择问句。不过这17例绝大多数意思晦涩难明，容有其他断句理解的可能，只有其中的两例意思显豁，可以看作是合格的例子。见下：

（38）佛言："譬如然灯炷，用初出明然炷？用后来明然炷？"须菩提言："非初头明然炷，亦不离初头明然炷；亦非后明然炷，亦不离后明然炷。"（东汉支娄迦谶译《道行般若经》卷六）/本无宁有心？无心？（同上）

尽管用例不多，也足以说明这种选择问句在公元二世纪已经出现了。稍后的译经里用例逐渐增多。如：

（39）师子将军语诸人言："我等宁作非丈夫而死？宁作丈夫入火坑而活？"诸人答言："宁作丈夫而活，得济眷属。"（东晋佛陀跋陀罗共法显译《摩诃僧祇律》卷二十九，按，此例中两个选项中的语气副词"宁"并不承担关联词或选择连词的功能，从后面的答语可以得到证明。）/太子又问："唯此人老？一切皆然？"从者答言："一切皆悉应当如此。"尔时太子，闻是语已，生大苦恼。（刘宋求那跋陀罗译《过去现在因果经》卷二）/汝今欲求转轮圣王？帝释魔王？（元魏慧觉等译《贤愚经》卷一）

六 对选择问句中句末疑问语气词使用情况的讨论

6.1 对相关语言事实的观察

中古汉语选择问句式中句末语气词的使用情况，也是学者们较为关心的问题。吕叔湘（1982：284）指出："文言里的抉择是非问句差不多必用语气词，并且多数是上下都用。"他这里说的文言主要是指以先秦两汉为代表的上古汉语。梅祖麟（1978）更明确指出："先秦两汉的选择问，两小句句末几乎必用'与''乎''邪'之类的疑问语气词，如此两小句每句单独已是疑问句，并列就可形成选择问。"

上古汉语选择问句中使用语气词确实比较多，常见的有"乎""邪""与/欤""也""哉"等。到了中古汉语，选择问句中语气词的使用呈明显减少和简化的趋势，中古汉语里常见的语气词只有"耶""乎""也"三个。另一个更为明显的特点是，选择问句两个选择项已由上古汉语的几乎必用句末语气词，发展为非强制性使用。具体表现为：1、两个选择项均不再使用语气词，甚至也不用选择连词，如5.5节所述；2、如果使用句末语气词，要么两个选择项都用，要么只用于后一个选择项，而第一个选择项不用。第2点成为中古汉语选择问句的一个新的强制性规则，这也正是在我们所做的理论上的分类系统中，其中第2、6、10、14式实际未见用例的原因。

刘开骅（2008：198）通过对中古时期选择问句语气词出现位置的考察，得出几点认识："一是两个选择项都不用疑问语气词的占多数；二是如果只在一个选择项使用，则大多用于后一选择项；三是两个选择项都用疑问语气词的已经较少。归结起来讲，疑问语气词脱落，是此期选择问句的一个显著特点。"我们基本认同刘先生谈的第二点，但更为严格，认为不是"大多"，而是强制。刘先生的第一、第三两点是基于他所统计的语料样本得出的语气词使用数量多寡的判断，有其合理性，不过，从我们通过对更大规模样本的统计来看，与刘先生的认识有一定差距。

6.2　如何解释选择问句疑问语气词不再强制使用的现象？

何亚南（2001：196—197）认为选择问句疑问语气词脱落的缺口首先是从选择前项打开的。对于这种语言现象产生的原因，他的解释是："如果把一般选择问句看作是一个整体，那么选择前项只是这个整体的前半部分，也就是说选择前项的结尾处对于整句来说事实上只是句中，而表示整个句子语气的自然主要看整句末尾的语气词。所以，在一般选择问句中，主要承担传疑语气的应是选择后项末也就是整句结尾处的那个语气词。……前项句末的语气词在非强调的情况下，对于整句的传疑语气来说，是无关紧要的、可有可无的，于是首先出现脱落这个语气词的句式当是情理中事。"

刘开骅（2008：200—201）对何亚南的观点提出质疑，他认为选择问句疑问语气词的脱落不一定是首先从选择前项开始的。他指出："从句法结构来讲，选择问句的选择项就是并列的是非问句，所谓必用疑问语气词的选择问句也可以理解为两个句末带疑问语气词的是非问句的并列；从语义表达来看，两个选择项之间没有轻重之别，是并列平等的关系，绝大多数情况下问话者的主观意念也并不偏向其中的哪一选择项。因此，当不同选择项都带上疑问语气词时，这些疑问语气词的地位与作用也应当是同等的，谈不上'表示整个句子的语气自然要看整句末尾的语气词'或者'主要承担传疑语气的应是选择后项末也就是整句结尾处的那个语气词'。……在选择问句的历史发展过程中，疑问语气词不论是首先从前一选择项还是首先从后一选择项脱落，抑或两个选择项同时脱落，都是可能的，也是合理的。"

对于中古文献里前一选择项脱落语气词的选择问句比后一选择项脱落语气词的选择问句用例要多的问题，刘开骅（2008：201—202）的解释是："在选择问句各个选择项必用疑问语气词的规律被彻底打破之后，如果选择项只用一个疑问语气词，前一选择项末的疑问语气词和后一选择项末的疑问语气词的地位与作用是不完全一样的。……使用脱落前一选择项疑问语气词的选择疑问句要比使用脱落后一选择项疑问语气词的选择问句显得紧凑简洁，在表达上的优势要大一些。"

我们认为，何、刘两位先生对之所以脱落前一选择项疑问语气词的解释各有其合理之处，但都值得进一步商榷。何亚南强调选择问句作为一个整体，"主要承担传疑语气的应是选择后项末也就是整句结尾处的那个语气词，前项句末的语气词在非强调的情况下，对于整句的传疑语气来说，是无关紧要的、可有可无的。"这种解释对上古汉语为何两个选择项必须都要使用语气词，而到了中古汉语却发生这样的演变难以提供合理的解答。刘开骅认为"疑问语气词不论是首先从前一选择项还是首先从后一选择项脱落，抑或两个选择项同时脱落，都是可能的，也是合理的。"这种观点忽略了一个重要事实，即选择问句如果只省略一个语气词的话，省略的只能是前一选择项，这是强制性的，实际语料中并没有保留前一选择项语气词而省略后一选择项语气词的情况（即理论分类的第2、6、10、14式）。至于说"使用脱落前一选择项疑问语气词的选择疑问句要比使用脱落后一选择项疑问语气词的选择问句显得紧凑简洁，在表达上的优势要大一些"的观点也是缺乏事实依据的，因为既然没有只省略后一选择项疑问语气词的情况，前提不存在，自然也就谈不上对二者表达优势的比较。

那么，如何解释理论分类的第2、6、10、14式在中古汉语选择问句分类系统中实际上并不存在的现象？

我们认为这与句末语气词的辖域有关。中古汉语选择问句构成形式沿袭上古汉语，每个选择项单独来看是一个是非问句，通过选择连词（也可不用连词）将它们并置在一起，表达一个完整的选择询问。在由两个选择项句末都有语气词的选择问句中，语气词各自的辖域只限于其所在的分句，可分析为：

（conj）·A·PRT？　（conj）·B·PRT？

当选择问句只有一个选择项可以出现句末语气词时，语气词的辖域就需要涵盖两个分句，可分析为：

[（conj）·A,（conj）·B]·PRT？

若语气词出现在前一选择项句末，则其辖域只限于前一分句，不能涵盖后一分句，而这种情况在中古汉语时期是不被允许的，即：

*（conj）·A·PRT？ （conj）·B？

因此，中古汉语选择问句分类系统中就出现了第 2、6、10、14 式的四个空格。

到了近现代汉语时期，选择问句的构成形式又发生了新的变化，表面上看，理论上的十六种形式都可以使用，似乎填补了中古时期选择问系统中出现的空格，但实际上构成选择问的两个分句通常已不再是是非问句。特别是选择项句末带语气词的分句，单独来看都不能是是非问句了[①]。

中古汉语选择问句疑问语气脱落的内在动因是什么？对此，刘开骅（2008：202—203）提出一种解释："选择问句是否脱落疑问语气词可能与选择问句句式的发展有一定关系，具体而言，可能与关联词的使用与否有一定关系。……随着关联词的使用，选择项末疑问语气词的作用已经变得几乎可有可无，它使用与否完全不影响句子选择意义的表达与传疑功能的实现。这样，带关联词和疑问语气词的选择问句在经过相当长时期的使用之后，疑问语气词便可以逐渐脱落。"

我们认为，将选择问句疑问语气词脱落的内在动因归结于关联词的使用，并不是一个合理的、有说服力的解释。汉语句末语气词的使用，从先秦两汉为代表的上古汉语到东汉魏晋南北朝时期的中古汉语，确实发生了很大变化，体现在语气词的使用数量逐渐减少，使用频率逐渐降低等方面。但需要指出的是，这种使用数量的减少和频率的降低，是发生在包括疑问句和陈述句在内的各类句式中的，并不仅出现在疑问句，更不是单单仅出现在选择问句中，这是一个涉及整个语言系统的重大变化。对于这种语言现象产生的原因，需要结合整个汉语语法史（特别是从上古到中古）的发展来考察，并给予全面、合理的解释。选择问句疑问语气词的脱落只是语言演变大趋势中的一个局部的反映而已。因此，如何看待并解释语气词的脱落问题，还是需要从语言系统的演变着手，而不是仅孤立地局限于选择问句本身。再者，从另一角度来看，在上古汉语选择问句两小句句末"几乎必用"语气词的阶段，选择关联词也几乎是必不可少的，现代汉语选择问句中语气词和选择连词也同样不相互排斥。可见，语气词与选择关联词之间并非是此消彼长的关系。

七　结语

本文在此前学者研究的基础上对中古汉语选择问句系统提出了新的句式分类框架，并对各类中古时期存在的选择问句式进行描写，就选择连词的确定和来源作了进一步探

[①] 以现代汉语普通话为例，表示是非问的句末语气词是"吗"，选择问句若带语气词，最常用的是"呢"，而绝不能是"吗"。

讨。对中古选择问句系统理论分类中未出现的句式尝试作出新的解释。

通过对中古汉语选择问句的研究可以使我们更好地了解和把握选择问句在从上古到中古乃至近现代汉语的发展趋势，一些近现代常用的选择问句式可以从这里找到源头并可以对其演变过程作出合理的解释。

参考文献

曹广顺　2010　《从中古译经选择问句中连词的使用谈起》，《历史语言学研究》第 3 辑。
陈祥明　2009　《从语言角度看〈撰集百缘经〉的译者及翻译年代》，《语言研究》第 1 期。
丁声树等　1961　《现代汉语语法讲话》，商务印书馆。
冯春田　1987　《秦墓竹简选择问句分析》，《语文研究》第 1 期。
冯春田　2000　《近代汉语语法研究》，山东教育出版社。
傅惠钧　2006　《关于正反问历史发展的几个问题》，《古汉语研究》第 1 期。
高列过　2003　《东汉佛经被动句疑问句研究》，浙江大学博士学位论文。
高列过　2004　《东汉佛经疑问句语气助词》，《古汉语研究》第 4 期。
葛佳才　2005　《东汉副词系统研究》，岳麓书社。
何亚南　2001　《〈三国志〉和裴注句法专题研究》，南京师范大学出版社。
何亚南　张爱丽　2004　《中古汉语疑问句中"为"的词性及来源》，《南京师范大学学报》第 6 期。
黄　娜　2009　《〈贤愚经〉疑问句研究》，吉林大学硕士学位论文。
季　琴　2009　《从语法角度看撰集百缘经的译者及成书年代》，《语言研究》第 1 期。
江蓝生　1992　《疑问副词"颇、可（岂、宁、敢）、还"》，收入刘坚、江蓝生、白维国、曹广顺《近代汉语虚词研究》，语文出版社。
江蓝生　2000　《近代汉语探源》，商务印书馆。
江蓝生　2007　《同谓双小句的省缩与句法创新》，《中国语文》第 6 期。
蒋礼鸿　1997　《敦煌变文字义通释》（增补定本），上海古籍出版社。
李思明　1984　《正反选择问句中否定词发展初探》，《安庆师范学院学报》第 1 期。
李崇兴　1990　《选择问记号"还是"的来历》，《语言研究》第 2 期。
刘开骅　2005　《论中古选择关联词"为""为是""是"及其来源》，《盐城师范学院学报》第 3 期。
刘开骅　2008　《中古汉语疑问句研究》，黑龙江人民出版社。
刘子瑜　1994　《敦煌变文中的选择问句》，《古汉语研究》第 4 期。
刘子瑜　2005　《选择问句》，《近代汉语语法史研究综述》（蒋绍愚、曹广顺主编），商务印书馆。
柳士镇　1992　《魏晋南北朝历史语法》，南京大学出版社。
柳士镇　2002　《萧统〈令旨解二谛义〉中的选择问句》，《古汉语研究》第 4 期。
吕淑湘　1982　《中国文法要略》，商务印书馆。
吕淑湘　主编　1999　《现代汉语八百词》（增订本），商务印书馆。
梅祖麟　1978　《现代汉语选择问句法的来源》，"中研院"历史语言研究所集刊第四十九本第一分。收入《梅祖麟语言学论文集》，2000，商务印书馆。

太田辰夫 1958 《中国语历史文法》,蒋绍愚、徐昌华译,北京大学出版社,2003。
太田辰夫 1987 《中古(魏晋南北朝)汉语的特殊疑问形式》,《中国语文》第6期。
太田辰夫 1991 《汉语史通考》,中译本,江蓝生、白维国译,重庆出版社。
王锳 1982 《云梦秦墓竹简所见某些语法现象》,《语言研究》第1期。
向熹 1993 《简明汉语史》(下),高等教育出版社。
辛岛静志 2006 《〈撰集百缘经〉的译出年代考证——出本充代博士的研究简介》,《汉语史学报》第六辑,上海教育出版社。
徐朝红 2008 《中古汉译佛经连词研究——以本缘部连词为例》,湖南师范大学博士学位论文。
徐正考 1988 《唐五代选择疑问句系统初探》,《吉林大学学报》第2期。
徐正考 1996 《清代汉语选择疑问句系统》,《吉林大学学报》第5期。
杨伯峻 何乐士 2001 《古汉语语法及其发展》(修订本),语文出版社。
杨如雪 1998 《支谦与鸠摩罗什译经疑问句研究》,台湾师范大学博士学位论文。
赵长才 2011 《中古汉语选择连词"为"的来源及演变过程》,《中国语文》第3期。
赵长才 2011 《有关中古译经选择问句研究的几个问题》,第二届汉语历史词汇与语义演变学术研讨会论文,2011年6月,杭州。
赵长才 2013 《中古译经"或X"双音词的用法及演变过程》,《中国语文》第3期。
朱德熙 1982 《语法讲义》,商务印书馆。
朱庆之 1992 《佛典与中古汉语词汇研究》,(台湾)文津出版社。
朱冠明 2005 《中古汉译佛典语法专题研究》,北京大学博士后出站报告。
祝敏彻 1995 《汉语选择问、正反问的历史发展》,《语言研究》第2期。
祝敏彻 1999 《〈国语〉〈国策〉中的疑问句》,《湖北大学学报》第1期。

Discussion on the Alternative Question System and Related Issues in Middle Chinese
ZHAO Changcai

Abstract: Alternative questions in Chinese changed greatly from Archaic Chinese period to Middle Chinese period. On the basis of previous researches, this paper puts forward a new frame of sentence pattern classification for the system of alternative questions in Middle Chinese, and gives a detailed description and analysis of all kinds of alternative question patterns. This paper makes a further study on the determination and origin of the alternative conjunctions in the Middle Chinese alternative question system, analyzes the use of modal particles at the end of sentences in the Middle Chinese alternative question system, and gives a new explanation for some alternative question patterns that do not appear in the theoretical classification of the Middle Chinese alternative question system.

Key words: alternative question, the frame of alternative question patterns classification, Middle Chinese, historical evolution

(赵长才 中国社会科学院大学文学院/中国社会科学院语言研究所 100732)

从"(我)闻如是"到"如是我闻"*

姜 南

提 要 "如是我闻"作为人们耳熟能详的汉译佛典开篇套语,历史上曾经历从"(我)闻如是"到"如是我闻"的转变定型。虽然从梵汉对勘的材料看,新译"如是我闻"与原文语序整齐对应,但却不能简单归结为语序模仿所致,因与译业的发展和译语的成熟背道而驰。而语序作为划分语言类型的重要依据,反映语言的本质特征,因而本文立足形式与意义的匹配原则,探究这一译语转型的深层动因,认为它更多受制于语言象似性原则(iconicity),即用线性语序反映事件的时间顺序的倾向。"如是"前移更符合历史真实,归根结底源自语义的驱动。

关键词 "如是我闻" 语序变革 时间顺序

一 语序变革

"如是我闻"是人们耳熟能详的汉译佛典开篇套语。诸经卷首为何冠以此语,多部经论有所述及。如《大智度论》中记:

> 我三阿僧祇劫所集法宝藏,是藏初应作是说:"如是我闻:一时,佛在某方某国土、某处树林中。"何以故?过去诸佛经初皆称是语,未来诸佛经初亦称是语,现在诸佛末后般涅槃时亦教称是语。今我般涅槃后,经初亦应称"如是我闻:一时"。
>
> 佛法大海,信为能入,智为能度。"如是"义者,即是信。若人心中有信清净,是人能入佛法;若无信,是人不能入佛法。

这里讲的是,佛灭后不久,五百阿罗汉会聚王舍城举行第一次结集。其时阿难于会众前诵出经文。而在诵经前,先言"如是我闻",表明以下所诵乃亲从佛闻,真实可信,无所遗漏。

不过历史上,这句译语曾经历从"(我)闻如是"到"如是我闻"的转变定型。如北宋天台山外仁岳《楞严经熏闻记》(卷一)记述:"原夫晋魏以前译经,多云'闻如是',或曰'我闻如是',至后秦罗什翻《法华经》云'如是我闻',自此相沿,以为定式。"

---

* 本文是国家社科基金重大项目"佛典语言的中国化"(20&ZD304)的阶段性成果。谨以拙作贺曹广顺先生七秩华诞。

（1）闻如是：一时佛在拘类国，行拘类国法治处。（后汉安世高译《人本欲生经》卷一）

（2）我闻如是：一时佛住王舍城耆闍崛山中，与大比丘众万二千人俱。（曹魏康僧铠译《佛说无量寿经》卷一）

（3）如是我闻：一时佛在舍卫国祇树给孤独园，与大比丘僧千二百五十人俱。（姚秦鸠摩罗什译《佛说阿弥陀经》卷一）

李欣（2014）以仁岳提供的线索为出发点，翔实考定了"如是我闻"的首译时代，大致为东晋中晚期，竺佛念到鸠摩罗什之间，大量应用当在鸠摩罗什之后。也就是以姚秦鸠摩罗什译经为分水岭，早期从东汉至魏晋，又称"古译"时代，均译作"闻如是"或"我闻如是"。直至东晋中晚期，即以鸠摩罗什为代表的"旧译"时代，才改弦更张，新译为"如是我闻"，自此从者如云，奉为范式。

二 疑窦重生

然而这一语序变革不禁让人心生疑窦。首先在语序排列上，译作"（我）闻如是"显然比"如是我闻"更符合汉语习惯。古汉语里不乏类似表达，如用代词"之"预指下文内容（例中划线部分）：

（4）吾闻之也，君子周急不继富。（《论语·雍也第六》）

（5）我闻之也，君子不以其所以养人者害人。（《孟子·梁惠王下》）

（6）寡人闻之：哀乐失时，殃咎必至。（《左传·庄公二十四年》）

（7）臣闻之：俭，德之共也；侈，恶之大也。（同上）

随之而来的问题是，既然初译"（我）闻如是"已然合乎汉语的表达习惯，为何随着译经事业的发展成熟，译语精湛的翻译大家，特别是鸠摩罗什要一反传统，破旧立新，主导这场看似"倒退"的变革呢？即将"合乎常规"的语序改为"不合常规"的语序，而且是开门见山，赫然处在诸经卷首的醒目位置。

由于汉译佛经的翻译性质，人们自然会联想到原典语言的影响。梵汉对勘的材料显示，新译"如是我闻"确与原文语序整齐对应，如：

（8）evaṃ mayā śrutam ekasmin samaye bhagavān vaiśālyāṃ viharati sma
　　如是　我　闻　一　时　世尊　维舍离城　住（表过去）
āmrapālīvane
庵罗卫园林　　　　　　　　　　　　　　　　（《维摩诘经·佛国品第一》）

今译：我这样听说：世尊曾经住在维舍离城庵罗卫园林。

支译：闻如是：一时，佛游于维耶离柰氏树园。

什译：<u>如是我闻</u>：一时，佛在毗耶离庵罗树园。

奘译：<u>如是我闻</u>：一时，薄伽梵住广严城庵罗卫林。

（9）evaṃ mayā śrutaṃ ekasmin samaye bhagavān rājagṛhe viharati sma
　　如是　我　闻　　一　　时　世尊　王舍城　住（表过去）
gṛdhakūṭe parvate
　灵鹫　　山　　　　　　　　　　　　（《法华经·序品》）

今译：我这样听说：世尊曾经住在王舍城灵鹫山中。

护译：<u>闻如是</u>：一时，佛游王舍城灵鹫山。

什译：<u>如是我闻</u>：一时，佛住王舍城耆阇崛山中。

即便早期（东汉至南北朝）译经，它们的原典语言不是正规梵语，而是用中期印度语（或以它为基础的中亚语言等）①口传或写成的。现今流传下来的印度佛教经典大体有四类：一、用巴利语写成的；二、用中期印度语写成的；三、用混合梵语写成的；四、用梵语写成的（F. Edgerton 1953）。我们查证诸语原典可知，无论梵语、巴利语、犍陀罗语还是混合梵语，因为同属印欧语系印度伊朗语支，这句卷首语的语序并无差别，都是以动词"闻"结句，"如是"及"我"等成分置于动词之前。略示如下：

原典语言	经文
梵语	evaṃ（如是）　mayā（我）　śrutaṃ（闻）…
巴利语	evaṃ（如是）　me（我）　sutaṃ（闻）…
犍陀罗语	evo（如是）　ṣuyadi(～śuyadi,～śruyadi)（闻）…

如此看来，貌似古译时代的译经选择了倾向于目的语的"归化"译法，按照汉语的表达习惯进行了语序调整，而以鸠摩罗什为代表的"旧译"时代，反倒走起贴近源头语的"异化"路线，直接模仿了原文语序（Nattier 2014）。

可惜这样解释同样不通。众所周知，鸠摩罗什是佛典翻译史乃至中国翻译史上极负盛誉的翻译大家，素以译笔灵活流畅著称，其译作易诵易记，千百年前始终深受僧众喜爱，奉为诵习的标准经典和建宗立派的根本依据，不被后世重译所取代。究其原因，恰如陈寅恪先生（1980）所言："鸠摩罗什翻译之功，数千年间，仅玄奘可以与之抗席。今日中土佛经译本，举世所流行者，如金刚、法华之类，莫不出自其手。若言普及，虽慈恩犹不能及。<u>所以致此之故，其文不皆直译，较诸家雅洁，应为一主因</u>。"也就是，鸠摩罗什译经一方面极其执着认真，"道俗虔虔，一言三复，陶冶精求，务存圣意"；另一方面，又能应机变通，"曲从方言，而趣不乖本"，"文虽左右，而旨不违中"。即不拘泥于原典语言，"不皆直译"，又能合理驾驭汉语，兼具"信、达、雅"，具有很高的

---

① 中期印度语（Middle Indic）是标准梵语产生以前使用的一种语言。

文学价值。而模仿原文语序属于一种直译方式,显然与鸠摩罗什的译经风格和翻译水平不符。

即使到了鸠摩罗什时代,佛学东渐已达数百年,在汉地的普及接受程度日高,出现一些"异化"翻译倾向。譬如受道安"五失本、三不易"的翻译理论支配,许多印度佛教的专有名词、人名术语等大都由此前的意译改为音译,即采取直译的方式,避免"失真"。如:

梵语	音译	意译
Arhān	应真	阿罗汉
Bodhisattva	道心众生	菩萨/菩提萨埵
Prajñāpāramitā	智慧度无极	般若波罗蜜
Anuttara-samyak-saṁbodhi	无上正等正觉	阿耨多罗三藐三菩提
Nirvāna	灭度/寂灭	涅槃
Dhyāna	静虑	禅/禅那
Śakyamuni	能仁	释迦牟尼
Śāriputra	秋鹭子	舍利弗
Maitreya	慈氏	弥勒
Upāsaka	清信士	优婆塞
Upāsikā	清信女	优婆夷

但语序模仿并不能囊括其中,也无关乎直译与意译之争,除非是极其生硬艰涩的翻译,一般略通汉语的译师都会将原典语言的 SOV 语序转换为汉语的 SVO 语序,不繁举例,从而顺应两种类型语言的表达习惯,实现翻译的对等转换。

且抛开这句套语,也不论时代先后,单就句法分布而言,汉文佛典在用"如是"翻译原典 evam 一词时,也不存在简单的语序模仿。按照原典 SOV 型语言的语序原则,动词通常居于句尾,而受动词支配的成分,不管是论元还是附加语,一律前置于动词。但我们从对应的汉译中看到,译者特别是同一部译经在用"如是"对译原典的 evam 时,并未表现出模仿原文语序的倾向,"如是"相对于动词的位置有前有后,自成一格。如:

（10）佛说<u>如是</u>,阿难受行。（后汉安世高译《人本欲生经》卷一）

<u>如是</u>说已,日月尊如来为诸菩萨示现种种神足变化。（北凉昙无谶译《悲华经》卷一）

（11）王行<u>如是</u>,便得自在。（东晋失译《般泥洹经》卷二）

如仁所行,何不<u>如是</u>行?（姚秦竺佛念《出曜经》卷十九）

（12）布施<u>如是</u>,无有休息。（西晋竺法护《生经》卷三）

<u>如是</u>布施,经数时中,诸藏之物,三分已二。（元魏慧觉等《贤愚经》卷八）

（13）舍利弗劝请，世尊**答**如是。（东晋佛陀跋陀罗共法显译《摩诃僧祇律》卷一）

如汝向者答我，众僧中亦当如是**答**。（姚秦佛陀耶舍共竺佛念《四分律》卷三十五）

（14）诸人白言："圣者若**得**如是，我当请佛而求出家。"（唐义净译《根本说一切有部毗奈耶》卷九）

若比丘如是**得**者，无罪。（《摩诃僧祇律》卷三）

（15）我问如是："于恐破意云何？……"（东晋僧伽提婆译《中阿含经》卷三）

世尊告诸比丘："汝等实时应如是**问**众多异学：'诸贤！云何欲味？云何患？……'"（东晋僧伽提婆译《中阿含经》卷二十五）

其中原委当很大程度取决于梵文 evam 一词的语义指向。据 Monier-Williams（1989：232）《梵英词典》和 Apte（1900：501）《实用梵英词典》，梵文不变词 evam 是一个具有很强指代性和关联性的词，义为"如此，这样，以这样的方式"（thus, so, in this manner or way），指称先于说话时或者后于说话时发生的事情（refers to what precedes as well as to what follows），具有"承上启下"的功能。也就是说，尽管梵文中，不变词 evam 的句法位置固定，一律处在动词之前，但它的语义指向可以有所不同，既能指称前面的内容，也可指称下文的内容。相应地，汉译"如是"一词相对于动词的位置也是前后有秩，呈现出一定规律。

由此可见，"如是我闻"既非单纯的语序模仿，也不能简单归结为"异化"的翻译倾向。单纯的语序模仿无法解释从"（我）闻如是"到"如是我闻"的转变，这一语序变革的背后当另有深意，需再探究竟。

三　还原真相

我们知道，语序因能反映语言的本质特征，成为划分语言类型的重要依据。因而回归语言本质，遵循形式与功能匹配的基本原则，或能还原真相，揭开这一语序变革的深层动因。初步研究证实，该语序变革或受制于语言象似性（iconicity）原则，即所谓的时间顺序原则（PTS）。

Croft（2003）将象似性定义为"语言结构以某种方式反映了经验的结构"，即世界的结构，也包括说话人加诸其上的视角。最典型的象似性体现为特定语言的表层句法结构与跨语言普遍的概念结构之间的相似性或同构性，亦即前者临摹后者。语言有用线性语序反映事件的时间顺序的倾向，任何语言里，述谓性成分的语序安排都或多或少地遵循时间顺序（Haiman 1985, Greenberg 1963）。戴浩一（1985）进一步研究指出，汉语里，时间顺序原则可以看成是一条总的句法限制。整体而言，汉语的语法组织更多地依赖象似原则。时间顺序原则正是次序象似动因在汉语句法里的体现。

而我们认识世界总是从已知旧信息到未知新信息，形式上表现为线性的前后差别。这意味着动词的前置成分和后置成分有原则性的重大差异。据此推断，"（我）闻如是"和"如是我闻"这两种语序应当反映截然不同的事件发生的时间顺序。我们可将"如是"和"我闻"看作同一时间轴上排开的两个述谓结构，包含"如是"和"（我）闻"两个陈述内容。在"（我）闻如是"中，"如是"处在动词"闻"后的宾语位置，表明"如是"代表的事件发生在动作"闻"后，即"如是"指代的下文内容，对听者来说属于未知新信息。而在"如是我闻"中，"如是"处在动词"闻"前的状语位置，表明"如是"代表的事件发生动作"闻"之前，对听者来说属于已知旧信息。

现存史料可以帮助我们判断哪种译法更为合理，即看哪种语序所反映的事件次序更符合历史真实。

很多经典都有关于佛经结集缘起的记载。如《出三藏记集·集三藏缘记第一》中，

> 尔时迦叶思惟："云何使是三阿僧祇劫难得佛法久住于世？"思惟已。"我知是法可得久住，于世应当集修妒路阿毗昙毗尼作三法藏，如是佛法可得久住，未来世人可得受行。"……诸有弟子得神力者，皆来集会大迦叶所。……尔时迦叶告诸会者："佛法欲灭，佛从三阿僧祇劫种种苦行，慈愍众生，学得是法。佛涅槃已，诸弟子中知法持法者及诵法，皆亦随般涅槃，法今欲灭，未来众生甚可怜愍，失智慧眼，愚痴盲冥。佛大慈悲，愍伤众生。我曹应当承顺佛教，须待结集三藏竟已，随意灭度。"诸来众会皆受教住。

又《大智度论·序品》中，

> 是时僧复议言："憍梵波提已取灭度，更有谁能结集法藏？"长老阿泥卢豆言："是长老阿难，于佛弟子，常侍近佛，闻经能持，佛常叹誉；是阿难能结集经藏。"是时长老大迦叶摩阿难头言："佛嘱累汝，令持法藏，汝应报佛恩！佛在何处最初说法？佛诸大弟子能守护法藏者，皆以灭度，唯汝一人在。汝今应随佛心，怜愍众生故，集佛法藏。"……阿难受僧教，师子座处坐。

又《十诵律·五百罗汉出三藏记第二》中，

> 迦叶言："我先从波婆城向拘尸城道中闻佛涅槃。有愚痴比丘言：'我今得自在，所欲便作，不欲便止。'又有比丘非法说法，法说非法。以此因缘应集法藏即羯磨。"五百罗汉唯阿难在学地，共住王舍城安居。先令优波离出律藏，一一事竟。即问阿若憍陈如，次问长老均陀及十力迦叶等五百罗汉，乃至最下阿难言："如优波离所说不？"皆答："我亦如是闻是事是法。"尔时迦叶僧中唱言："大德僧听！初事集竟，<u>是法是佛教，无有比丘言非法非佛教</u>。"僧忍默然，故是事如是持，乃至集律藏一切竟。后方命阿难出修多罗藏及阿毗昙藏。阿难方云"如是我闻"，一时五百罗汉

皆下地胡跪,涕零而言:"我从佛所面闻见法,而已言我闻。"迦叶语阿难:"从今三藏初皆称'如是我闻'。"故复两存。

诸上记载显示,佛涅槃后,为使佛法久住不灭,"随佛心怜愍众生",大迦叶召集五百阿罗汉,意将佛生前法教结集记录,传诸后世,于是命多闻第一的阿难诵出经藏和论藏,持律第一的优波离诵出律藏,集成三藏。而在座的五百位阿罗汉并非单纯的听众,实则扮演"证人"或是"督导"的角色,即以亲历者的身份,证明阿难及优波离所诵与佛说无异,真实可信。也就是两位长老诵出的"经、律、论"三藏("如是"所指内容)对于这五百位阿罗汉来说,并非新闻,而是早已熟知的旧闻。所以当阿难和优波离("我")背诵完毕后,在座长老都异口同声回应道:"我亦如是闻是事是法","我从佛所面闻见法","是法是佛教,无有比丘言非法非佛教",诸如此类,均在证实二人所诵千真万确,无所漏失。可见,佛经结集是集体合作的成果,五百阿罗汉都是结集的参与者,只因阿难为佛近侍,博闻强志,可一字不漏诵出经文,而后经由与会长老确认无误,方可结集,奉为真经,后世遵行。

且如前文所述,梵文不变词 evam 具有"承上启下"的功能,既可指称前面的内容,也能指称下文的内容。朱庆之(2020:501—518)利用梵汉佛经对勘材料,同样证实梵文 evam 用在小句句首,可引导一个对前文进行总结的总结性句子或语段,指代前边论述的内容,有起句的作用。如:

(16) ……āha   **evam** eva bhadantaśāriputra apariniṣpanneṣu sarvadharmeṣu
　　　(天女)说　这样　确实　尊者舍利弗　　　不真实　　　一切法
　　　māyānirmitasvabhāveṣu kutas tavaivaṃ bhavati kiṃ tvaṃ strībhāvaṃ
　　　原本幻化相　　　　　为何　你这样　是　　为何　你　女性
　　　na nivartayasīti
　　　不　转变（引号）　　　　　　　　　　　　(《维摩诘经·天女品第六》)

支译:"如是,贤者!一切诸法亦无所成,奚为复问何转女身?"
什译:天曰:"一切诸法亦复如是,无有定相,云何乃问不转女身?"
奘译:天曰:"如是,诸法性相皆非真实,犹如幻化,云何乃问不转女身?"
现代汉语译文:(舍利弗说道:"天女啊,你为何不转变女性?"天女说道:"我整整用了十二年寻求女性而不可得。尊者舍利弗啊,如果幻师幻化出一个妇女,而有人对她说:'你为何不转变女性?'他能这样说吗?"舍利弗说道:"她毫无真实性。")天女说道:"正是这样,尊者舍利弗啊,一切法原本幻化而不实,你为何还要说:'你为何不转变女性?'"

(17) ……āha   **evam** eva śāriputra satvānām ajñānāparādha eṣa yas tathāgatasya
　　　(世尊)说　这样　确实　舍利弗　众生　无知的过失　这那　如来的

buddhakṣetraguṇālaṃkāravyūhaṃ kecit satvā na paśyanti na tatra
佛土的功德庄严　　　　　　　有些 众生 不　看见　不 这里
tathāgatasyāparādhaḥ
如来的过失　　　　　　　　　　　　　　　　（《维摩诘经·佛国品第一》）

支译："佛言：'<u>此</u>，舍利弗！咎在众人无有智慧，不见如来佛国严净，非如来咎。'"
什译："舍利弗！众生罪故，不见如来佛土严净，非如来咎。"
奘译：佛言："<u>如是</u>，众生罪故，不见世尊佛土严净，非如来咎。"
现代汉语译文：（于是，世尊知道尊者舍利弗心中出现这样的想法，便对尊者舍利弗说道："如果说天生目盲者看不见，那么，岂不是说太阳和月亮不洁净，你怎么想？"舍利弗说："不是这样，世尊啊，那是天生目盲者的过失，不是太阳和月亮的过失。"）世尊说道："<u>正是这样</u>，舍利弗啊，一些众生看不见如来佛土的功德庄严，那是众生无知的过失，不是如来的过失。"

真相至此基本水落石出。初译"（我）闻如是"看似"合理"却不属实，新译改作"如是我闻"看似"不合理"但更加符合历史真实，反映了语言尤其是汉语用线性语序反映事件的时间顺序的倾向。从"（我）闻如是"到"如是我闻"的语序变革并非倒退回对原文语序的简单模仿，而是鸠摩罗什这样的翻译大师深思熟虑、有意为之的结果。从某种意义上说，亦可视为更深层次的语序模仿，即遵从所谓的时间顺序，归根结底来自语义的驱动，体现了语义关系决定语序的基本原则。

参考文献

曹仕邦　1990　《中国佛教译经史论集》，（台湾）东初出版社。
陈寅恪　1980　《金明馆丛稿二编》，上海古籍出版社。
戴浩一　1988　《时间顺序和汉语的语序》，黄河译，《国外语言学》第 1 期（原文刊于 1985 年）。
丹尼尔·布歇（Daniel Boucher）　1998　《犍陀罗语与早期汉译佛经的再思考——以〈妙法莲华经〉为个案》，萨尔吉译，徐文堪校，载朱庆之编《佛教汉语研究》，商务印书馆，2009 年。
葛维钧　1994　《曲从方言 趣不乖本——谈〈妙法莲华经〉的灵活译笔》，《东南文化》第 2 期。
李　欣　2014　《"如是我闻"首译时代与早期汉译佛经辨误、辨伪》，《史林》第 1 期。
梁晓虹　1987　《汉魏六朝佛经意译词初探》，《语言研究》第 1 期。
陆丙甫　2004　《共性探索背景下的汉语句法研究》，《语言学论丛》第三十辑，商务印书馆。
陆丙甫　2015　《核心推导语法》（第二版），上海教育出版社。
辛岛静志　1997　《汉译佛典的语言研究》，《俗语言研究》第 4 期。
张　敏　2019　《时间顺序原则与像似性的"所指困境"》，《世界汉语教学》第 2 期。
朱庆之　2020　《再论译经句首的"汝+称谓词"和"此+称谓词"组合》，载朱庆之、董秀芳主编《佛典与中古汉语代词研究》，中西书局。

Apte, V.S. 1957 *The Practical Sankrit-English Dictionary* (Revised and Enlarged Edtion). Poona: Prasad Prakashan.

Croft, Willam 2003 *Typology and Universals.* Cambridge: Cambridge University Press.

Greenberg, Joseph H. 1963 Some universals of grammar with particular reference to the order of meaningful elements. In J. H. Greenberg (ed.) *Universals of Human Language,* 73–113. Cambridge: MIT Press.

Haiman, John 1985 *Natural Syntax.* Cambridge: Cambridge University Press.

Nattier, Jan 2014 Now you hear it, now you don't. In *Buddhism Across Asia: Networks of Material, Intellectual and Cultural Exchange.* Volumn 1. Singapore: ISEAS Publishing Institute of Southeast Asia Studies.

On the Word Order Change of *Thus Have I Heard* in the Chinese Buddhist Scriptures
JIANG Nan

Abstract: As a familiar idiom appeared at the beginning of the Chinese Buddhist Sutras, the word order of *Thus have I heard* experienced a shift in history. Although the new translation corresponds neatly to the word order of the original text from the perspective of the contrastive materials of Chinese and Sanskrit, it cannot be simply attributed to the imitation of word order, because it runs contrary to the development of the Chinese Buddhist translations. As an important standard for classifying language types, word order reflects the essential characteristics of language. Therefore, this paper, based on the matching principle of form and meaning, explores the underlying causes of this transformation, and holds that it is more constrained by iconicity, i.e. the tendency of linear word order to reflect the principle of time sequence. The *"Thus"* moving forward is more consistent with historical reality, which is ultimately driven by semantics.

Key words: *Thus have I heard*, word order change, the principle of time sequence

（姜南　中国社会科学院语言研究所　100732）

《鼻奈耶》"取"字处置式及相关语法关系问题初探*

沈 煜

提 要 《鼻奈耶》"取"字处置式（"取+[N]+VP"）属于汉语早期处置式，但"取"后的N大多可以看成VP的主语（更宜叫话题），而不是以往认为VP的提前宾语，也不必把处置式笼统看成内部难分解的特殊构式。这种语法关系符合本土汉语基本结构，即话题—说明结构（或叫对言格式）。本经"取"字处置式中只有"取+N+杀/弑"相对特殊。考虑到它自身的结构特点、它在中古译经中的分布特点，以及译者的语言背景、翻译理念和翻译态度，它可能主要源于竺佛念个人故意创造的特殊翻译策略，并可能受到佛经原文OV语序的干扰。

关键词 处置式 中古汉译佛经 竺佛念 翻译史

《鼻奈耶》（十卷）是前秦建元十八年（公元382年）春由凉州僧人竺佛念与西域僧人鸠摩罗佛提、鼻奈耶舍、昙景等合作翻译的一部律部译经，道安《鼻奈耶》序："佛提梵书，佛念为译，昙景笔受。自正月十二日出，至三月二十五日乃了。"它是最早的律部汉译佛经之一，也是赵政、道安等在长安组织译场译出的首部佛经（胡中才2011：37）。《鼻奈耶》的汉语译文中有较多不见或少见于同时期及之前本土汉语和其他译经的重要现象和特殊现象，比如"取"字处置式。

为了表述方便，本经中处置式的句法形式界定为：P+[N]+VP。其中，P前有时出现VP的施事。P是处置式中引导N的介词，在本经中主要由"以""持"和"取"来充当。N在语义角色上一般是VP的核心动词V的受事（唯一受事或双及物动词的受事之一），有时是施事或当事。VP是处置式谓语，其核心可由动词、代词等充当，VP中的核心动词称为V。本经处置式中，N有时不出现，P和VP则一定出现。

此外，根据N对于VP的语义角色、语义关系不同将本经的处置式分为三个语义类型：

A. 广义处置式。句法形式可以具体表达为"P+N+V+O"。核心动词V是双及物动

---

* 本文由笔者博士论文《〈鼻奈耶〉语法研究》的一部分修改而成，曾在第十二届中古汉语国际学术研讨会（2021.10.15–18，北京）上宣读过。感谢恩师曹广顺先生指导，感谢龙国富、杨永龙、赵长才、朱冠明、梁银峰、陈丹丹等先生帮助。谨以此文恭祝恩师曹广顺先生七秩华诞。文中错漏由笔者个人负责。

词，N 在语义角色上是这个双及物动词的受事之一。这个受事具体可以是客体（theme，张伯江（1999）又叫"受事"（patient）），也可以是接受者（recipient）。广义处置式的核心动词 V 后常常还有宾语（O）。广义处置式又可分为四个语义小类：处置（到）、处置（给）、处置（告）、处置（作）。

B. 狭义处置式。核心动词 V 是单及物动词，N 在语义角色上是这个单及物动词的唯一受事。

C. 致使义处置式。谓语核心由双及物动词、单及物动词、不及物动词、形容词或指示代词充当。N 在语义角色上是核心动词 V 的当事或施事。P 在语义上相当于一个使役动词。

处置式 N 与 VP 的语法关系一直是现代汉语和汉语史学者讨论的重点之一。关于二者的语法关系，主要观点有四：1. 提前宾语说。王力（1980）、吕叔湘（1942/1982）等认为，N 相当于 VP 的提前宾语。2. 主语说。朱德熙（1982：188）、梅祖麟（1990）、吴福祥（1996：442—443）、蒋绍愚（1997，1999a）等认为 N 与 VP 的主语（比如受事主语、施事主语、当事主语等）有密切关系。3. 介词宾语说。冯春田（1991）、孙锡信（1992）、吴福祥（1996）等认为 N 是处置介词 P 的宾语，N 与 VP 有多种语义角色关系。4. 构式说。张伯江（2000）、沈家煊（2002）、石毓智（2006）、孙朝奋（1996，2008）等把处置式整体看成一个具有特殊语义和结构特征的构式，其语义不具有完全的可分解性，并从语义、语法、语用、篇章、认知、交际等多层面进行概括。

由于《鼻奈耶》处置式中"取"字式最齐全、灵活，且是中古汉语新兴格式，还表现出译经特殊现象，因此本文重点讨论《鼻奈耶》"取"字处置式中 N 与 VP 的语法关系，具体分两部分：1. 绝大多数"取"字处置式类型符合本土汉语的语法关系特点（第二节）。2. 个别处置式类型（即"取 +N+V$_{光杆单音节}$"）不符合本土汉语的语法关系特点，属译经特殊现象（第三节）。

一 本经"取"字处置式的基本情况

1.1 "取"字广义处置式

本经中"取"字广义处置式 3 例。

其中，处置（到）2 例。核心动词 V 均为"着"：

（1）若于村落乞食之后，<u>取衣钵着房中</u>。（卷一①）

（2）此跋难陀是凶横恶比丘，<u>我等取金银试着道头</u>。（卷六）

例（2）动词"着"前还有动词"试"。

处置（给）1 例：

---

① 本文例句若不标书名只标卷数，均指《鼻奈耶》。

（3）取此地肥，以左手反此地，右手取地肥与诸比丘，使食。（卷八）

1.2 "取"字狭义处置式

本经中狭义处置式只有"取"字式，10例。核心动词V均是"杀""弑"义动词。N均为指人名词或代词。又分三小类：

a式：VP不是光杆单音节形式，N出现，2例。此2例均为：

（4）能取我辈杀断命者，当雇卿三衣。（卷一）

例（4）"能取我辈杀断命者"或可看成嵌套句（或叫"关系从句"）结构，"者"是代词，或可看成假设复句的从句，"者"是"的话"义的假设语气助词，但这些分析均不会改变对"取"字处置式的判定。"杀断命"不是述补结构，因为"断"在本经中可带受事宾语，如"自手断命""持刀自断命"。从本经的语法系统看，例（4）的"杀断命"应是连动式，整个作狭义处置式的VP。

b式：VP为光杆单音节动词，N不出现，1例。该式不是典型的狭义处置式，赵长才（2010：341）也注意到中古译经中的用例（大多与竺佛念相关）。例如：

（5）迦留陀夷去后，语此贼师："此沙门后至，但说淫事。必当见我为不净行。又于我夫最为亲厚。若当告此事者，罪我不少。"贼问："当云何？"婆罗门妇言："当取杀。"贼答："不得杀。"（卷九）

c式：VP为光杆单音节动词，N出现，7例。它们相当于梅祖麟（1990）的（丙）型处置式第三类、吴福祥（1996：425—436）的狭义处置式G类，以及曹广顺、遇笑容（2000）的"取"字狭义处置式B类（"取+O+V"）。例如：

（6）诸贤当知，向者大王欲取我杀，寻复放我。（卷一）

（7）就位已，取父王弑，一以自由。（卷五）

1.3 "取"字致使义处置式

本经中"取"字致使义处置式3例。

2例在对举句中，VP均为光杆单音节形式的不及物动词：

（8）善哉善哉！贤严成大功德。能取精进比丘不度者度、不脱者脱、不般泥洹者令般泥洹。（卷一）

1例在独立句中：

（9）语诸大臣："敕扫洒祇桓，何以不从我教、不扫祇桓？不从我教、不扫祇桓者，尽枭其头首。次着道上，足蹑至祇桓门。"诸臣闻此语，自相谓言："此王凶暴，无有慈心。能取我等尔耳。"（卷十）

例（8）中N是"精进比丘不度者"，VP是光杆单音节的不及物动词"度"。本文认为例（8）是致使义处置式，理由有四：第一，后句有使役动词"令"，说明这些排比句每句内部的语义关系均是致使关系。第二，语篇中与致使义兼语句交替，因此该"取"在语义上相当于使役动词"令"：

（10）诚如天言，我大得功德。<u>令诸比丘不度者度</u>、不脱者脱、不般泥洹者令般泥洹。（卷一）

（11）尔时沙门崛比丘信此倒见已，执向者刀，还至众中房房告："<u>令我能不度者度</u>、不脱者脱、不般泥洹者令般泥洹！"（卷一）

第三，语篇中与使动用法的句子交替，语言环境是致使义：

（12）既度沙门，加得三衣。（卷一）

第四，《鼻奈耶》以外的同期译经（主要考察了竺佛念译经）中也有"取"字致使义处置式：

（13）是时目连即前捉手将至门外，还<u>取门闭</u>，前白佛言："不净比丘已将在外。"（《增壹阿含经》卷四十四）（引自曹广顺、遇笑容 2000：557）

例（13）"取门闭"除了看成狭义处置式，也可看成致使义处置式（参考蒋绍愚 1997：302—303），因为《增壹阿含经》中"闭"可用作不及物动词和使动用法动词。又如：

（14）问其村人曰："诸贤，究罗帝今何所在？"报曰："<u>已取命终</u>。"问曰："何患命终耶？"答曰："腹胀。"（《长阿含经》卷十一）

本文认为例（9）也是致使义处置式，理由有二：第一，"我等"在这里无法看成"尔"的任何受事，只能看成当事。第二，"尔"在语义功能上无法看成及物动词，它在这里其实指代某种状态，语义功能上类似于一个不及物动词或形容词，表示状态也是本经中特指指示代词"尔"常见的语义功能（这种"尔"常做谓语或状语）。因此"取我等尔"无法归入广义处置式或狭义处置式，而更宜归入动词类型和语义关系更加多样的致使义处置式。

表 1 《鼻奈耶》处置式的用法及频率

类别		以	用	持	取	总数
广义处置式	处置（到）	13		3	2	18
	处置（给）	27	5	5	1	38
	处置（告）	21				21
	处置（作）	10	1			11
狭义处置式	a式：VP 不是光杆单音节动词，N 出现				2	2
	b式：VP 是光杆单音节动词，N 不出现				1	1
	c式：VP 是光杆单音节动词，N 出现				7	7
致使义处置式	VP 是光杆单音节动词				2	2
	VP 是 VO	1				1
	VP 是代词谓语				1	1
总数		72	6	8	16	102

二 大多数处置式类型中 N 与 VP 的语法关系

从《鼻奈耶》语料看，本经大多数"取"字处置式（除狭义处置式 c 式外）中 N 与 VP 的语法关系比较接近"主语说"，符合本土汉语句子的语法关系特点。支持"主语说"的理由如下。

2.1 处置式与相应的受事（或施事、当事、受使者等）主语句在句法形式上的关联

本经中，处置式在句法形式上可与相应的受事（或施事、当事、受使者等）主语句关联（比如对举、排比或交替等），区别仅在于出不出现处置介词 P。

比如，广义处置式与某些受事主语句关联：

（15）时以两番饼与一人、一番饼与一人。（卷八）

（16）时世尊四叠襞忧多僧敷床上、僧伽梨着头前。（卷四）

（17）梵经四部，章句为首。诸人民中，以王为首。众水流河，以海为首。星列空中，月为其首。众热之中，以日为首。上下四域，所有诸方，两足人天，三佛为首。（卷四）

例（15）中广义处置式与受事主语句前后对举，可类比"取"字式例（3）。例（16）可关联"取"字式例（1）（2）。例（17）中广义处置式"以……为……"与不出现"以"的受事主语句"……为……"排比使用。为了迎合四字格的汉译需要，译者竺佛念交替运用广义处置式和相对应的受事主语句。

又如，狭义处置式 a 式在句法形式上与某些受事主语句相近：

（18）若比丘，<u>若人、人形之类自手念断其命</u>；若持刀、若使他持劝他使死，……如是，比丘弃捐不受。（卷一）

（19）若比丘，<u>若男若女自手断命</u>，犯者，波罗移不受。（卷二）

例（18）"若人、人形之类"可看成"自手念断其命"的受事主语。例（19）"若男若女"是"自手断命"的受事主语，"自手"指比丘亲自下手。这两例受事主语句在句法形式上和本经中 VP 为非光杆单音节形式的狭义处置式（例 4）相近。

又如，某些致使义处置式与受使者主语句交替、排比。比较例（8）（10）（11）与下例：

（20）剔除须发被袈裟出家学道，得阿耨多罗三耶三佛。救众生厄，<u>不度者度、不脱者脱、不般涅盘者令般涅盘</u>。（卷八）

"不度者度""不脱者脱""不般泥洹（般涅盘）者令般泥洹（般涅盘）"等都是受使者主语句，与致使义处置式"能取精进比丘不度者度"（例 8）、致使义兼语句"令诸比丘不度者度"（例 10）、"令我能不度者度"（例 11）交替、排比使用。这三种句式在句

法形式上的主要差别仅在于有没有处置介词 P 或使役动词"令"。

又如，某些致使义处置式在句法形式上与某些当事主语句相近：

（21）此沙门释子出家为道，方观军马。（卷八）

（22）a.善哉善哉！难陀，乃能作是，全梵行能尔。（卷三）

　　　b.我与汝等勤苦学道，正可尔耳。（卷九）

例（21）"此沙门释子"是"为道"的当事，此例当事主语句与"以"字致使义处置式（例如本经卷三："以此女为道"）在句法形式上的主要差别仅在于有没有处置介词 P。例（22）"全梵行""我与汝等"是"尔""尔耳"的当事，例（22）与"取"字致使义处置式（例9）在句法形式上的主要差别仅在于有没有处置介词 P，以及情态动词的位置。

2.2　处置式相关的连动式与受事主语句在句法形式上的关联

本经中，和处置式相关的连动式可与相应的受事主语连动式交替，在句法形式上类似于语序变换。

比如，广义处置式相关的连动式在连续语篇中交替：

（23）大有恶材木不用，乃取好材与比丘为？（卷一）

（24）卿非人，何以自由官好材木取与比丘？（卷一）

例（23）"取好材与比丘"是与处置（给）相关的连动式。动词"取""与"的受事是"好材"。例（24）"官好材木取与比丘"的"官好材木"（意为官之要好材木）是动词"取""与"的受事，所以"官好材木取与比丘"是与广义处置式相关的受事主语连动式，是一种受事主语句。

又如，狭义处置式 a 式相关的连动式在连续语篇中交替：

（25）a.此比丘取材木，段段截，聚着一处。（卷一）

　　　b.木工，何谁取官材，段段截，聚着一处？（卷一）

（26）a.官之要好材尽取斫截，聚着一处。（卷一）

　　　b.今至诚时官好材木辄取，段段截，聚着一处？（卷一）

例（25）是施事主语连动式，"此比丘""何谁"是动词"取""截""聚""着"的施事。例（26）是受事主语连动式（b例还带施事"至诚"），"官之要好材""官好材木"是动词"取""斫""截""聚"的唯一受事，是双及物动词"着"的受事之一。

比较例（23）（24），例（25）（26），这些连动式在句法形式上的主要差别仅在于动词"取"、受事"（官好）材（木）"在句法形式上交换了语序。

又如，狭义处置式 b 式相关的连动式在句法形式上与某些受事主语连动式相近：

（27）若比丘取食，是师子觉已，求而不得。（卷一）

（28）虽知是马麦，随时饮水饱，生草可取食耳。（卷八）

例（27）是施事主语连动式，与狭义处置式 b 式相关，"比丘"是动词"取""食"的施事，例（28）是受事主语连动式，"生草"是"取""食"的受事。比较两例，施事、受事成分是可交替的，在句法形式（包括形态）上并没有根本差别（所谓"施受同辞"）。

2.3 流水句、对言格式视角的初步解释

为什么以上处置式与受事（或施事、当事、受使者等）主语句有密切联系，N 与 VP 的主语有密切联系？本文开头说过，主语、谓语、宾语、核心、复句、关系从句等语法学概念只是权宜之计，不能恰当而简单地概括和解释汉语处置式的上述语法关系特点。现基于对《鼻奈耶》处置式的上述观察所得，采用流水句、对言格式的理论视角，对"主语说"做重新解释如下。

简单来说，该理论认为：因为汉语句子可以没有"主语"，也可以由动词直接充当"主语"，而汉语的"谓语"也可以纯粹是体词（即名词谓语句），所以不妨说汉语的"谓语"在具有陈述性的同时都具有指称性，是"谓语"（更宜叫说明、述谓语）的同时也都是"主语"（更宜叫话题、指称语），而且都是可以独立成句的"主语"。这些独立成句的"主语"就是句子（赵元任所谓零句），把它们并置起来就是流水句、对言格式：任何一句可以做它前句的"谓语"，同时又可以做它后句的"主语"（或叫话题），连绵难断，有如流水；任何一句能应答前句，同时又能引发后句，问答轮替，递系互传，有如对话。汉语以名词为本、零句为本、并置为本、递系为本：这是汉语有别于印欧语的语法关系特点。（详见沈家煊 2012，2019，2021）

按照这种理论，VP 前的"P+N""使役动词+N"、相应的受事（或施事、当事、受使者等）主语其实没有语法属性上的本质差别，都是话题、指称语、零句而已。它们可做前句的应答语、说明，同时又可做后句（即 VP）的引发语、话题，是流水句、对言格式的中间一环，类似于递系式（王力 1984）中的递系项，或称之为兼语式中的兼语。举例如下：

表 2 《鼻奈耶》处置式 N 与 VP 关系的流水句、对言格式分析

分类	例号	……	零句 1	零句 2	零句 3	……
广义处置式与受事主语句	1	……	……	取衣钵	着房中	……
	16	……	……	僧伽梨	着头前	……
	3	……	右手	取地肥	与诸比丘	……
	15	……	时	以两番饼	与一人	……
	15	……	……	一番饼	与一	……
	17	……	星列空中	月	为其首	……
	17	……	众热之中	以日	为首	……

续表

与广义处置式相关的连动式	23	……	……	乃取好材	与比丘为	……
	24	……	何以自由	官好材木	取与比丘	……
狭义处置式与受事主语句	4	……	……	能取我辈	杀断命	……
	18	……	若比丘	若人、人形之类	自手念断其命	……
	19	……	若比丘	若男若女	自手断命	……
与狭义处置式相关的连动式	25a	……	此比丘	取材木	段段截	……
	26b	……	今至诚时	官好材木	辄取段段截	……
	27	……	比丘	取	食	……
	28	……	生草	可取	食耳	……
致使义处置式与受使者（或当事）主语句	8	……	……	能取精进比丘不度者	度	……
	10	……	……	令诸比丘不度者	度	……
	20	……	……	不度者	度	……
	8、10 等	……	……	不脱者	脱	……
	8、10 等	……	……	不般泥洹（般涅盘）者	令般泥洹（般涅盘）	……
	9	……	……	能取我等	尔耳	……
	22a	……	……	全梵行	能尔	……
	22b	……	我与汝等	勤苦学道	正可尔耳	……
	21 后	……	……	以此女	为道	……
	21	……	……	此沙门释子	出家为道	……
	14	……	……	已取命	终	……
	14	……	何患	命	终耶	……

以上用例的切分结果不是唯一可能，它们与零句1、2、3的对应结果也可能因人而异，但结果总是零句、话题、指称语，N与VP的语法关系仍然都是同质的。以上"取"是处置介词还是处置动词，"取"周围的语义角色是施事还是受事，加还是不加"取"（加了"取"是强调处置义，不加是不强调），"取"在N前还是后，都没有句法形式（包括形态）的根本差别，N与VP的语法关系仍然都是同质的。

总之，在这种视角下，我们可以说，这些"取"字处置式N和VP的语法关系就是（而不仅是类似）所谓"主语"和"谓语"的关系（也即话题和说明的关系），但体现的是汉语有别于印欧语的语法关系特点。该特点与本土汉语句子的语法关系特点没有本质区别。

三 狭义处置式"取＋N＋杀/弑"语法关系的
特殊性及来源猜测

相比《鼻奈耶》其他处置式,"取"字狭义处置式 c 式("取 +N+V$_{光杆单音节}$")在语法形式、语法关系上最特殊:1. 本经中缺少与它相应或相似的受事(或施事、当事、受使者等)主语句,因此 N 可看成 VP(杀/弑)的受事宾语,而不是上节提到的"主语";2. VP 是光杆单音节动词,在同期及之前的本土汉语狭义处置式及与狭义处置式相关的连动式中均比较少见(曹广顺、遇笑容 2000),最终也不为现代汉语普通话所接受(普通话把字句的 VP 一般不能只是纯粹的光杆动词,尤其不能是光杆单音节动词,见吕叔湘 1999:55);3. VP 种类单一,仅限于"杀"义单音节动词,P 仅限于"取";4. 本经中难找到与它形式类似的"取"字连动式或并列小句,即,找不到它明显的语义虚化过程(以往所谓"实词语法化"过程)和句法融合过程(以往所谓"从句语法化"过程)。

既然 c 式的语法关系特殊,那么它来源于哪里?

曹广顺、遇笑容两位先生认为它的出现可能与佛经原始语言的 OV 语序有关,属于译经者不完全习得汉语造成的语法错误。具体来说,南北朝时期的译经者基本上是来自西域的僧人,其母语和佛经的原文都主要是梵文、巴利文等(在这些语言里宾语的位置在动词前面,而汉语相反),因此他们对本土汉语的"取 +N+V+ 之"(连动式或处置式)可能采取一种不符合汉语规则的宾语省略方式(即"取 +N+V$_{光杆单音节}$",而符合汉语规则的省略方式是"取 +V+ 之")。后来这些语法错误可能被本土译经者(如竺佛念)推崇和固定,因此错误的数量和种类可能还会不降反增。(曹广顺、遇笑容 2000:560—561,2015;遇笑容、曹广顺 2018:21—22)

这种说法有合理之处,但从"取"字狭义处置式 c 式的具体材料看,某些细节仍值得商榷。本文初步猜测:中古译经中狭义处置式 c 式"取 +N+V$_{光杆单音节}$"的来源可能主要不是译者不完全习得汉语而造成的语法错误,而主要是本土译经者竺佛念在翻译时个人故意创造的特殊翻译策略,这是由竺佛念富有个性的翻译理念和翻译态度决定的。理由如下。

3.1 现存早期译经文献中的分布

在竺佛念之外和之前的译经中,"取"字狭义处置式 c 式(及相关的"取"字连动式)出现极少,仅 5 例。其中 c 式 1 例:

(29)令众人知女如是。便取女杀,埋着祇树间。众梵志便相聚会。(支谦译《佛说义足经》)

c 式相关的"取"字连动式 4 例：

（30）譬如幻师化作人，还自<u>取幻师噉</u>。（支娄迦谶译《佛说遗日摩尼宝经》）

（31）譬如婴儿自<u>取屎弄</u>，年小长大舍前所戏，更乐余事。（竺法护译《修行道地经》卷六）

（32）以用与女，裸形可恶，<u>取此衣着</u>。（竺法护译《佛说无垢贤女经》）

（33）适持儿去，母便当死；若舍去者，则当<u>取儿噉</u>。（法炬译《前世三转经》）

以上 5 例的译者（除法炬生平籍贯不详）有一个共同点：月支国来华的僧人（比如支娄迦谶）或其归化的后裔（比如支谦、竺法护）。

在竺佛念的前期译经（公元 400 年之前）中，c 式突然大量出现。但光杆单音节动词 V 基本限于"打杀"义动词（比如"杀""弑""打""害"等），可见这种语法格式的普遍性、能产性很低，不像语言的自然产物。除《鼻奈耶》7 例外，c 式用例在竺佛念前期译经中又如：（参考曹广顺、遇笑容 2000；曹广顺、龙国富 2005）

（34）是时，王梵摩达梦见长寿王儿长生太子，欲<u>取我杀</u>。（《增壹阿含经》[①] 卷十六）

（35）夫人告曰："我今当<u>取汝挞打</u>，毁兀耳鼻，截汝手足，当断汝头。"（《增壹阿含经》卷五十）

（36）时月光长者发遣诸人，还来入家，见夫人<u>取婢鞭打</u>，即问之曰："以何因缘而鞭此婢？"（《增壹阿含经》卷五十）

（37）念汝<u>取母害</u>，折伏犹汝奴。（《出曜经》卷四）

（38）母报儿言："宁<u>取我杀</u>，不忍见汝为他所害。"（《出曜经》卷四）

c 式相关的"取"字连动式出现极少，比如：

（39）时六群比丘<u>取十七群比丘衣钵藏</u>。（《鼻奈耶》卷九）

（40）尔时，释种坐<u>取鱼食</u>，由此因缘，无数劫中入地狱中。（《增壹阿含经》卷二十六）

而在竺佛念的后期译经（公元 400 年之后，比如《四分律》和《长阿含经》）中，c 式突然消失，但 c 式相关的"取"字连动式却明显增多。比如：

（41）时六群比丘，不次第<u>取食食</u>。（《四分律》卷十九）

（42）不偷汝衣，以亲厚意故，<u>取汝衣着</u>耳。（《四分律》卷二十七）

此外，赵长才先生认为 c 式根源于秦汉时期本土汉语的相关连动式，有马王堆简帛文献的大量例子为证（赵长才 2010：338—339）。比如：

[①] 《增壹阿含经》最早译者是竺佛念，道安《增壹阿含经·序》："……佛念译传，昙嵩笔受，岁在甲申夏出，至来年春乃讫，为四十一卷，分为上下部。"也有研究表明今本《增壹阿含经》译者仍是竺佛念（Radich 2017），该经中"取"字 c 式的分布也印证了这一观点。

（43）取女子布，燔，置器中。（《马王堆汉墓帛书·五十二病方》）

3.2 译者的母语背景

据《出三藏记集》《高僧传》等记载可知：

支谶是东汉末年月支国来华的西域僧人，母语不是汉语。支谦是支谶的再传弟子，月支国后裔，其祖先在东汉末年来华，因此支谦生于中国，汉语应是母语。竺法护也是月支国后裔，生于敦煌，汉语应是母语。法炬生平籍贯不详。

其余大量用例的译者竺佛念是本土汉人，生于凉州，汉语是母语：

> 竺佛念，凉州人也。弱年出家，志业坚清。外和内朗，有通敏之鉴。讽习众经，粗涉外学。其仓雅诂训，尤所明练。少好游方，备贯风俗。家世西河，洞晓方语。华戎音义，莫不兼解。（《出三藏记集》传下卷第十五《佛念法师传》）

结合3.1和3.2节可知：1. c式及相关"取"字连动式在现存早期译经中只有1例出自西域僧人（例30），其余各例的译者均以汉语为母语，而且早先的本土汉语简帛文献中也有类似的"取"字连动式，因此很难说c式及相关的"取"字连动式来源于西域僧人不完全习得汉语造成的标志性语法错误。2. 本土僧人竺佛念对c式在早期译经中的空前涌现起决定作用，而且他对c式的使用是有策略的：其前期译经大量用c式（但极少用相关的"取"字连动式），后期译经则不用。因此，仅说本土译经者竺佛念对前辈译经者的c式及相关"取"字连动式持推崇和固定的态度，不足以解释他译经中c式用例的这种前后分布反差。3. 因此本文猜测：c式主要是竺佛念在翻译时个人故意创造的特殊翻译策略，同时他可能受到先前本土简帛文献和月支籍（及其后裔）译者译经文献相关格式的启发[①]，并受到佛经原文OV语序的干扰。此后，正是由于竺佛念在当时译经界的崇高威望（《出三藏记集·传下卷第十五》："于符姚二代为译人之宗，自世高、支谦以后莫踰于念"），c式及相关连动式（不一定是"取"字式）才在竺佛念之后的译经中被推崇和固定。

3.3 竺佛念的翻译理念和翻译态度

竺佛念作为最早的汉族血统（迄今为止没有资料表明他是西域人后裔）本土译经者之一，又是通晓古今中外的博学之人，其前期的翻译理念带有个性：

> 念乃学通内外，才辩多奇。常疑西域言繁质，谓此土好华。每存莹饰，文句减其繁长。安公、赵郎之所深疾。穷校考定，务存典骨。既方俗不同，许其五失胡本。出此以外，毫不可差。（《出三藏记集》序卷第十《僧伽罗刹集经》后记）

> 念译晋音，情义实难。或离文而就义，或正滞而傍通，或取解于诵人，或事略而曲备。冀将来之学士，令鉴罪福之不朽。设有毫厘润色者，尽铭之于萌兆。（竺

[①] 林乾、何书群（2020）通过计算机辅助文本分析发现，竺佛念在他的某几部译经中经常参考甚至袭用支谶、竺法护等人的译经，虽然竺佛念的这几部译经中未发现"取"字c式及其相关的"取"字连动式。

佛念《阿育王息坏目因缘经》序）

据上述引文可知他的翻译理念：1.一方面他倾向于让译文符合汉语表达习惯（属"文"派），常对产出的译文加强改造（"每存莹饰，文句减其繁长"）。一般来说，"文"派译经因为比"质"派译经更试图接近汉语，因此可能会加入更多的译者改造，更加灵活变通。再加上竺佛念自己就是汉族血统，对汉语及汉族文化的自信和好感超过西域语言（"常疑西域言繁质，谓此土好华"），那么其个人对译经语言的灵活改造可能就更为强烈了。2.另一方面他又要遵守译场组织者赵政和道安（均属"质"派，主张译文要尽量保留佛经原文风貌）的翻译理念。3.但值得注意的是，偏"质"派的译场组织者允许其"五失胡本"（第一条就是"胡语尽倒而使从秦"，即允许译文语序颠倒以符合汉语），但偏"文"派的汉语母语者竺佛念反而要译出"取+N+V$_{光杆单音节}$"那样不符合汉语自然语序的狭义处置式。那就不能排除这是他主观故意的翻译策略，而不是受到"质"派及其翻译理念的压力。其具体动机仍需研究。

最近越来越多的研究发现，在翻译中发挥个人创造（包括抄袭、改造、伪造等）是竺佛念常用的翻译态度。比如在他的某些译经（比如《最胜问菩萨十住除垢断结经》《菩萨从兜术天降神母胎说广普经》）中出现了一些其他译经没有的独特表达，可能纯属竺佛念个人创作（参看那体慧 2018：115—164；林乾、何书群 2020）。因此有学者怀疑：

> 竺佛念版的《法句经》（按：指《出曜经》）也包含有伪经材料。……现存的《增壹阿含经》也是一部"拼凑起来的物品"（patchwork），展示了从不止一个印度部派中攫取材料。现在可能值得提出疑问，即这些异常之处并不是由于在印度时不同传承（cross-lineage）的渗透影响（contamination），而是来自翻译过程中竺佛念自己的介入（intervention）。因此出自竺佛念后一阶段的经典最有可能是纯粹的伪经作品，但我们也需对他早期翻译可能也有"伪造窜改"保持警惕。（那体慧 2018：156）

可见他不是一个对西域僧人所传的佛经及译经采取完全忠实、推崇、固定的态度的人。因此本文同样怀疑"取"字 c 式在竺佛念前期译经的大量出现可能也是由于竺佛念个人的"介入"，体现出竺佛念个性化的翻译态度和能动创造（上段引文"才辩多奇"也可得到印证）。至于他在公元 400 年之后的译经中为什么不再使用"取"字 c 式这一特殊翻译策略，值得进一步研究。

四 结语

《鼻奈耶》的译出时代处于中古汉语处置式发展的早期，但已经出现"取"字广义处置式、狭义处置式、致使义处置式（均可表示为"取+[N]+VP"）。这些处置式中，N大多可以看成谓语VP的主语（或叫话题），而不是以往认为的VP的提前宾语，也不必把处置式笼统看成内部难分解的特殊构式。这种语法关系大体上仍符合汉语基本结构，即话题—说明结构、流水结构、对言格式，尽管译经受事主语句的增多可能也受到佛经原文OV语序的影响（朱冠明2011）。此外，本经中的"取"字致使义处置式或能补充处置式研究的材料缺失，因为以往学者（参看郭浩瑜、杨荣祥2016）未承认"取"字致使义处置式的存在。总之，本经的材料有助于重新思考汉语处置式的语法特点、形成机制和产生原因，以及处置式、受事主语句、佛经翻译三者的关系。

本经"取"字处置式中，狭义处置式c式（"取+N+V$_{光杆单音节}$"）最为特殊。它可能主要来源于汉语母语者竺佛念个人故意创造的特殊翻译策略，同时他可能受到先前本土简帛文献和月支籍（及其后裔）译者译经文献相关格式的启发，并可能受到佛经原文OV语序的干扰。这种特殊翻译策略在竺佛念前期译经（公元400年之前）中大量使用，而在他的后期译经（公元400年之后）中被逐渐舍弃，体现出他善于发挥个人能动性的翻译理念和翻译态度。

中古译经不是一个整齐划一的语言系统，不同的译经可能会呈现出不同的语言面貌和语言性质，因此中古译经的语言研究不能忽视译者语言背景、翻译理念和翻译态度等的个体差异，不应将中古所有译经的语言系统一刀切，将中古译经的特殊语法现象一刀切。对于中古译经的语法系统及特殊现象，宜采取分时期、分地域、分流派、分团体、分译者（对同一位译者的译经生涯也宜分期）、分专书的方式进行细化研究（遇笑容、曹广顺2018）。在中古译经语法研究中，除了充分利用混合语、中介语、二语习得和双语等语言接触理论视角外，也宜充分考虑本土汉语语法的宏观特点，以及佛经翻译者个人在语言背景、翻译理念、翻译态度和翻译风格等方面的微观特点。

参考文献

曹广顺　龙国富　2005　《再谈中古汉语处置式》，《中国语文》第4期。
曹广顺　遇笑容　2000　《中古译经中的处置式》，《中国语文》第6期。
曹广顺　遇笑容　2015　《从中古译经和元白话看第二语言习得导致的语言接触》，《历史语言学研究》第九辑，商务印书馆。
冯春田　1991　《近代汉语语法问题研究》，山东教育出版社。
郭浩瑜　杨荣祥　2016　《试论早期致使义处置式的产生和来源》，《语言科学》第1期。
胡中才　2011　《道安研究》，宗教文化出版社。
蒋绍愚　1997　《把字句略论——兼论功能扩展》，《中国语文》第4期。
蒋绍愚　1999　《〈元曲选〉中的把字句——把字句再论》，《语言研究》第1期。

蒋绍愚 2004 《受事主语句的发展与使役句到被动句的演变》,《意义与形式——古代汉语语法论文集》(高岛谦一、蒋绍愚主编),Muenchen: Lincom GmbH。
林 乾 何书群 2020 《竺佛念所"译"大乘经典的计算机辅助文本分析研究》,《世界宗教文化》第 6 期。
吕叔湘 1942/1982 《中国文法要略》,商务印书馆。
吕叔湘 1979 《汉语语法分析问题》,商务印书馆。
吕叔湘 主编 1999 《现代汉语八百词》(增订本),商务印书馆。
梅祖麟 1990 《唐宋处置式的来源》,《中国语文》第 3 期。
那体慧 2018 《汉文佛教文献研究》,纪赟译,广西师范大学出版社。
沈家煊 2002 《如何处置"处置式"?——论把字句的主观性》,《中国语文》第 5 期。
沈家煊 2012 《"零句"和"流水句"——为赵元任先生诞辰 120 周年而作》,《中国语文》第 5 期。
沈家煊 2019 《超越主谓结构》,商务印书馆。
沈家煊 2021 《动主名谓句——为朱德熙先生百年诞辰而作》,《中国语文》第 1 期。
石毓智 2006 《处置式产生和发展的历史条件》,《语言研究》第 3 期。
孙朝奋 2008 《主观化理论与现代汉语"把"字句研究》,《当代语言学理论和汉语研究》(沈阳、冯胜利主编),商务印书馆。
孙锡信 1992 《汉语历史语法要略》,复旦大学出版社。
王 力 1980 《汉语史稿》(修订本),中华书局。
王 力 1984 《中国语法理论》(《王力文集》第一卷),山东教育出版社。
吴福祥 1996 《敦煌变文语法研究》,岳麓书社。
遇笑容 曹广顺 2018 《从中古译经的译本和译者谈起》,《汉语史学报》第十八辑,上海教育出版社。
张伯江 1999 《现代汉语的双及物结构式》,《中国语文》第 3 期。
张伯江 2000 《论"把"字句的句式语义》,《语言研究》第 1 期。
赵元任 2002 《中国话的文法》(增订版),丁邦新译,(香港)中文大学出版社。
赵长才 2010 《也谈中古译经中"取"字处置式的来源——兼论"打头破""啄雌鸽杀"格式的形成》,《汉语史中的语言接触问题研究》(遇笑容、曹广顺、祖生利主编),语文出版社。
朱德熙 1982 《语法讲义》,商务印书馆。
朱冠明 2002 《中古译经中的"持"字处置式》,《汉语史学报》第二辑,上海教育出版社。
朱冠明 2011 《中古佛典与汉语受事主语句的发展——兼谈佛经翻译影响汉语语法的模式》,《中国语文》第 2 期。
Chao, Yuenren(赵元任) 1968 *A Grammar of Spoken Chinese*. Berkeley and Los Angeles: University of California Press.
Radich, Michael(何书群) 2017 On the *Ekottarikāgama*(增壹阿含经)T125 as a work of Zhu Fonian(竺佛念). *Journal of Chinese Buddhist Studies* 30, 1-31.
Sun, Chaofen(孙朝奋) 1996 *Word-Order Change and Grammaticalization in the History of Chinese*. Palo Alto: Stanford University Press.

Preliminary Study of the "*Qu* 取" Disposal Constructions in *Binaiye* (鼻奈耶) and Its Related Issue about Grammatical Relations

SHEN Yu

Abstract: The *qu* disposal constructions ("取 +[N]+VP") in *Binaiye* are types of early disposal constructions in Chinese history, but most N after *qu* can be analysed as the subject (better called as topic) of VP, rather than the moved object of VP. It is also unnecessary to consider this structure as a special less-compositional construction roughly. In general, this grammatical relation still conforms to the basic structure of Chinese, which is the topic-comment structure (also called *dui*-pattern). However, "取 +N+ 杀 / 弑 " is the most special *qu* disposal construction in *Binaiye*. Considering its structural features and distribution in other translated Middle Chinese Buddhist sutras, with the language background and translation ideas (and also translation attitudes) of those translators, we can suggest that "取 +N+ 杀 / 弑" be mainly a personal translation strategy of Zhu Fonian, and also be interfered by the OV word order in the original language of Buddhist sutras.

Key words: disposal construction, translated Middle Chinese Buddhist sutras, Zhu Fonian, history of translation

（沈煜　浙江大学国际教育学院　310013）

从《摩诃僧祇律》语序看中古译经语言特点*

张　文

提　要　《摩诃僧祇律》能够反映中古译经的语言特点,具有研究上的独特价值。本文以Dryer(2005)所讨论的语言参数为基础,通过比较同时期的中古译经《百喻经》、本土文献《世说新语》以及同为语言接触影响的蒙元时期的《元典章·刑部》中的语序,分析了《摩诃僧祇律》的语序面貌及其特殊性。中古译经《摩诃僧祇律》语序的特殊性与语言接触时间因素、类型因素等有关。

关键词　《摩诃僧祇律》　语序　中古译经

一　引言

《摩诃僧祇律》,意译为"大众律",是佛教大众部所奉持之广律,东晋佛陀跋陀罗与法显共译,《大正新修大藏经》刊于第22册,经号1425。朱冠明(2008)认为《摩诃僧祇律》"对日常琐事如此细致地描述,不要说崇尚典雅的中土文献,就连佛典经部文献中也不多见。这正是律部文献的独特价值所在"。

本文拟采用类型学研究所关注的语言参数来讨论《摩诃僧祇律》的语序问题。Greenberg(1966)提出了45条语言共性,开辟了语序类型学研究领域。Hawkins(1994)、Dryer(1992,2005)在Greenberg(1966)的基础上继续探讨了类型学研究所应关注的语言参数。本文主要采取Dryer(2005)所讨论的语言参数来讨论《摩诃僧祇律》的语序问题,并把《摩诃僧祇律》与中古时期《百喻经》《世说新语》以及元代蒙式汉语《元典章·刑部》中的语序进行比较研究,进而探讨《摩诃僧祇律》语序的特殊性。[①]

---

*　博士后期间跟随曹广顺先生学习语言接触,获得曹老师诸多指导,谨以此文恭贺曹广顺老师七秩华诞。本文获得"中央高校基本科研业务费专项资金资助"中国政法大学科研创新项目资助(21ZFG74002)、教育部人文社会科学研究青年基金项目(18YJC740146)、中国政法大学第二批课程思政示范课项目资助。

①　考虑到所比较语料的平衡性,本文主要对《摩诃僧祇律》五卷、《元典章·刑部》十卷进行比较研究。

二　本研究所考察的语序参数及语序类型

2.1　本研究所考察的语序参数

本文拟采用类型学研究所关注的语言参数来讨论《摩诃僧祇律》的语言现象。其中 Dryer（2005）在以往学者研究基础上对语序有关的类型学参数进行了系统总结，可谓语序类型学研究的代表性研究成果，其中所讨论的语言参数有：①

宾动（OV）	动宾（VO）
后置词（postpositions）	前置词（prepositions）
领属词—名词（genitive—noun）	名词—领数词（noun—genitive）
方式副词—动词（manner adverb—verb）	动词—方式副词（verb—manner adverb）
标准—标记（standard—marker）	标记—标准（marker—standard）
标准—形容词（standard—adjective）	形容词—标准（adjective—standard）
后置从属连词（final adverbial subordinator）	前置从属连词（initial adverbial subordinator）
介宾短语—动词（adpositional phrase—verb）	动词—介宾短语（verb—adpositional phrase）
主要动词—助动词（main verb—auxiliary verb）	助动词—主要动词（auxiliary verb—main verb）
谓语—系词（predicate—copula）	系词—谓语（copula—predicate）
疑问词居后（final question particle）	疑问词居前（initial question particle）
补足语居后（final complementizer）	补足语居前（initial complementizer）
名词—冠词（noun—article）	冠词—名词（article—noun）
从句—主句（subordinate clause—main clause）	主句—从句（main clause—subordinate clause）
关系从句—名词（relative clause—noun）	名词—关系从句（noun—relative clause）
名词—复数词（noun—plural word）	复数词—名词（plural word—noun）

本文拟在 Dryer（2005）所涉及的语言参数的基础上讨论《摩诃僧祇律》的语言特点。

2.2　本研究所考察的语序类型

一、基本语序（Basic word order）

基本语序指一种语言的句子或短语的组成成分最普通的、无标记的（中性的）表达式的顺序。确定基本语序的原则有：（一）频率：基本语序是最常见的，使用频率高。（二）无标记：如由汉语的"把"字句所形成的 OV 语序由于是有标记的，因此不能看作基本语序。（三）语用上中性：在风格上是中性的，即没有特殊色彩和特殊表达功能。

---

① 本文结合汉语自身特点选取所考察的语序类型参数：对于比较句，本文归并到介宾结构与谓语中心语的语序来讨论；关于汉语有无真正的冠词、标句词和关系从句还存在争论，所以暂不考虑它们的语序问题；本文主要考虑单句的情况，暂不考虑复句的语序问题。

关于基本语序，本文主要通过定量数据统计来分析《摩诃僧祇律》基本语序是"动宾"语序还是"宾动"语序的问题。

二、和谐语序（Harmonious order）

语序的和谐性，和谐性是和蕴涵性共性和优势语序相关的现象，而不是一条孤立存在的普遍原则。Greenberg 关于"语序和谐性"有如下说明：（一）一种优势语序总是能存在，而其反面，即劣势语序，却只能在与该语序和谐的结构也存在的情况下存在。（二）在相似的结构中，对应的成分倾向于出现在同样的语序中。

关于二者的关系，刘丹青（2003：36）把 Greenberg 所揭示的和谐语序和优势语序互动规则表述如下：

A. 两种语序有和谐关系时可以并存于同一语言，即使其中有非优势语序。

B. 两种语序都是优势语序时可以并存于同一语言，即使两者不和谐。

C. 两种语序没有和谐关系，而且都不是优势语序时，不能并存于同一种语言。

因此，优势与和谐密切相关，又具有内在矛盾，优势语序完全可以在不和谐状态中存在，这种不和谐是自然而正常的。关于和谐语序，本文主要利用语序类型学研究成果分析《摩诃僧祇律》中与"动宾"基本语序和谐的语序类型和用例情况，以及与"宾动"基本语序和谐的语序类型和用例情况。

三、优势语序（Dominant order）

处于被蕴涵项位置的语序相对于处于蕴涵项的语序来说就是优势语序，优势语序不仅存在蕴涵共性中，也存在于非蕴涵共性中，特别是表现为非蕴含性的倾向共性。共时频率统计是判定优势语序的一个重要标准，还需要考虑某一语序与其他语序的组合能力，在与其他语序的组配上更常见。优势语序需要概率统计的支持，同时需要考虑组配能力。讨论优势语序的意义在于，一些不符合和谐语序的现象也可以存在。关于优势语序，本文主要通过分析各类语序中占绝对用例优势的语序类型确定。

四、特殊语序

本文所讨论的特殊语序指由于语言接触影响而出现的语序类型，明显带有与基本语序不符的或混合的语序特征。汉语中主要有宾语居前、动词居后和叠加式几种形式。

本文主要分析《摩诃僧祇律》以上几种类型的特殊语序特点。

三 对比研究《摩诃僧祇律》语序特点

本文主要通过对比研究《摩诃僧祇律》与同时期的中古译经《百喻经》、同时期的本土文献《世说新语》，以及同为语言接触所影响的特殊历史时期蒙元时期的《元典章·刑部》来讨论其语序特点。①

3.1 语序用例

3.1.1 动词和宾语语序

一、"动+宾"语序

《摩诃僧祇律》中共 5066 例，占 96.64%，如：

（1）从本发意所修习者今已成就，欲度人故住舍卫城。（《摩诃僧祇律》卷第一）

《百喻经》中共 1470 例，占 95.89%，如：

（2）若彼愚人见水不饮，为时所笑，亦复如是。（《百喻经·渴见水喻》）

《世说新语》中共 4986 例，占 98.79%，如：

（3）陈仲举言为士则，行为世范，登车揽辔，有澄清天下之志。（《世说新语·德行第一》）

《元典章·刑部》中共 8031 例，占 88.88%，如：

（4）世祖皇帝以来定到的断例，后头自元贞元年以来，因做好事上，好生失的宽了有。（《元典章·刑部》卷之一）

二、"宾+动"语序

《摩诃僧祇律》中共 176 例，占 3.36%，如：

（5）宝虽举，绳未离杙，未波罗夷。（《摩诃僧祇律》卷第三）

《百喻经》中共 63 例，占 4.11%，如：

（6）种好者赏；其不好者，当重罚之。（《百喻经·灌甘蔗喻》）

《世说新语》中共 61 例，占 1.21%，如：

（7）贾后废，李氏乃祔，葬遂定。（《世说新语·贤媛第十九》）

《元典章·刑部》中共 1005 例，占 11.12%，如：

（8）如今星芒天旱、百姓缺食的其间，似这般有罪过的歹人每放了呵，被害的人每，冤气无处伸告，伤着和气。（《元典章·刑部》卷之一）

3.1.2 系词—谓语（copula—predicate）语序

一、"系词+谓语"语序

《摩诃僧祇律》中共 542 例，占 98.01%，如：

（9）复次是罪僧中发露悔过，亦名僧伽婆尸沙。（《摩诃僧祇律》卷第五）

《百喻经》中共 40 例，占 100%，如：

---

① 《摩诃僧祇律》：东晋佛陀跋陀罗与法显共译；《百喻经》：古天竺僧伽斯那撰，南朝萧齐天竺三藏法师求那毗地译；《世说新语》：南朝宋时期（420—581年），作者刘义庆；《元典章》：元至治元年（1321年）颁行。

（10）此是真金，若不信我语，今此草中有好金师，可往问之。（《百喻经·为恶贼所劫失氎喻》）

《世说新语》中共 168 例，占 97.67%，如：

（11）我是李府君亲。（《世说新语·言语第二》）

《元典章·刑部》中共 559 例，占 99.29%，如：

（12）既是回回人氏，庄农为业，自合守分过日。（《元典章·刑部》卷之三）

二、"谓语＋系词"语序

《摩诃僧祇律》中有 11 例，占 1.99%，如：

（13）时大臣陶利者，舍利弗是。（《摩诃僧祇律》卷第一）

《百喻经》中无用例。

《世说新语》中有 4 例，占 2.33%，如：

（14）闻卿有四友，何者是？（《世说新语·品藻第九》）

《元典章·刑部》中共 4 例，占 0.71%，如：

（15）又知竟这贼每，赴官告报来的一个陈景春名字的里正，又拿贼去来的州司吏林朴，这两个行的是来。（《元典章·刑部》卷之三）

3.1.3　介词和宾语（adpositions）语序

一、前置词语序

《摩诃僧祇律》中，前置词共 505 例，占 52.82%，如：

（16）若比丘盗心取此杙上诸宝，以手举宝。（《摩诃僧祇律》卷第三）

《百喻经》中，前置词共 176 例，占 79.28%，如：

（17）我不欲作下二重之屋，先可为我作最上屋。（《百喻经·三重楼喻》）

《世说新语》中共 657 例，占 74.49%，如：

（18）友人有疾，不忍委之，宁以吾身代友人命。（《世说新语·德行第一》）

《元典章·刑部》中共 1168 例，占 63.37%，如：

（19）亦有泼皮凶顽，皆非良善，以强凌弱，以众害寡，妄兴横事。（《元典章·刑部》卷之一）

二、后置词语序

《摩诃僧祇律》中共 451 例，占 47.18%，如：

（20）又可寄着婢水瓶中，又可寄着糯羊毛中去。（《摩诃僧祇律》卷第三）

《百喻经》中共 46 例，占 20.72%，如：

（21）应在手者着于脚上，应在腰者返着头上。（《百喻经·山羌偷官库衣喻》）

《世说新语》中共 225 例，占 25.51%，如：

（22）既无余席，便坐荐上。（《世说新语·德行第一》）

《元典章·刑部》中共 675 例，占 36.63%，如：

（23）如今，中政院管着的怯怜口、呵塔赤、阿察赤、玉烈赤匠人每管民官吏等，但是俺管着，省里、台里、内外衙门，俺根底不商量，做罪过来。（《元典章·刑部》卷之一）

3.1.4 助动词—主要动词（auxiliary verb—main verb）语序

一、"助词 + 主要动词"语序

《摩诃僧祇律》中用例如：

（24）我于昔时畜生道中作鹦鹉鸟，能为余鸟说世八法。（《摩诃僧祇律》卷第四）

《百喻经》中用例如：

（25）昔有愚人，将会宾客，欲集牛乳，以拟供设。（《百喻经·愚人集牛乳喻》）

《世说新语》中用例如：

（26）若使一恸果能伤人，浚冲必不免灭性之讥。（《世说新语·德行第一》）

《元典章·刑部》中用例如：

（27）又用麻绳于捯上悬吊，将欲垂命。（《元典章·刑部》卷之三）

二、"主要动词 + 助词"语序

《摩诃僧祇律》无"VP+Aux"用例。

《百喻经》无"VP+Aux"用例。

《世说新语》无"VP+Aux"用例。

《元典章·刑部》无"VP+Aux"用例。

3.1.5 动词—方式副词（verb—manner adverb）语序

一、"方式副词 + 动词"语序

《摩诃僧祇律》中用例如：

（28）若笃信善男子，欲得五事利益者，当尽受持此律。（《摩诃僧祇律》卷第一）

《百喻经》中用例如：

（29）如彼愚人，以盐美故，而空食之，至令口爽，此亦复尔。（《百喻经·愚人食盐喻》）

《世说新语》中用例如：

（30）其器深广，难测量也。（《世说新语·德行第一》）

《元典章·刑部》中用例如：

（31）张德安告松州官吏不公，本州岛挟雠，执罗张德安不孝为名，枉断八十七下，迁徙辽阳，沿路杖疮溃发身死等事。（《元典章·刑部》卷之一）

二、"动词 + 方式副词"语序

《摩诃僧祇律》中无"动词 + 方式副词"用例。

《百喻经》中无"动词+方式副词"用例①。

《世说新语》中无"动词+方式副词"用例。

《元典章·刑部》中无"动词+方式副词"用例。

3.1.6 介词短语和动词（adpositional phrase—verb）语序

一、"V+Pre+O"语序

《摩诃僧祇律》中共 34 例，占 6.58%，如：

（32）我先恐怖时，仰凭于慈父。（《摩诃僧祇律》卷第五）

《百喻经》中共 42 例，占 18.75%，如：

（33）经十二年，得药来还，与女令服，将示于王。（《百喻经·医与王女药令卒长大喻》）

《世说新语》中共 64 例，占 31.68%，如：

（34）咨于太丘，太丘曰："元方难为兄，季方难为弟。"（《世说新语·德行第一》）

《元典章·刑部》中共 97 例，占 8.37%，如：

（35）可以行而不行，则失乎法；不可行而行之，则遂乎奸。（《元典章·刑部》卷之六）

二、"Pre+O+V"语序

《摩诃僧祇律》中共 462 例，占 89.36%，如：

（36）若我渴死，钱复何用？尽以钱物买一瓶水。（《摩诃僧祇律》卷第三）

《百喻经》中共 166 例，占 74.11%，如：

（37）以澡盥盛水，置于火上。（《百喻经·水火喻》）

《世说新语》中共 135 例，占 66.83%，如：

（38）王戎、和峤同时遭大丧，具以孝称。（《世说新语·德行第一》）

《元典章·刑部》中共 1053 例，占 90.85%，如：

（39）张敏继母党氏，系父张世英以礼求娶，义同亲母。（《元典章·刑部》卷之三）

三、"O+Pre+V"语序

《摩诃僧祇律》中共 21 例，占 4.06%，如：

（40）是时比丘身以触船时，异人复语船主言。是比丘已取汝船。（《摩诃僧祇律》卷第三）

---

① 以下例子不属于我们讨论的类型：
祀天已竟，迷失道路，不知所趣，穷困死尽。（《百喻经·杀商主祀天喻》）

《百喻经》中共 16 例，占 7.14%，如：

（41）今此小儿，七日当死，愍其夭殇，是以哭耳！（《百喻经·婆罗门杀子喻》）

《世说新语》中共 3 例，占 1.49%，如：

（42）酒以成礼，不敢不拜。（《世说新语·言语第二》）

《元典章·刑部》中共 9 例，占 0.78%，如：

（43）若同凡人以斗殴致命论罪，何以劝示当世？（《元典章·刑部》卷之四）

3.1.7 领属词和名词（genitive—noun）语序

一、"N+G"语序

《摩诃僧祇律》中，没有发现用例。

《百喻经》中，没有发现用例。

《世说新语》中，没有发现用例。

《元典章·刑部》中，没有发现用例。

二、"G+N"语序

《摩诃僧祇律》中，"G+N"用例如：

（44）今此家中大有财物，汝父母钱及余先祖财宝，恣汝所欲。（《摩诃僧祇律》卷第一）

《百喻经》中，"G+N"用例如：

（45）时彼弟子往瓦师家，时有一人驴负瓦器至市欲卖，须臾之间，驴尽破之。（《百喻经·雇倩瓦师喻》）

《世说新语》中，"G+N"用例如：

（46）阮仲容先幸姑家鲜卑婢。（《世说新语·任诞第二十三》）

《元典章·刑部》中，"G+N"用例如：

（47）侵使军人盘缠，比之取受，罪犯情重。（《元典章·刑部》卷之八）

3.1.8 复数词和名词（plural word—noun）语序

一、"复数词+名词"语序

《摩诃僧祇律》中共 322 例，占 85.64%，如：

（48）佛告诸比丘，尔时仙人者，岂异人乎？即我身是。（《摩诃僧祇律》卷第二）

《百喻经》中共 121 例，占 88.97%，如：

（49）作诸恶行，犯于净戒。（《百喻经·淹米决口喻》）

《世说新语》中共 152 例，占 92.12%，如：

（50）王平子、胡毋彦国诸人，皆以任放为达，或有裸体者。（《世说新语·德行第一》）

《元典章·刑部》中共 43 例，占 8.16%，如：

（51）诸官吏不许将带行人等，取受过度钱物，俱有禁例。(《元典章·刑部》卷之十)

二、"名词＋复数词"语序

《摩诃僧祇律》中共54例，占14.36%，如：

（52）时婆罗门便大夸说诸商人等。(《摩诃僧祇律》卷第四)

《百喻经》中共15例，占11.03%，如：

（53）过去有人，共多人众坐于屋中。(《百喻经·说人喜嗔喻》)

《世说新语》中共13例，占7.88%，如：

（54）遂三起三叠，徒众属目，其气十倍。(《世说新语·豪爽第十三》)

《元典章·刑部》中共484例，占91.84%，如：

（55）随路、江南罪囚每，哏遲慢着有。(《元典章·刑部》卷之二)

3.1.9　疑问词—S（question particle）语序

一、"疑问词＋S"语序

《摩诃僧祇律》中共111例，占55.78%，如：

（56）傍人常待如猫伺鼠，成便见夺，奈何可办？(《摩诃僧祇律》卷第二)

《百喻经》中共43例，占71.67%，如：

（57）何不避去？(《百喻经·以梨打头破喻》)

《世说新语》中共238例，占92.97%，如：

（58）当斯之时，桂树焉知泰山之高，渊泉之深？(《世说新语·德行第一》)

《元典章·刑部》中共28例，占45.16%，如：

（59）巡检职当捕盗，岂可得而行使，以致非法将平人拷讯，及用炮烙酷惨之物？(《元典章·刑部》卷之二)

二、"S＋疑问词"语序

《摩诃僧祇律》中共88例，占44.22%，如：

（60）时前行婆罗门岂异人乎？今失衣者是。(《摩诃僧祇律》卷第二)

《百喻经》中共17例，占28.33%，如：

（61）即唤木匠而问言曰："解作彼家端正舍不？"(《百喻经·三重楼喻》)

《世说新语》中共18例，占7.03%，如：

（62）效之，不亦达乎？(《世说新语·德行第一》)

《元典章·刑部》中共34例，占54.84%，如：

（63）完泽、阿忽歹两个根底商量了奏那？(《元典章·刑部》卷之一)

3.1.10　从属连词—子句（adverbial subordinator）语序

一、"从属连词＋子句"语序

《摩诃僧祇律》中共1009例，占86.68%，如：

（64）世尊不听我持应税物过彼税处，然我今当教汝方便。(《摩诃僧祇律》卷第三)

《百喻经》中共266例，占98.89%，如：

（65）以己不能具持佛戒，遂便不受。(《百喻经·渴见水喻》)

《世说新语》中共886例，占99.77%，如：

（66）此人初不肯以谈自居，然不读老、庄，时闻其咏，往往与其旨合。(《世说新语·赏誉第八》)

《元典章·刑部》中共986例，占95.08%，如：

（67）前项飞粮钞数，若仓攒下鉴亦赴按察司告首，缘所委官治中问出月日在前，其钱理合征解本省，合无止令按察司作数？(《元典章·刑部》卷之九)

二、"子句＋从属连词"语序

《摩诃僧祇律》中共155例，占13.32%，如：

（68）仙人德力故，我当忍饥渴，宁自失身命，不复食此龙。(《摩诃僧祇律》卷第三)

《百喻经》中共3例，占1.12%，如：

（69）羞其妇故，不肯弃之，是以不语。(《百喻经·淹米决口喻》)

《世说新语》中共2例，占0.23%，如：

（70）殷曰："咄咄逼人！"仲堪眇目故也。(《世说新语·排调第二十五》)

《元典章·刑部》中共51例，占4.92%，如：

（71）所据盗粜粮价、飞钞轻赉尽数追没外，正粮，于仓官并结揽籴买人处依价均征还官。(《元典章·刑部》卷之九)

3.2 特殊语序形式

3.2.1 宾语居前

宾语居前的特殊语序形式所处的主要句法条件如下：

一、否定句

（72）汝出家人，云何他物不与而取。(《摩诃僧祇律》卷第二)

（73）汝色声香味，莫复更来使我见也。(《百喻经·饮木桶水喻》)

（74）事定，诏未出。(《世说新语·识鉴第七》)

（75）军官不罢了，只依旧交管着他每的上头，不敢告有。(《元典章·刑部》卷之八)

二、疑问代词作宾语

（76）若四方风吹则随风散，何以故？无线连故。(《摩诃僧祇律》卷第一)

（77）此树高广，虽欲食之，何由能得？（《百喻经·斫树取果喻》）

（78）卿何以不汗？（《世说新语·言语第二》）

（79）诸牧民官，不先洁己，何以治人？（《元典章·刑部》卷之八）

三、有代词复指宾语

（80）此等败人何道之有。（《摩诃僧祇律》卷第二）

（81）卿海内之俊才，四方是则，如何当丧，锦被蒙上？（《世说新语·规箴第十》）

（82）近年以来，率多新进年幼，不谙大体，经营差使，惟利是求。（《元典章·刑部》卷之十）

四、"总括"副词作状语

（83）净想皆犯。（《摩诃僧祇律》卷第三）

（84）以不悔故，放逸滋蔓，一切都舍。（《百喻经·猕猴把豆喻》）

（85）伪造盐引者，皆斩。（《元典章·刑部》卷之十四）

五、有情态助动词

（86）是故诸覆者当开令不漏。（《摩诃僧祇律》卷第五）

（87）久时所作，须臾能破。（《百喻经·婆罗门杀子喻》）

（88）然陶练之功，尚不可诬。（《世说新语·文学第四》）

（89）中间弊幸可知。（《元典章·刑部》卷之十）

六、"连"字句

（90）鞫勘罪囚，皆连职官同问，不得专委本厅及典吏推问。（《元典章·刑部》卷之二）

七、有后置宾格标记

（91）为这般上头，皇帝根底奏呵，今后休教放者。（《元典章·刑部》卷之一）

3.2.2 动词居后

动词居后的特殊语序主要存在如下几种形式：

一、VO 来

（92）姊妹沐浴来，噉果来，出毒来。（《摩诃僧祇律》卷第五）

（93）与我物来。（《百喻经·索无物喻》）

（94）令温酒来！（《世说新语·任诞第二十三》）

（95）往常时，汉儿皇帝手里有两个好将军来。（《元典章·刑部》卷之三）

二、VO 是

（96）尔时仙人童子俱舍频头者岂异人乎？即今禅难提是。（《摩诃僧祇律》卷第一）

（97）俺如今怎生般理会呵是？（《元典章·刑部》卷之三）

三、VO 有

（98）行省再差人问去呵，明白了，推佯死，从实不招有。（《元典章·刑部》卷之四）

3.2.3 叠加式

Heine & Kuteva（2005）指出，"共存"可以采取两种不同的形式：或者新的和旧的范畴被结合并且在相同的结构中共同出现，因此导致双重标记；或者二者作为对复制语言说话者可能的可选结构共存。前者与此处所讨论的叠加式的问题有关。叠加式一般与语言接触有关，是语言接触时不同语言的说话者对接触中的不同语言对同一语义的不同表达形式兼顾的一种手段。本文所讨论的语序问题所涉及的叠加式类型有如下几种：

一、表假设

（99）若不与者，或能烧劫寺内。（《摩诃僧祇律》卷第三）

（100）若欲得王意者，王之形相，汝当效之。（《百喻经·人效王眼𥌒喻》）

（101）君欲自乘，则不论；若欲啖者，当以二十代之。（《世说新语·汰侈第三十》）

（102）若有罪而殴，邂逅致死者，不坐。（《元典章·刑部》卷之四）

二、表原因

（103）以爱心重故，前抱鹿王。（《摩诃僧祇律》卷第一）

（104）以不悔故，放逸滋蔓，一切都舍。（《百喻经·猕猴把豆喻》）

（105）为这般上头，皇帝根底奏呵，今后休教放者。（《元典章·刑部》卷之一）

三、表完成

（106）既见王已，各白王言。（《摩诃僧祇律》卷第一）

（107）既被鞭已，以马屎傅之，欲令速差。（《百喻经·治鞭疮喻》）

（108）徐保所犯，既已断讫，固难再拟处重。（《元典章·刑部》卷之十七）

四、表复数

（109）诸众生等从光音天还来至此。（《摩诃僧祇律》卷第一）

（110）王见贼已，集诸臣等，共详此事。（《百喻经·山羌偷官库衣喻》）

五、表处所

（111）譬如鬘师，鬘师弟子以种种色花着于案上不以线连。（《摩诃僧祇律》卷第一）

（112）时此愚人见子既死，便欲停置于其家中，自欲弃去。（《百喻经·子死欲停置家中喻》）

（113）便于手巾函中出之。（《世说新语·雅量第六》）

（114）其豪霸、荼食、安保人等，似前违犯，取问是实，初犯，于本罪上，比常人加二等断罪，红土粉壁，标示过恶。(《元典章·刑部》卷之一）

六、表唯舍

（115）本省除已札付龙兴路，将童庆七、童庚二牢固监收听候外，谘请照详。(《元典章·刑部》卷之一）

3.3 比较

本文所讨论的语序参数可以列表如下：

结构表达	语序	摩诃僧祇律	百喻经	世说新语	元典章
动词和宾语	VO	96.64%	95.89%	98.79%	88.88%
	OV	3.36%	4.11%	1.21%	11.12%
系词—谓语	系词+谓语	98.01%	100%	97.67%	99.29%
	谓语+系词	1.99%	0	2.33%	0.71%
介词和宾语	前置词	52.82%	79.28%	74.49%	63.37%
	后置词	47.18%	20.72%	25.51%	36.63%
助动词—主要动词	Aux+V	100%	100%	100%	100%
	V+Aux	0	0	0	0
动词—方式副词	动词+方式副词	0	0	0	0
	方式副词+动词	100%	100%	100%	100%
介词短语和动词	V+Pre+O	6.58%	18.75%	31.68%	8.37%
	Pre+O+V	89.36%	74.11%	66.83%	90.85%
	O+Pre+V	4.06%	7.14%	1.49%	0.78%
领属词和名词	N+G	0	0	0	0
	G+N	100%	100%	100%	100%
复数词和名词	复数词+名词	85.64%	88.97%	92.12%	8.16%
	名词+复数词	14.36%	11.03%	7.88%	91.84%
疑问词—S	疑问词+S	55.78%	71.67%	92.97%	45.16%
	S+疑问词	44.22%	28.33%	7.03%	54.84%
从属连词—子句	从属连词+子句	86.68%	98.89%	99.77%	95.08%
	子句+从属连词	13.32%	1.12%	0.23%	4.92%

3.3.1 《摩诃僧祇律》与《百喻经》比较

（一）《摩诃僧祇律》与《百喻经》中的基本语序都是 VO 语序。

（二）《摩诃僧祇律》与《百喻经》中与基本语序相和谐的语序类型相同，与 VO 和谐的又有用例表现的语序为：系词+谓语、前置词、Aux+V、V+Pre+O、复数标记+名词、疑问词+S、从属连词+子句。与 OV 和谐的又有用例表现的语序为：后置词、方式副词+动词、Pre+O+V、G+N、名词+复数标记、S+疑问词、子句+从属连词。需要注意的是，与 OV 语序和谐的后置词与 "S+ 疑问词" 比例，《摩诃僧祇律》更高。

（三）《摩诃僧祇律》与《百喻经》中比例较高的优势语序类型相同。优势语序分别为：VO、系词+谓语、前置词、Aux+V、方式副词+动词、Pre+O+V、G+N、复数标记+名词、疑问词+S、从属连词+子句。其中，方式副词+动词、Pre+O+V、G+N 是与 OV 语序和谐的语序，其余是与 VO 语序和谐的语序。

（四）对于特殊语序类型，《摩诃僧祇律》与《百喻经》中宾语居前、动词居后和叠加式的类型基本相同，但《摩诃僧祇律》比《百喻经》中多了代词复指宾语前置和 "VO 是" 动词居后的类型。

3.3.2 中古译经《摩诃僧祇律》与本土文献《世说新语》比较

（一）《摩诃僧祇律》与《世说新语》中的基本语序都是 VO 语序。但中古译经《摩》OV 语序比例高于本土文献《世》。

（二）中古译经《摩诃僧祇律》与本土文献《世说新语》与基本语序相和谐的语序类型相同，与 VO 和谐的又有用例表现的语序为：系词+谓语、前置词、Aux+V、V+Pre+O、复数标记+名词、疑问词+S、从属连词+子句。与 OV 和谐的又有用例表现的语序为：谓语+系词、后置词、方式副词+动词、Pre+O+V、G+N、名词+复数标记、S+疑问词、子句+从属连词。但需要注意的是，中古译经《摩诃僧祇律》中与 OV 和谐的语序 "后置词" "子句+从属连词" "Pre+O+V" "名词+复数标记" "S+疑问词" 比例高于本土文献《世说新语》中对应的语序。

（三）中古译经《摩诃僧祇律》与本土文献《世说新语》中比例较高的优势语序类型相同。优势语序分别为：VO、系词+谓语、前置词、Aux+V、方式副词+动词、Pre+O+V、G+N、复数标记+名词、疑问词+S、从属连词+子句。其中，方式副词+动词、Pre+O+V、G+N 是与 OV 语序和谐的语序，其余是与 VO 语序和谐的语序。

（四）对于特殊语序类型来说，首先是宾语居前类型，本土文献《世说新语》有"是"复指宾语类型而在中古译经《摩诃僧祇律》中没有发现用例；中古译经《摩诃僧祇律》中有"总括"副词作状语，但在本土文献《世说新语》中没有发现用例。其次是动词居后类型，中古译经《摩诃僧祇律》中有"VO 是"类型，在本土文献《世说新语》中没有。最后是叠加式类型，在中古译经《摩诃僧祇律》有表原因、表完成、表复数的类型，在本土文献《世说新语》中没有发现用例。

3.3.3 中古译经《摩诃僧祇律》与元代蒙式汉语《元典章·刑部》比较

（一）中古译经《摩诃僧祇律》与元代蒙式汉语《元典章·刑部》基本语序都是 VO 语序。蒙式汉语《元典章·刑部》OV 语序比例高于中古译经《摩诃僧祇律》。

（二）中古译经《摩诃僧祇律》与元代蒙式汉语《元典章·刑部》与基本语序相和

谐的语序类型比较来看，与"VO"语序和谐语序类型中，《摩诃僧祇律》中"复数标记+名词"和"疑问词+S"比例高。与"OV"语序和谐语序类型的中，《元典章·刑部》中"名词+复数标记"和"S+疑问词"比例高。中古译经《摩诃僧祇律》中与OV和谐的语序"谓语+系词""后置词""O+Pre+V""子句+从属连词"比例高于元代蒙式汉语《元典章·刑部》。

（三）中古译经《摩诃僧祇律》与蒙式汉语《元典章·刑部》比较，《元典章·刑部》与OV和谐的"名词+复数标记""S+疑问词"是优势语序。

（四）对于特殊语序类型来说，首先是宾语居前类型，蒙式汉语《元典章·刑部》中有后置宾格标记类型的宾语居前类型而《摩诃僧祇律》中没有。其次是动词居后类型，蒙式汉语《元典章·刑部》中有"VO有"的动词居后的类型而在《摩诃僧祇律》中没有。最后是叠加式类型，《元典章·刑部》有表唯舍叠加式而《摩诃僧祇律》中没有发现用例，《摩诃僧祇律》中有表复数叠加式而《元典章·刑部》中没有发现用例。

四　语序特殊性及其原因探析

通过考察，我们可以发现：

（一）中古译经《摩诃僧祇律》与《百喻经》相比有特殊性，与OV相关的特征更强。这是因为《摩诃僧祇律》早于《百喻经》，《摩诃僧祇律》是东晋佛陀跋陀罗与法显共译，而《百喻经》是古天竺僧伽斯那撰，南朝萧齐天竺三藏法师求那毗地译。时间较早的《摩诃僧祇律》由于与汉语接触时间较短而更多保留原典语言语序，因此与OV相关的特征更强。

（二）中古译经《摩诃僧祇律》与本土文献《世说新语》相比有特殊性，与OV相关的特征更强。中古译经作为翻译作品，是由佛经翻译带来的汉语与以梵语为代表的印欧语语言接触的产物。《摩诃僧祇律》性质无论看作佛教混合语还是中介语，其都带有原典语言语序特征的印记，因此相比较本土文献《世说新语》表现出更多的佛经原典OV语序特征。

（三）中古译经《摩诃僧祇律》中的语序与元代蒙式汉语《元典章·刑部》中的语序相比，与OV相关的特征，二者各有特色。主要体现在：

蒙式汉语《元典章·刑部》相比《摩诃僧祇律》OV特征更强的表现：蒙式汉语《元典章·刑部》中OV比例比中古译经《摩诃僧祇律》高。蒙式汉语《元典章·刑部》中与OV语序和谐的Pre+O+V、名词+复数标记、S+疑问词语序比例比中古译经《摩诃僧祇律》高。蒙式汉语《元典章·刑部》中有后置宾格标记类型的宾语居前，中古译经《摩诃僧祇律》没有发现用例。蒙式汉语《元典章·刑部》有"VO有"类型的动词居后，中古译经《摩诃僧祇律》没有发现用例。蒙式汉语《元典章·刑部》有唯舍类叠加式，而中古译经《摩诃僧祇律》没有发现用例。

中古译经《摩诃僧祇律》相比《元典章·刑部》OV特征更强的表现：中古译经《摩诃僧祇律》中与OV和谐的语序"谓语+系词""后置词""O+Pre+V""子句+从属连词"比例高于蒙式汉语《元典章·刑部》。中古译经《摩诃僧祇律》有表复数叠加式而蒙式汉语《元典章·刑部》没有发现用例。

这种与OV相关的特征各具特色的表现是因为这两个时期语言接触的类型有所不同：魏晋南北朝时期的语言受佛经原典影响较大，而元代受北方少数民族语言影响较大，元代汉语为适应交际的需要，在接受阿尔泰化同时，努力从母语中寻找自己的生存基点，从而派生出了"新"的汉语模式"汉儿言语"。前者是翻译文本的影响，而后者是人口接触的影响。

五 结论

本文主要结论如下：

同时期的中古译经《摩诃僧祇律》与《百喻经》相比有更多的OV语序特征，与本土文献《世说新语》相比有更多的OV语序特征，这与语言接触时间长度因素有关。

中古译经《摩诃僧祇律》与元代蒙式汉语《元典章》相比，二者与OV相关的特征各有特色，这与中古译经属于翻译文本接触，而蒙式汉语属于人口接触这两种不同接触类型有关。

《摩诃僧祇律》作为中古译经律部语料的典型代表，是研究中古译经的重要资料，我们从中可以管窥中古译经受梵文翻译影响的系列OV语序特征，但与元代和阿尔泰语的语言接触又有不同，这体现翻译带来的语言接触和人口接触带来的语言接触的差异。

参考文献

胡敕瑞 2008 《汉语负面排他标记的来源及其发展》，《语言科学》第6期。
江蓝生 2003 《语言接触与元明时期的特殊判断句》，《语言学论丛》第28辑，商务印书馆。
蒋绍愚 2007 《语言接触的一个案例——再谈"V（O）已"》，《语言学论丛》第36辑，商务印书馆。
李崇兴 祖生利 2011 《〈元典章·刑部〉语法研究》，河南大学出版社。
刘丹青 2003 《语序类型学与介词理论》，商务印书馆。
龙国富 2013 《〈妙法莲华经〉语法研究》，商务印书馆。
邱 冰 2018 《语言接触对中古汉译佛经词汇的多层级影响》，《汉语史学报》第19辑。
吴福祥 2012 《语序选择与语序创新》，《中国语文》第4期。

杨永龙 2014 《从语序类型的角度重新审视"X+似/相似/也似"的来源》,《中国语文》第4期。
遇笑容 曹广顺 祖生利 2010 《汉语史中的语言接触问题研究》,语文出版社。
张 赪 2010 《汉语语序的历史发展》,北京语言大学出版社。
赵长才 2014 《语言接触背景下元明时期"后头"表时间的用法及其来源》,《中国语文》第3期。
朱冠明 2008 《〈摩诃僧祇律〉情态动词研究》,中国戏剧出版社。
朱庆之 朱冠明 2006 《佛典与汉语语法研究——20世纪国内佛教汉语研究回顾之二》,《汉语史研究集刊》。
Dryer, Matthew 1992 The Greenbergian word order correlations. *Language* 68: 81-138.
Dryer, Matthew 2005 Word order. *Language Typology and Syntactic Description*, Vol. 1. Cambridge: Cambridge University Press.
Hawkins, John A. 1994 *A Performance Theory of Word Order and Constituency*. Cambridge: Cambridge University Press.
Heine, Bernd & Tania Kuteva 2005 *Language Contact and Grammatical Change*. Cambridge: Cambridge University Press.
Greenberg, J. H. 1966 Some universals of grammar with particular reference to the order of meaningful elements. In Greenberg (ed.) *Universal of Language* (second edition), 73-113. Cambridge, MASS: MIT Press.
Lehmann, Winfred P. (ed.) 1978 *Syntacitc Typology*. Austin: University of Texas Press.

Research on the Language Features of Translated Chinese Buddhist Sutras from the Word Order of *Maha Monk's Law*

ZHANG Wen

Abstract: *Maha Monk's Law* can reflect the language features of the translated Chinese buddhist sutras, and has unique research value. On the basis of the language parameters discussed by Dryer (2005), this paper analyzes the word order features and particularity of *Maha Monk's Law* by comparing with *Baiyujing*, *Shishuoxinyu* and *Yuan Dianzhang Punishment Department*. The particularity of word order in the translated *Maha Monk's Law* is related to the time and type factors of language contact.

Key words: *Maha Monk's Law*, word order, translated Chinese Buddhist sutras

(张文 中国政法大学人文学院 102249)

也谈句末时体助词"来着"的来源*

祖生利　高云晖

提　要　本文在陈前瑞（2008）的基础上，更详尽地考察了北京官话"来着"在清代文献里的使用情况，对其满语的来源和产生、语法意义和功能等，进行了更广泛而深入的讨论。指出："来着"最初出现于清代早期满汉对照文献并在此后的兼汉满语会话教材中大量使用，主要是对应满语的 bi-he 及相关构式的结果，其核心语法意义是表示"追述已然"，同时兼附有过去进行、过去完成/未完成等时体意义，并被用于表达未实现的主观愿望及与实际情形相反等的虚拟语气等。作为清代中期以后逐渐定型化了的旗人汉语里的一个显著的满语干扰特征，"来着"经由同旗人汉语的接触影响，进入到北京官话里面，沿用至今，成为一个永久性的接触所导致的变化。文章还通过与元代蒙式汉语的"有来"的比较，从二语习得、中介语和皮钦语等语言接触理论上，对"来着"的产生机制和得名之由进行了解释。作为接触引起的突发的语言演变，"来着"与明清汉语固有的助词"来"及"着（者）"并非继承关系。

关键词　来着　时体助词　北京官话　满语　语言接触

一　对"来着"的已有讨论

"来着"是清代北京话里出现的一个颇具特色的句末时体助词。一直以来，学界关于"来着"的时体性质、语用功能看法不一，或"语焉不详"（陈前瑞 2005、2008），对其来源也迄无定说。

有关"来着"的语法意义和功能，学者们有的认为表示近过去时或完成体貌，有的主张表示叙实等语气。如赵元任（1926）区分其"近延长"（"相当于英语的 have been ...ing 或 was ...ing"）和"近过去时"（"相当于英语的一般过去时"）两种用法，或是表示"最近过去进行着的动作"（赵元任 1968：4.4.5）：

（1）你昨ᵧ晚上干嘛来着？——我看电视来着。

（2）那帽子在那ᵧ挂着来着，怎么没有了？

但同时又指出，"这个助词一般用于最近过去的事情，但是不限于这个"（同上，8.5.5）：

---

* 谨以此文恭颂曹广顺先生七秩寿诞！先生廿余载如一日地传授、栽培、提携、鞭策，铭感于心，永志无忘！

（3）诸葛亮是哪ᵣ的人来着？（按：这个例子实际是"来着"的实义用法，相当于"（曾）是"。详后）

吕叔湘（1942）认为"来着"与句末"来"同为表示后事相的动相词，"指一个动作已经有过"。王力（1943）认为表示近过去貌，同时指出"来着"可与"原（原来）"照应，纯然表示过去，与事情的远近没有关系。太田辰夫认为，"来着"作为北京话的一个典型特征，"用于过去、回忆"（1974），但这个"过去"，"指的不是说话的当时，而是说话中假设的某一时间，不管过去现在将来"（1958），这里他注意到"来着"的虚拟情态等用法。他同时强调，"来着"具有表示叙实语气的功能，与"呢""了（啦）"同为乙类语末助词，主要是"给述语添加存在、已然、曾经等叙实的语气"，后面还可带其他非叙实语气的助词（1958）。此后学者大致沿袭"来着"表示时态、体貌或情态语气的思路，开展更细致的讨论。如宋玉柱（1981）、张谊生（2000）主张将其分为表过去时的时间助词和表语气的助词两类；朱德熙（1982）认为是表示最近的过去发生过的事的合成语气词；Sun（1995）、张谊生（2000）、杨希英等（2006）等主张表示过去的时间。主张"来着"表示体貌的，对于表示何种体貌也意见纷纭，或谓表已然的未完整体（Iljic 1983），或谓表近经历体（龚千炎 1995），或谓表近过去的进行体（He 1998），或谓表完成体（Wu 2000），不一而足（参陈前瑞 2005）。

学者们之所以对"来着"的语法意义功能众说纷纭，一个重要的原因，是将其视为汉语内在发展的结果，是汉语自身语法化和主观化的产物，而没有太多关注"来着"产生于清代，考虑到北京官话特别是内城话受到了满语的接触影响这一外部动因。正如本文研究所揭示，"来着"实际是清代中期以后进入到北京官话里面的一个典型的满语干扰特征，这自然会导致缺乏实际语感的外族人对该时体标记意义功能认知上的模糊和理解上的偏差。

关于"来着"的来源，爱新觉罗·瀛生（1993、2004）曾数次提及，来自满语动词过去完成进行时态，"表示动作和状态过去如此，现仍如此"（1993：194）。陈前瑞（2006）较系统地调查了"来着"在清代文献语料中的使用情况，特别是早期兼汉满洲套话材料《满汉成语对待》《清文启蒙》里的"来着"的用法，初步论证了北京话"来着"是源于清代满语的接触影响，是满语过去时 -ha/-he/-ho，特别是 -mbihe，-mbihe bi, bihe 和 biheru 等用法的反映，其性质首先是"不具有强制性的过去时的标记"，在具体语境中又多是作为"表过去时间的完成体标记"。陈文的研究具有相当的启发性，触及了北京话时体标记"来着"的异质来源和所代表的满语成分的语法意义。对于"来着"核心语法意义是过去时的标记，同时具体使用时又有过去完成体和虚拟语气的用法，这样的认定和推断是基本准确的。由于观察得不够细致，他也把一些原本属于满语的用法，如表示"有、是、在"等实义用法，和表示虚拟语气等情态用法，误认为是"来着"在清末北京官话里进一步语法化和主观化的结果，显示出所持的语言接触视角的局限。

本文赞同陈文提出的北京话"来着"源于清代满语的接触影响这一观点，在此基础上，从汉语历史语法和语言接触的角度，进一步探讨北京官话句末时体助词"来着"的来源。更全面系统地考察"来着"在清代文献语料，特别是早期和中期满汉对照文献中的使用情况，通过满汉语的对照，力图更全面深入地分析其所对应的满语成分及所表达的词汇和语法意义、功能。并联系元代蒙式汉语的"有来"和明清汉语的事态助词"来"，用二语习得、中介语和皮钦语等接触语言学相关理论，解释"来着"产生的机制和得名之由。

二 "来着"与"来"

"来着"产生于清代早期。在清代同期以及更早的近代汉语里，与"来着"语法意义功能相当的是表曾然的句末事态助词"来"。但是"来着"与"来"并非历史继承和发展的关系，不是明代北京官话的"来"到清代带上了"着"。"来着"就像元代的"有来"，是清初满人在习得汉语过程中，受母语对应成分的干扰，对北京官话的事态助词"来"的错误习得而创造出来的形式。

有关时体助词"来"的产生和发展，学者们已经多所探讨。刘坚等（1992）、曹广顺（1995）即对之进行了系统地考察和描写，指出表"曾然"的事态助词"来"唐代已经出现，晚唐五代使用已经比较广泛，宋元使用更为广泛，用法上有了新的发展。如宋代出现跟其他助词连用及用于否定句的情形；元代由于蒙汉语言接触导致跟其他助词连用情况急剧增多，如"了来""有来""了有来""着有来""着来的""了来呵"等：

（4）去年您和省官人每商量来的勾当，行了来那不曾？（《元典章·兵部》卷二"禁治弓箭弹弓"）

（5）在先，重囚待报，直至秋分已后施行有来。（《元典章·刑部》卷一"重刑不待秋分"）

（6）"释教都总统"名分里委付了有来。（1366年大都崇国寺札付碑）

（7）在前也禁约着有来。（《元典章·户部》卷十一"休遮护当差事"）

（8）别个的官人每隐藏着来的也多有。（《通制条格》卷四"均当差役"）

（9）站家草地每不拣谁休占了来呵，回与者。（《元典章·兵部》卷三"休拣蹋行马例"）

祖生利（2002）指出元代蒙式汉语的"来"常用来对应蒙古语的过去时形式，两者语法意义和功能相似，句法位置相同，语音上还与其中一组形态后缀 -laˑai/-leˑei 十分近似。

明代中期以后事态助词"来"重新回归正统汉语的用法，但出现了方言的分化，不同的文献语料使用频率有所不同。这种情形，一直维持到清代。

（10）大姐姐，且叫小厮来问他声，今日在谁家吃酒<u>来</u>？（《金瓶梅》第十八回）

（11）你跟我这几年，那曾见你医好谁<u>来</u>！（《西游记》第六十八回）

（12）七哥，我和你说甚么<u>来</u>？（《水浒传》第十四回）

（13）翠翠心里想道："我那得有甚么哥哥<u>来</u>？……"（《二刻拍案惊奇》卷六）

（14）又想一想道："我记得曾吐过的，又记得曾吃过茶<u>来</u>，难道做梦不成？"秦重方才说道："是曾吐<u>来</u>。"（《醒世恒言》卷三）

（15）我本意待害他<u>来</u>，越发了人家了。（《聊斋俚曲集·翻魇殃》）

（16）绍闻，我一向怎的教训你<u>来</u>？你再也不肯听。（《歧路灯》第十四回）

现代汉语普通话里，事态助词"来"已经消失。但在许多方言，"来"仍活跃地使用着。

（17）头午我找他<u>来</u>。｜夜来你去看他<u>来</u>？（济南话，引自李荣主编《现代汉语方言大词典》，下并同）

（18）原来我也有这样的画书<u>来</u>，不知拌哪去了。（徐州话）

（19）干甚去<u>来</u>？｜出去<u>来</u>。（太原话）

（20）我去<u>来</u>，没见人。｜他考<u>来</u>，没考上。（西安话）

（21）到市里开会<u>来</u>，刚回到家。（柳州话）

（22）我昨日去省城<u>来</u>。｜头先落过雨<u>来</u>。（广州话）

孙朝奋（Sun 1995）曾引用《老乞大谚解》里的两个例子，以此说明"来着"的语法化源头：[来] 着→[来着]，其中"来"他称之为完结体助词，"着"是祈使助词，同时也表示完结体，由"[来] 着"到"[来着]"是一个重新分析的过程。

（23）大片儿切肉着，炒将<u>来着</u>。｜教那个伙伴<u>来着</u>。

但是通过与元代古本《老乞大》比照可知，这里的"着"古本均写作"者"，实际是元代蒙式汉语里动词祈使式的标记，与时体助词"着"分工明确，划然有别（祖生利 2002）。

（24）到那里时，教那个伴当来<u>者</u>。｜大片儿切著将来<u>者</u>。（古本《老乞大》）

（25）行李都搬入来<u>者</u>，把马每松动<u>者</u>。（古本《老乞大》）

（26）今后有人陈言的事有呵，着文字封着与将来<u>者</u>，他每根底休教来<u>者</u>。（《元典章·圣政》卷一"求直言"）

（27）去年昔宝赤每教拾月里入大都来<u>者</u>，么道圣旨有呵，……今年教拾月初壹日入来<u>者</u>，么道圣旨有来。（《通制条格》卷十五"厩牧，擅支马驼草料"）

以上例句中"来"皆为主要动词或充当补语的趋向动词，并非表示"曾然"的句末事态助词；"者"均为动词祈使标记，与时体助词"着"无涉。"来者"与清代用于"追述已然"的"来着"截然不同。

北京话的"来着"始见于清代早期，并首先在满语对照文献中大量地使用。目前最早的用例可见于康熙四十一年（1702）序的《满汉成语对待》（刘顺编著）。在稍早的沈启亮所辑《清书指南》（康熙二十一年［1682 年］序）和桑额所辑《满汉类书》（康熙三十九年［1700 年］刊）中，都未见到有"来着"。下面据年代先后依次分述。

1.《清书指南》

《清书指南》卷三《翻清虚字讲约》里，满语动词 bi 的过去时形式 bi-he 及 -ha/-he/-ho bi-he 等构式尚以明清汉语固有的"（曾……）来"来对译："bi-he，凡追述已然者必用。又当初如此，而今不如此，亦用 bi-he 字转下。又作'曾'字解。如云'hafan o-ho bi-he 曾为官来''neneme sain bi-he 曾好来'。"①

同中古蒙古语 a-/bü- 一样，bi 是满语表示"有、是、存在"义的动词，同时也充当时体助词，通过自身现将时（零形式）和过去时（bi-he）的终止形变化，和前面的并列副动词或者形动词的未完成体或完成体等形式一起，组成多种时体构式，共同表达现在进行、完成，过去进行、完成等时体意义。

（28）ji-he　bi.　已来了。（《翻清虚字讲约》"bi"条）
　　　　来了　有

（29）neneme　sain　bi-he.　曾好来。（《翻清虚字讲约》"bi-he"条）
　　　　先前　　好　　有来

（30）hafan　o-ho　bi-he.　曾为官来。（《翻清虚字讲约》"bi-he"条）
　　　　官　　做了　有来

例（28）ji-he 是动词 ji-mbi 的形动词完成体形式，后接助动词 bi 的现将时形式，"-he bi"表示现在完成时体。《翻清虚字讲约》"bi"条："凡语中用，皆直指其现在而言，已然而言也。……如云'已来了'，ji-he bi。……至于 -ha bi、-he bi、o-ho bi。此用 bi 字煞脚者，乃一事之已完也。"又如"ji-me bi 现在来到""ji-fi bi 现在来了"，助词 bi"在句尾用，是'现在''现有'字，乃已然之词"（《清文启蒙》卷三《清文助语虚字》），前接并列副动词形式 -me 或者顺承副动词 -fi，"-me bi（一着有）""-fi bi（一了有）"分别表示现在进行和现在完成时体。例（29）bi 是表示判断的实义动词，"是"，bi-he 用"曾……来"对译。例（30）o-ho 是动词 o-mbi 的形动词完成体形式，后接助动词 bi 的过去时形式，"-ho bi-he"表示过去完成时体。

可见在陈述句中，bi 作助动词时，作为全句的最后一个动词，总处于句末，以现将时或者过去时的形式结束全句。因此，助动词 bi 本身所承载的是与说话时刻相关的时间

---

① 本文所引满语例证的拉丁转写主要依据竹越孝、王硕、陈晓、王磊、陆晨等对相关文献的整理成果，转写法不同之处采用竹越孝。

意义，即在说话时刻，句子所陈述的事件或者情况是现在发生的（用现将时 bi），还是过去时间里发生的（用过去时 bi-he）。而事件内部的时间和逻辑关系，则是借由前面的各动词之间以副动词或形动词（动名词）形式来体现的。

2.《满汉类书》

《满汉类书》卷三十二"字尾类"以 gene-mbi（去）为例词，其中说明了助词 bi 的用法："gene-he bi，此已经去讫之意"，说话时刻事件已经结束，即现在完成。"gene-he bi-he，此追述已经去过之意"，即 bi-he 用于"追述"，表示"曾然"，这正与明清汉语事态助词"（曾……）来"的语法意义功能大致相当。

"来着"产生后，满汉对照材料里仍可见到少量用"来"对译 bi-he 的情形。

（31）niyaman　guqu de　　yan-du-fi　bai-ha　bi-he.
　　　 亲戚　　朋友根前　委托相了　 找寻了　有来
　　　 曾经烦亲友们访来。(《清话问答四十条》4b)①

（32）i　ji-dere　fonde　bi　hono　amga-ha　bi-he.
　　　他 来的　 时候　 我　还　　睡觉了　　有来
　　　他来的时候我还睡着来。(《新刊清文指要》卷下 52a；《续清文指要》卷下 19a 作"睡觉来着"）

3.《满汉成语对待》

《满汉成语对待》（康熙四十一年[1702]）序里，"来着"已经出现。全书计有"来着"61 例，通过满汉对照可以清晰看出，"来着"主要对译的是满语的 bi 和其变化形态，计 50 例，其中 bi-he（25 例），-mbi-he（10 例），-ha/-he/-ho bi-he（3 例），bi-he-bi（2 例），均与 bi-he 相关；-ha/-ho/-he -bi 8 例，-mbi 1 例。另有对译其他动词过去时形式 -ha/-he/-ho 8 例等。可见，"来着"的产生跟满语里的 bi 密切相关，主要是对应 bi 的过去时形式 bi-he 的结果。

① "来着"对应 bi-he，bi 是句子的主要动词，表示"有、是、在"等实际意义，bi-he 是其过去时形式。

（33）aba de　sirke　dain de　dalhün　gebu　bi-he.
　　　田猎时　连绵　战争时　琐碎　　名字　有来
　　　我有个惯战能征的名儿来着。(一 29b)

（34）neneme　hono　yebe　bi-he.
　　　 先　　　还　　稍好　有来
　　　 先前还好来着。(二 41a)

---

① 据刘云校注，《清话问答四十条》此句作"曾经烦亲友们寻访"，《满汉合璧四十条》"寻访"作"访来"。

（35）da-ci　emu　farsi-i　hali　douran　ba　bi-he.
原本自　一　块的　荒地　未开垦　地方有来
是一块野厂荒地来着。（四 19a）

例（33）bi 表示领有，bi-he 用"有……来着"来对译。例（34）（35）bi 表示判断，犹"是"，分别用"来着""是……来着"对译，句首有时间副词 neneme（先前）和 da-ci（原本）等照应，《清文助语虚字》："bi-he，'有……来着'字，'在……来着'字，'原曾'字，乃追述语。此上必用 da-ci 字照应。"

（36）aibi-de　bi-he-bi.
哪里于　有来有
在那里过日子来着。（一 28b）

此例 bi 表示存在，生活，"-he bi"现在完成时体，"bi-he bi"用"在……来着"和"过日子"来对译。

② "来着"对译于 bi-he，bi 是助动词，bi-he 与前面的并列副动词或形动词一起，构成过去进行或过去完成等时体意义。

（37）bi　hiri　amga-ha　ba　akū,　luk-ji-me　bi-he.
我　睡意　睡了的　时候　没有　迷糊　着　有来
我没睡死，朦胧着来着。（三 37b）

（38）mafari　kemuni　hendu-mbi-he.
祖先　还　说着有来
老家儿们时常说来着。（四 4b）

（39）neqi-ki　se-me　bodo-me　tokto-ho　bi-he,　amala　gvni-fi　jou.
招惹要　说着　打算着　决定了　有来　后来　想了　罢了
成心要惹他来着，后来想了一想"罢呀"。（一 15a）

例（37）bi-he 前接并列副动词形式，"-me bi-he"构式表示过去某个时刻动作状态正在进行或持续，汉语用"……着来着"对应。例（38）-mbi-he 是"-me bi-he"的省缩形式，满汉对照语料通常都用"来着"来对应。例（39）bi-he 前接形动词完成体形式，"-ho bi-he"构式位于全句句末时，用于陈述事实，表示过去完成，这里是用于句中分句的末尾，与表示主观愿望的"-ki se-me"构式搭配使用（更为紧缩的形式是"-ki se-mbi-he"），表示未能实现的主观愿望这一虚拟情态语气，通常用"（原）要……来着"来对译。

③ "来着"对译于 -ha/-he/-ho bi 和 -ha/-he/-ho 等。

（40）sebjen　oihori　bi-he bi.
乐趣　轻率　有来有
何等的欢乐来着。（三 30a）

（41）seibeni   oihori   bokxokon-i   giugiyan   hoqikon   weile-he bi-o?
　　　曾经　　非常　　精致　的　　紧密　　　精美　　制作 了 有么
　　从小儿何等的小巧俊俊的做的来着？（四 2a）

（42）ajigen ci   adarame   suwem-be   tuwaxa-me   hvwaxa-bu-ha?
　　　幼小 从　怎么　　　你们 把　　照看 着　　　成长　使了
　　从小儿怎么照看着养育你们来着？（二 24b）

例（40）"来着"对应"bi-he bi"，bi 是实义动词用法，"是"，"-he bi"是现在完成时体构式。《重刻清文虚字指南编》（万福著 1884，刘凤山订 1894）："-ha bi、-he bi 已然语"，与 bi-he"追述已然者"相区别。例（42）"来着"对应动词陈述式过去时标记 -ha。

需要指出，除 bi-he 专用"来着"对应外，清代满汉对译材料中动词陈述式过去时形式，多数情况下用"了"来对译，用"来着"对译只是少数。因此"来着"主要是对应满语特殊动词 bi 的过去时形式 bi-he 的结果，或者说，受满语 bi-he 的影响所产生的一个新的时体标记形式。

此后的雍正、乾隆时期编写的兼汉满语会话教材，如《清文启蒙》（舞格寿平著，程明远校，雍正八年 [1730] 序）、《清语易言》（博赫著，乾隆三十一年 [1766]；永宁校订，乾隆三十九年 [1774]）、《清文指要》《续编兼汉清文指要》（著者未详，乾隆五十四年 [1789] 刻本）、《庸言知旨》（宜兴著，嘉庆七年 [1802] 序）等中，"来着"同样常见且十分典型，而固有之事态助词"来"则鲜有使用。

4.《清文启蒙》

《清文启蒙》卷二《兼满汉语满洲套话》、卷三《清文助语虚字》均有大量"来着"用例。《清文助语虚字》48 例，均对译于 bi-he，对 bi-he 的词汇和语法意义、用法进行了解释和举例，如："bi-he '有来着'字，'在来着'字，'原曾'字，乃追述语。此上必用 da-ci 字照应。""bi-he-de '有来着的时候'字，'在来着的时候'字，'倘若时候'字，乃设言如此，起下另结语。""bi-he-ni 来着呢，曾有呢，曾在呢。""bi-he seme '虽有来着'字，'虽在来着'字，'总有来着'字，'总在来着'字。""bi-he bi-ci '若有来着'字，'若在来着'字，'倘曾'字，乃设言已前事务之词，此下必用 bi-he 字应之。""o-mbi-he 可以来着，使得来着。""bi-mbi-he bi 原有了来着，原在了来着。""se-mbi-he 说来着，曾说。""-ki se-mbi-he 欲要来着，曾欲。""se-he bi-he 曾经说来，说了来着。""bi-he-ngge 曾经的，有来着的，在来着的。""o-mbi-he-bi 可以来着，使得来着。""se-mbi-he bi 说来着，曾言。""bi-he bi '有了来着'字，'在了来着'字，'原曾'字，乃追述往事，煞尾之语。""bi-mbi-he 曾有来着，曾在来着。""bi-he-kū 没有来着，不曾在来着。""bi-he-kū-n 不曾来着么？没有来着么？没在来着么？""bi-he-kū-ngge

没有来着的，未在来着的。""bi-he manggi 有来着之后，在来着之后。"从中可以清楚看出"来着"的词汇语法意义和功能用法同满语 bi-he 之间的密切关联。

（43）daci　emu　umesi　sain　niyalma　bi-he.
　　　　原本　一　　极　　好　　人　　　有来
　　　原是一个最好的人来着。（20b；表示判断，"（原）是"）

（44）i　tuba-de　bi-he-o?
　　　他　那里于　有来么
　　　他在那里来着么？（21；表示存在，"来着"后带疑问语气助词"么"）

（45）bi　mudan-dari　gene-he-de　gemu　im-be　ucara-bu-ha　bi-he.
　　　我　每回　　　去了的时　　都　　他把　碰见　　　了有来
　　　我遭遭去，都硼见他来着。（53；"来着"表示过去完成时体）

《兼满汉语满洲套话》26 例"来着"，绝大多数对应于 bi-he，其中实义用法 10 例（例 46、50），助动词用法 14 例，包括对译于"-mbi-he"（9 例，例 48、49）、-ha/-he/-ho bi-he（5 例，例 47）。

（46）dule　turgun　uttu　bi-he　ni.
　　　　原来　事情　　这样　有来　呢
　　　原来情由是这样来着呢。（35b；"来着"后带确定语气助词"呢"）

（47）sikse　si　aibi-de　gene-he　bi-he?
　　　　昨天　你　哪里往　去了　　有来
　　　昨日你往那里去来着？（5a；"来着"表示过去完成时体）

（48）ton　akū　yabu-mbi-he-ngge　kai.
　　　　数　无　　行着有来　　　　的啊
　　　行走没有遍数儿来着的啊。（38b）

（49）bi　jing　age be　tuwan-ji-ki　se-mbi-he…tuttu　baha-fi　ji-he-kū.
　　　我　正　兄把　　探望来者　　说着有来　那般　获得了　来了未
　　　我原正要来瞧阿哥来着……故此没得来。（43a）

（50）sain ba　akū　bi-he　bi-ci, we　ji-fi　herse-mbi-he-ni?
　　　　好处　　没有　有来　有若　谁　来了　挂念着有来呢
　　　若是没有好处来着，谁肯来理呢？（18a）

例（48）"来着"用于否定句，"-mbi-he-ngge"是助动词 bi 的过去进行时体构式 -mbi-he 的动名词形式，功能上相当于汉语"的"字结构，汉语译文用"来着的"来对应，后接肯定语气助词"啊"。例（49）（50）"来着"均用于非叙实的语境，例（49）"-ki se-"是满语第一人称意愿式祈使式，意为"我希望""我打算"，"-ki se-mbi-he"构式则表示未实现的主观愿望,意思是"我曾要……来着",《清文助语虚字》:"-ki se-mbi-he 欲要来着,曾欲。"例(50)bi-he 位于句中,用于构成条件假设从句,构式"bi-he bi-ci"表示与实际情形不符或相反的虚拟语气,汉语译文用"若是/要是……来着"来对应,《翻清虚字讲约》:"bi-he bi-ci 连用之法,是汉文事后而设言已前之事,下必再用 bi-he 字应之。如云'若不如是,何以如此'。"

5.《清语易言》

《清语易言》有 5 例"来着",均对应于助动词用法的 bi-he,其中 4 例是对应于 -ha/-he /-ho bi-he。

(51) bi neneme nikan bithe be hūla-ha bi-he.
　　　我　先　　汉人　书　把　读了　　有来
　　　我先读汉书来着。(4a)

(52) maka ala-ha bi-he u?
　　　不知　告诉了　有来　吗
　　　莫非告诉过来着么?(11b)

例(52)"来着"用于疑问句,后面带疑问语气助词"么",构式"-ha bi-he"用"过来着"对应,"来着"本质上只是满语 bi-he 的对应物甚为明了。

6.《清文指要》《续编兼汉清文指要》

《清文指要》《续编兼汉清文指要》共 56 例"来着",绝大部分(52 例)仍是对应于 bi-he,包括实义用法 13 例(例 53—55),助动词用法 39 例。另有对应动词陈述式过去时附加成分 -he/-ho 2 例,现将时附加成分 -mbi 1 例,对译 ji-he 1 例。

(53) mini eje-he-ngge sin-de inu emken bi-he.
　　　我的　记了　的　你根底 也　一件　　有来
　　　我记得你也有一件来着。(《续清文指要》卷上 16a;bi-he,"有……来着")

(54) bi gulhun emu inenggi tu-ba-de bi-he.
　　　我　整　　一　　日　　那地方上　有来
　　　我整一日在那里来着。(《续清文指要》卷上 17a;bi-he,"在……来着")

(55) abka hocikosaka bi-he-ngge.
　　　天气　　美好　　　有来的
　　　是好好的天气来着。(《续清文指要》卷上 3a;bi-he-ngge,动名词形式)

(56) si cananggi yafan de waliya-me gene-he bihe-o?
　　　你　前天　　庄园里　上坟　着　去了　　有来么
　　　你前日往园里上坟去来着吗?(《清文指要》卷下 32a)

（57）sucungga bi hono akda-ra dulin kenehunje-re dulin bi-he.
　　　 当初　 我 还　 相信的　 半　　怀疑的　　 半　 有来
　　　起初我还半信半疑的来着。(《清文指要》卷中 8a)

（58）juwari forgon de kemuni katunja-ci o-mbi-he.
　　　夏天　 季节　 里　 尚且　　勉强　呵　做着有来
　　　夏天的时候还可以勉强来着。(《续清文指要》卷下 10b)

例（57）助动词 bi 前接形动词未完成体形式，构式"-ra/-re/-ro bi-he"表示过去未完成时体，汉语译文用"的来着"对应。例（58）"来着"对应 mbi-he，"-ci o-"是条件假设副动词和助动词 o-mbi（成为，可以，做）组成的构式，表示一种有条件的认可的语气，意为"要是……还可以"。《翻清虚字讲约》："o-mbi，此煞尾词，……凡有两解，一作'可'字解，一作'为'字解。如作'可'字解，上必用 ci 字。……如'可行'，曰'yabu-ci o-mbi'。"《清文助语虚字》："o-mbi，'可以'字、'使得'字、'作'字、'为'字。如上有 -ci 字是'可'字，上用 -de 字是'为'字。乃煞尾之语。如云'ere baita yabu-ci o-mbi 此事可行。'"

（59）sucungga tantara de hono too-me sere-mbi-he, amala gudeše-hei.
　　　 起初　　殴打不断　 还　 骂着　 发觉有来　　 后来　 捶击只管
　　　起初打还骂着叫喊来着，后来只管打的上。(《新刊清文指要》卷下 27b)

（60）majige niyalma-i gūnin bi-ci, inu sere-ci aca-mbi-he.
　　　略微　　人的　　心意　 有呵　也　 发觉着　应当有来
　　　要略有人心的也该知觉来着。(《清文指要》卷下 29b)

（61）i aika emu usun seshun niyalma oci, bi inu gisure-rakū bi-he.
　　　他 如果 一人 可恶　讨厌　　人　　 是呵 我也 说的没　有来
　　　他要是一个檊檊弄弄的厌恶人，我也不说来着。(《续清文指要》卷下 4b)

（62）inemene gama-ha bi-ci, sain bi-he, aina-ha waliyabu-ha?
　　　不如　　拿去了　有呵　 好　 有来　 何以　　丢弃 了
　　　不论怎么拿了去也好来着，如何至于丢了呢？(《续清文指要》卷下 17a)

例（59）"来着"用于情况的变化，表示"当初原如此，而今不如此"（《翻清虚字讲约》"bi-he"条）。例（60）—（62）"来着"用于与实际情形不符或相反的虚拟语境。

7.《庸言知旨》

《庸言知旨》时体助词"来着"有 28 例，其中 18 例对应于 bi-he：8 例是实义动词用法；10 例是助动词用法，包括 -ha/-he/-ho bi-he 4 例，-mbi-he（及 -mbi-he-ngge、-me bi-he-ngge）3 例，-ra/-re bi-he 2 例，-fi bi-he 1 例。另有 8 例对应动词陈述式过去时附加成分（-me）-ha/-he/-ho，1 例对应现将时附加成分 -mbi，1 例对应假设副动词附加成

分 -ci。

（63）dade qilqin fuka akū, giyalu akū banji-re sain ahūn deu bi-he.
　　　原本　疙瘩　脓包　无　　裂纹　无　生来的　　好兄弟　　有来
　　　起初原是没班点没裂璺的好弟兄来着。（188-1：34a；bi-he，"是……来着"）

（64）suqungga bi hono qem be hūwaliyam-bu-me aqabu-ki se-me gūni-ha bi-he.
　　　起初　我 还　他们把　　调和　教着　　　相合要　说着 思考了 有来
　　　起初我还想着给他们调合来着。（200-4：39b）

（65）muse emke emken-i yaru-me yabu-mbi-he.
　　　咱们　一个　一个用　陆续着　行　着有来
　　　咱们一个跟着一个的走来着。（134-1：7a）

（66）teni uba-de kūwak qak se-me gūwaqihiyaxa-me bi-he-ngge.
　　　刚才　这里于　棍棒相击声　说着　　闲不住　着　有来　的
　　　刚才在这块儿乒乓的不时闲儿来着。（178-7：28b）

（67）si kemuni xuwe waqihiya-me xejile-me mute-ra-kū bi-he.
　　　你　仍然　一直　完成　着　　背诵着　　能　的不　有来
　　　你还直背不完来着。（20-4：15b）

（68）gisun faquhūn de, baita nenggrebu-fi bi-he.
　　　话　　愚昧 上头　事情　耽搁　　了　有来
　　　话乱道的上头，事情支搁着来着。（174-6：26b）

（69）mujakū targabu-me jombu-ha.
　　　实在　　训诫　着　提醒　了
　　　着实的戒劝来着。（106-12：53a；据辛卯本）

例（64）"来着"用于非叙实的虚拟语气，构式"-ki se-me -ha bi-he"表示未实现的主观愿望。例（66）"来着"对应"-me bi-he-ngge"，bi-he-ngge 是 bi-he 的动名词形式。例（67）"来着"用于否定句，对应"-ra-kū bi-he"，"-ra-kū"是形动词未完成体的否定形式。例（68）"来着"对应于"(-fi) bi-he"，"-fi"是顺承副动词附加成分，"-fi bi-he"构式表示过去完成并延续的时体意义，汉语对译为"着来着"。例（69）"来着"对应于"(-me) -ha"，但通常，动词陈述过去时附加成分用"了"来对应，跟"来着"专以对应 bihe 有着很清晰的分工。

（70）sini ili-ha-ngge jaqi mila o-ho.
　　　你的　站立了的　太　大开　成为了
　　　你站的太撇了。（《庸言知旨》41-4：24a2）

（71）giru-bu-re be　ali-ha.
　　　使羞愧的　把　遭受了
　　　讨了没脸了。(《庸言知旨》19-7：15a4)

（72）amba　dulin　buri-bu-ha bi.
　　　大　　一半　被遮盖 了 有
　　　大半教水漫了。(《庸言知旨》84-13：43b1；-ha bi，现在完成时体)

《庸言知旨》中有 1 例 bi-he 用"着来"来对译。

（73）muse　da　uttu　bi-he-u?
　　　咱们　原来 这样　有来 么
　　　咱们原是这么着来么？（188-9：34a）

《满汉成语对待》也有 1 例相同的情形，写成"者来"。

（74）da　uttu　bi-he-o?
　　　原本 这样　有来
　　　原是这么者来么？(《满汉成语对待》一 11a)

这大概是受了旗人汉语里 uttu (o-) 常对应作"这么着"的影响。前面例（46）《清文启蒙》里"uttu bi-he"便译作"是这样来着"。

根据以上调查可知，北京话的"来着"大约产生于康熙朝后期，最早反映在这一时期和此后所编写的兼汉满语文法书和会话教材中，在雍正乾隆之际已得到广泛使用，成为旗人汉语里一个十分常见而且重要的时体助词。

通过满汉对照发现，"来着"的出现是对应满语动词 bi 的过去时形式 bi-he 的结果。作为满语里的重要动词，bi 一方面具有"有、是、存在"等词汇意义，可以独立充当谓语，另一方面又可以作为助动词，跟在并列副动词或完成体/未完成体形动词之后，通过自身现将时或过去时的形态变化，辅助表达现在进行/完成或过去进行/完成等多种时体意义，因此使用非常广泛，作用十分重要。作为陈述句的终止形式，它通常处于句末，以自身现将时或过去时的形态变化表达与说话时刻相关联的绝对时制：现将时形式 bi（零形式）表明句子所陈述的事件或情况是说话时刻正在或将要发生的，过去时形式 bi-he 表明句子所陈述的事件或情况是说话时刻之前已经发生或发生过的。由于汉语缺少现将时的标记，但是有过去时的标记，在表示"追述已然"这一点上，明清汉语的事态助词"来"与 bi-he 十分接近，两者的句法位置也相同，以此来对应是十分自然的。在满汉对照语料中，满语动词陈述式过去时附加成分 -ha/-he/-ho，通常用"了"来对应，与 bi-he 专以"来着"对应，分工相当明晰，满语的并列副动词附加成分 -me，也专以时体助词"着"来对应（祖生利 2013）。"来着"出现之后，事态助词"来"在文献所反映的旗人汉语里却很少使用，也说明了"来着"源自满人对于明清官话"来"所犯的习得错误，是满人在习得汉语事态助词"来"的过程中受到母语 bi-he 的干扰，出现在目标语变体里的新的时体标记形式。

在兼汉满语语料中，"来着"可以表示"有、是、在"等词汇意义，只是通常以"有/是/在……来着"的满汉混合形式出现，这与元代直译体文献的"有/是/在……有（来）"十分相似。"来着"常用于"追述已然"的叙实和肯定的语境，句首或句中常有时间名词或"原""正"等时间副词照应，或用于前面的分句，表示"当初原如此，而今不如此"（《翻清虚字讲约》"bi-he"条），也用于疑问或否定的语境，与疑问语气助词"么/吗、呢"或否定词"不""没/没有"等共现，又有"来着的"这类名物化的用法。"来着"还用于非叙实的语境，表达未实现的主观愿望或与实际情形相反等的虚拟语气。这些用法，不少是明清汉语"来"所不具备的，是移植了满语 bi-he 的语义和用法的结果。

"来着"主要专用于对应 bi-he，像是元代蒙式汉语的"有（来）"，"如语助而实非语助"。当用作实义动词时，它对应的是 bi-he 的陈述式过去时的意义；当用作助动词时，它主要表示"追述已然"，同样对应 bi-he 的过去时意义，标明句子所陈述的事件或情况对于说话时刻来讲，是过去的时间里发生的，可以是近时的，也可以是远时的。但是由于 bi-he 的"-me bi-he/-mbi-he""-ha/-he/-ho bi-he"等满语时体构式通常也是由"来着"来对应，使得"来着"看起来表达了不同的时体意义。这对于接触中的目标语使用者——汉人来说，因缺乏具体的语感，难免会造成理解上的困惑和模糊。

三 "来着"与"有来"

北京话的"来着"源于清代满语的接触影响，是康熙后期在京满人向汉语转用过程中首先在不规范的目标语变体——旗人汉语里出现并大量使用的，是其母语底层 bi-he 的反映。

我们曾经指出（祖生利 2013），阿尔泰语系语言里广泛存在着一个或数个表示领有、存在、判断的动词，如蒙古语族的 a-、bü-（中古蒙古语）、bai-（现代蒙古语）、wo（东乡语）、ii- 和 a（土族语），突厥语族的 var-（撒拉语）、bar-（西部裕固语），满—通古斯语族的 bi-（满语、锡伯语、赫哲语、鄂伦春语、鄂温克语）等，一方面它们是表示"有""是""在"等的实义动词，可以独立充当谓语，另一方面又可以作为助动词，跟在主要动词后面辅助表示时体范畴：由于是 SOV 语序，它们通常位于句末，自身以现在、将来或过去时态的动词陈述式终止形结束全句，表示与说话时刻相联系的绝对时制；同时与前面的并列副动词等或形动词的完成体和未完成体形式一起，共同表达现在/过去进行或完成/未完成等时体意义。

同时还指出，清代旗人汉语用"来着"来对应满语 bi-he，与元代蒙式汉语用"有来"来对应中古蒙古语 a-/bü- 的过去时形式 a-juu/bü-le̍ei 等，性质是相同的。只是蒙式汉语采用了意音兼译的方式，选择 a-/bü- 的基本义项之一"有"，加上与 -juu/-le̍ei 等语法意义功能、句法位置和语音都相同或近似的事态助词"来"来对应，而旗人汉语则是选择了"来着"的形式来对应 bi-he。

实际上，在满人创造"来着"的过程中，确实存在过用"有来着""在来着"对应 bi-he 的阶段，如《清文助语虚字》中 bi-he 便多处用"有来着""在来着"对译，如"bi-he '有来着'字，'在来着'字，'原曾'字""bi-he-ngge 曾经的，有来着的，在来着的""bi-he-ngge-o 曾经的么？有来、在来着的么""bihe manggi，有来着之后，在来着之后"等等。

（75）uba-de bihe-ngge gemu we-ci.
　　　　那里于 有来 的 都 谁是
　　　　在那里有来着的，都是谁？（《清文助语虚字》"ci"条）

这就跟元代蒙式汉语的对应策略十分相近了。对于二语习得者来说，母语在目标语中匹配落空的特征，通过直接的移植总是最省力和最容易习得的。

下面我们借由与蒙式汉语"有来"用法的比较，来进一步讨论"来着"的来源和产生的机制。先看明初《蒙古秘史》蒙汉直译语料的例子。

（76）都蛙·锁^中豁儿 阿^中合 亦讷 朵儿边 可兀秃 不列额。
　　　旁译：人名　　　　兄 他的 四 子 有来
　　　总译：朵奔蔑儿干的哥哥都蛙锁^中豁儿有四子。（卷一）

（77）　格儿该 亦讷 ^中豁埃 马^舌阑_勒 阿只埃。
　　　旁译：妻 他的 惨白色 鹿 有来
　　　总译：与一个惨白色的鹿相配了。（卷一）

（78）　^中合^舌剌 不鲁^中罕 答^中忽 阿_卜赤^舌剌周 不列额。
　　　旁译：黑 貂鼠 袄子 将来 着 有来
　　　总译：将一个黑貂鼠袄子有来。（卷二）

（79）失^舌剌 那^中孩蔑图 拭察班_勒札周 ^中合儿^中忽 不列额。
　　　旁译：黄 狗 般 爬 着 出 有来
　　　总译：恰似黄狗般爬出去了。（卷一）

（80）赤列都因 迭兀 赤_勒格^舌儿字阔迭 阿撒^舌剌兀鲁黑三 阿主兀。
　　　旁译：人名的 弟 人名 行 收继 了 有来
　　　总译：配与赤列都弟赤^舌格儿力士为妻。（卷三）

例（76）（77）bü- 和 a- 是实义动词用法，分别表示"有""是"，bü-le̍ei 与 a-ji̍ai 均为

陈述式过去时终止形式，旁译均为"有来"。例（78）—（80）bü- 和 a- 是助动词用法，"-ju（并列副动词）bü-leˑei""-qu（形动词未完成体）bü-leˑei""-qsan（形动词完成体）a-juˑu"分别表示过去进行、过去未完成和过去完成时体，旁译分别作"着有来""有来""了有来"。前两例相当于对应 bi-he 实义动词用法的"来着"，后三例相当于对应 bi-he 助动词用法的"来着"。

① V 着有来～V 着来着

（81）　　朵⁵罗纳　撒兀周　不列额　luk-ji-me　bi-he
　　　旁译：东　行　坐着　有来　迷糊着　有来
　　　总译：正在东边坐着　　　　　朦胧着来着。
　　　　　　（《蒙古秘史》卷九）　（《满汉成语对待》三 37b）

② V 了有来～V 了来着

（82）　　兀者ᵏ先 阿主兀　aifini　eri-he　bi-he
　　　旁译：见　了　有来　早已扫了来着。
　　　　　　（《蒙古秘史》卷一）（《清文启蒙》二 58a）

③ V 的有来～V 的来着

（83）　　只儿ᵗ合ᵗ忽 不列额　akda-ra dulin kenehunje-re dulin bi-he
　　　旁译：快活　的有来　半信半疑的来着
　　　　　　（《蒙古秘史》卷一）（《清文指要》中 8a）

可见，旗人汉语"来着"与蒙式汉语"有来"在词汇意义和语法意义、功能上具有高度相似性，两者都是对应来源语的表示"有、是、在"义的特殊动词过去时形式的结果，并且在对应助动词所参与的时体构式时也采用了大致相同的语码转换策略。

　　　　　　　旗人汉语　　　　　　　　　　蒙式汉语
过去进行：　V-m（着）　bi-he（来着）　　V-ju（着）　a-juˑu/bü-leˑei（有来）
过去完成：　V-ha（了）　bi-he（来着）　　V-ʁsan（了）　a-juˑu/bü-leˑei（有来）
过去未完成：V-ra（的）　bi-he（来着）　　V-qu（的）　a-juˑu/bü-leˑei（有来）

这种由"有、是、在"义动词参与构成的时体构式也广泛存在于阿尔泰语系诸语言中。D·O·朝克（1997）指出："满—通古斯诸语肯定助动词一般都用 bi 来表示，……表示'在'、'有'、'是'等意思。"王庆丰（2005）："在动词体系中用在动词或体词后起一种辅助作用的动词，我们称它为助动词。助动词具有一般动词的变化，属于这类的词有：bi-he'有、来着'……"

（84）tərə　gidzəmb　bi　əntskəmə　gidzərə-m　bi-xə.
　　　那　话　我　常　说［着］　来着
　　　那句话我常说来着。（现代满语；引自王庆丰 2005）

（85）mini ənəxəndə ti mo tʃabtʃi-m bi-xəni.
　　　我　　去　　　他　木　砍[着]　　有[来]
　　　去时他在砍木头来着。（赫哲语；引自朝克 1997）

（86）jim bi-lee
　　　是　 来着（蒙古语；引自道布 1983：103，"曾经有过那样的事""追述的意思"）

（87）'tsɯni giədə ian kun wo?' giə-dzɯ asa-dzɯ wo.
　　　你　　家[里] 什么 人　 [有]   [么道着]　 问[着]　 有
　　　"你家里有什么人？"问来着。（东乡语；引自刘照雄 1981，东乡语 wo 受汉语影响，今已无时的变化）

我们知道，元末"有来"经由蒙式汉语的接触影响一度进入到大都等地的"汉儿言语"里面，为融合后的"汉儿社团"所实际地使用（祖生利 2009、2011）。

（88）天下诸侯都来添气力祭奠有来。（《孝经直解·圣治章第九》）
（89）父母在生时，……田产物业有来，孳畜头匹有来，人口奴婢有来。（古本《老乞大》）
（90）黑衣道场里你有来么？——我有来。（《朴通事》）

直至明代中期仍见有使用，此后才从明代官话里完全消失。

（91）帖木仑女子正在摇车内有来。（《蒙古秘史》卷一）
（92）我心上常记着有来。（《蒙古秘史》卷三）
（93）曾在宿卫上行，被宿卫的拿了有来。（《蒙古秘史》卷九）
（94）俺听得皇帝的声名，曾怕有来。（《蒙古秘史》续集卷一）
（95）小人原系铁匠子孙，近来间搬住邻乡，空家有来。（《训世评话》卷下）

我们曾在调查分析后指出，元代蒙式汉语的众多特殊语法现象，在清代旗人汉语里也大都同样存在，只是表现形式和所对应的来源语的句法成分有所不同。例如来源语的并列副动词标记，两者均用"着"对应；动词陈述式过去时标记，两者均主要用"了"对应；原因后置词标记，两者均用"上/（的）上头"对应，并且同样有"因此上""所以上"的说法；动词祈使式标记，蒙式汉语主要用"者"（对应第三人称祈使式），旗人汉语主要用"是呢"（对应第二人称祈使式）；引语标记，蒙式汉语用"说""道"及"么道""这般说/道""那般说/道"等，旗人汉语用"说""的话"等；均存在大量的 SOV 等特殊语序和蒙汉/满汉混合结构，以及"那般者"跟"这么着/那么着"这类习惯表达，等等。这种由接触导致的语言学结果的相似性，是语言接触的规律和机制支配的结果，蒙古语和满语同属阿尔泰语言，两者语法系统十分近似，当它们在不同历史时期跟汉语发生强烈的接触时，在各自所说的目标语变体即蒙式汉语和旗人汉语里，便不约而同都出现了这些相似的来源语的干扰特征，呈现出语言接触的类型学上的共性（祖生利 2013、2014）。

显然，"来着"和元代"有来"同样也属于这种接触所导致的语言学结果的共性之一。正如"有来"在元代后期进入到了大都地区"汉儿言语"里面一样，清初在语言接触强烈影响下，"来着"首先出现在满人的目标语变体——旗人汉语里，并随着接触的深入，作为固化了的目标语民族变体里最显著的母语干扰特征之一，为传统的明清北京官话使用者所熟知，在有意为之的改变、协商等接触机制作用下，吸收到北京官话里面来，并随着京籍旗人社团的迅速汉化和语言转用，取代了官话原有的"来"，成为融合后的言语社团所共同使用的语言即清代中叶以后形成的老北京话里一个重要的时体助词。

"来着"和"有来"同属于接触引起的语言变异，本质上是阿尔泰民族在习得汉语事态助词"来"的过程中，受母语"有/是/在"类特殊动词用法的影响而出现的习得偏误或干扰特征。"来着"与"有来"没有直接的来源关系，同样地，古本《老乞大》里的"来者"或明改本的"来着"与清代北京话的"来着"也没有来源关系，只是形式组合上的巧合。前面已经指出，明代文献中的"来着"不过是对元代"来者"的改写，"者"是蒙古语动词祈使式标记，与用作并列副动词标记的时体助词"着"，毫无瓜葛。

作为元代蒙古语动词祈使式反映的"者"直到明初还在使用：

（96）你若怕时节呵，将俺每礼拜<u>着</u>！将差发敬将来<u>者</u>！俺便教你每快活<u>者</u>，不<u>着</u>军马往你地面里来，你众西番每知道<u>者</u>！（《高皇帝御制文集·谕西番罕东毕里等诏》）

甚至在清代兼汉满语材料中，仍可见到"着"对应满语动词祈使式附加成分的用例：

（97）taka-su,　bi　sim-be　moho-bu-ki
　　　　且住<u>者</u>　我　你把　难　教欲
　　　　且住，我难一难你<u>着</u>。（《清语问答四十条》8b5）

"来着"用于叙实和肯定的语境时，重在"追述已然"，即表示过去时的意义。"来着"也经常用于疑问、否定或假设、条件、虚拟语气等非叙实的语境，说明"来着"的"着"跟表示祈使语气无关。

（98）ere　gese　beiguwen be　we　dulem-bu-he　bi-he-ni?
　　　　这　样的　寒冷　把　谁　使经历了　有来　呢
　　　　这个样的冷啊，谁经过<u>来着</u>呢？（《续清文指要》卷上 4a）

（99）tere　fonde　si　geli　herse-mbi-he-o?
　　　　那　　时　你　还　挂念着有来么
　　　　彼时你还理<u>来着</u>吗？（《清文指要》卷中 17a；满语原文据《一百条》本）

（100）bi　aika　edun i　cashūn　bi-ci,　hono　yebe　bi-he.
　　　　我　什么　风的　背对　有呵　还　稍好　有来
　　　　<u>我要是顺着风来还好来着</u>。(《续清文指要》卷上 3b)

（101）akū-ci　enenggi　hono　baha-fi　ukca-me mute-ra-kū　bi-he.
　　　　不呵　今日　还　获得了　摆脱着　能　的不　有来
　　　　<u>要不是今日还脱不开来着</u>。(《清文指要》卷中 17b)

（102）inemene　gama-ha　bi-ci,　sain bi-he.
　　　　不如　拿去了　有呵　好 有来
　　　　<u>不论怎么拿了去也好来着</u>。(《续清文指要》卷下 17a)

我们知道，自唐代产生以后，时体助词"着"即是依附于谓词之后，并且通常需要后接体词或其他谓词性成分，表示持续体或进行体，或两个动作的共时发生，或前一个动作是后一个动作的方式、目的等时体意义和逻辑关系，一般是不能用于句末，终结整个句子的，更不能附着于"了""来""过"等其他时体助词之后（祖生利、Redouane Djamouri 2015）。因此无论从元代祈使式标记"者"还是时体助词"着"那里，我们都难以建立起单纯由内因驱动的"来着"产生的语法化链条。但是当我们将清代北京官话的研究置于满汉语言接触的历史和地域背景之下，像对待元代大都"汉儿言语"的"有来"一样，认识到"来着"实际上是一个由接触所导致的突发的语言变化，那么它何以在之前的文献中如羚羊挂角无迹可寻也就容易理解了。

"来着"既然是清代满汉语言接触的产物，与元明的"来 | 者"或"来 | 着"无关，那么该如何解释"来着"的得名之由？我们也许可以从二语习得规律及中介语和皮钦语等接触语言学的相关理论加以说明。赵杰（1993）注意到，旗人汉语存在满汉同义语素的音节融合构词现象，指出其具有三种功能：互相注解、增加双语词素所没有的新义及反映民族平等的文化心理。陈前瑞（2008）认为，"来"的表示曾经的意义跟满语四种过去时中的功能部分重叠，北京话的"来着"不仅包括了近代汉语表曾经的"来"，还包括了满语 -mbi-he bi、-mbi-he 等的功能；语音上，"着"与满语动词"来"ji-mbi 首音节发音相似，"来着"分别跟汉语"来"和满语 ji-mbi 首音节发音不谋而合。这样"满汉合璧，满汉互释"，既表示汉语已有的意义，又表示了满语里的特殊意义，"特别能被满族人接受"；"来着"曾作为元代蒙汉翻译的产物，在文献中存在了数百年，在汉语口语中曾以"来者"或"来着"的形式出现，"也能够被汉族人接受"。这里，两位学者都注意到了旗人汉语里存在的满汉合璧构词现象，其实这种词汇构成或语法结构上混合截搭的现象在皮钦语里是十分常见的，如蒙式汉语和旗人汉语里都有"因此上""所以上""有/是/在……有来/来着"之类蒙汉/满汉混合的表达。不过陈前瑞一方面肯定"来着"的构成属于"满汉合璧、满汉互释"，一方面仍试图从汉语自身用法上加以

解释:"'着'在近代汉语中既可以表完成,又可以表持续或进行,因而可以对应于满语过去时的多种意义,应该说非常理想",因此前后说法不免扞格。作为满语 bi-he 的对应成分,"来着"的核心语法意义是"追述已然",表示事件或情况是过去时间里发生的,与明清汉语"着"字自身表示持续和共时的时体意义无关,"着"在这里仅仅是一个借音形式而已。在旗人汉语里时体助词"着"用于对应满语并列副动词附加成分 -me 是十分清楚的。

我们曾运用二语习得和中介语、皮钦语等语言接触理论,讨论了元代蒙式汉语形成的语码转换机制(祖生利 2018),指出中介语的语音系统匹配规则对于语法系统也同样适用。语法匹配以语法意义和功能的相近为首要和必要条件,以语法位置相同,语音相近为匹配的优选条件,即无标记的特征最为省力和易于习得。比如蒙古语的并列副动词附加成分 -ju 与持续体助词"着",陈述式过去时附加成分 -ba/-be、-ju˙u/-jü˙ü、-ji˙ai/-ji˙ei、-ču˙u、-lu˙a/-lü˙e、-la˙a/-le˙e、-la˙ai/-le˙ei 等与时体助词"了""来","来"与 -la˙ai 等音近。由于存在多对一的情形,匹配机制总体上导致了中介语和皮钦语语法系统的简化。同时由于匹配落空和结构投射,也从来源语的语法里移植了一些目标语所没有的结构特征,比如句末特殊动词"有"。由于匹配规则的错误运用,导致了其中一些语法成分的意义和功能发生了扩展、转移或缩小。有标记特征和无标记特征的叠加,反映了中介语的回归和目标语的并合状态。中介语和皮钦语里存在大量的母语迁移造成的偏误,语法成分匹配的复杂性决定了要确定某个干扰特征的母语来源的难度,我们通常大致可以推测某个干扰特征主要是源自来源语的某个或某几个成分,但却很难明确其全部可能的来源,比如"有来"主要源自 a-/bü- 的过去时形式,同时也有对应于一般动词的过去时成分("来着"的情形也与此相似)。

根据上述匹配机制和对应原则,元代蒙古人在习得大都"汉儿言语"时,首先根据词汇意义,确定其 a-/bü- 的汉语对应成分是"有""是""在",由于是一对多的匹配,从中便选"有"作为最易习得的无标记的那个:a-/bü- 充当助动词时,"有"的读音跟陈述式现将时附加成分 -yu(标音汉字"由",偶尔也标作"有")十分近似,如《蒙古秘史》卷七:"必 王中罕 备由:我人名有"(bei 是 bü- 的变体);卷二:"客额克迭由:呼的有"。而 a-ju˙u/bü-le˙ei 表示"追述已然"的语法意义功能和句法位置,乃至语音上均与事态助词"来"相匹配,以"有来"来对应无疑属于最优选的无标记习得特征。同样,康熙前后,从龙入关的在京满人以北京官话为目标语开始了向汉语的转用。在二语习得和中介语的匹配机制作用下,根据对应规则,他们首先确定了目标语的事态助词"来"在语法意义、功能和句法位置上跟来源语的 bi-he 相匹配,两者都居于句末,表示曾然的事态,即过去所发生的事件或情况,与目标语"了"对应于其他动词陈述式过去时附加成分 -ha/-he/-ho 等形成明确分工。同时在无标记特征最容易习得的规律作用下,受到来源语的干扰，用"着"来给对应 bi-he 的 -he 语音，"着"的读音又与动词 jimbi（来）的过去时形式 ji-he 十分近似。以此"来着"不仅在语法意义、功能和句法位置上与 bi-he 相近，语音上也近似，这便符合了匹配的优选条件，成为最易于习得的无标记特征，尽管这个目标语变体里的创新形式，实际上属于第二语言习得偏误，在明清官话里面并不存在。当这个创新形式为整个满人社团所接受并广泛使用，"来着"便成为旗人汉语里面一个显著的母语干扰特征，并为目标语的使用者所耳熟能详，有意或无意地仿效之。

"来着"的"着"既非时体助词"着"，也非表示祈使或确定的语气助词，而只是 bi-he 的 -he 的标音形式，或者说 -he 的音借，"来着"类似于词汇项的音兼意译。在中介语或皮钦语里，这种非完整的音借并不少见。如元代蒙式汉语的条件假设标记"呵"便用来对音中古蒙古语的 -'asu/-basu（祖生利 2002），清代旗人汉语条件假设或原因从句里的"这么着 / 那么着"（既是这么着，要是那么着，因是这么着），是满语 uttu/tuttu o-ci/o-hode/o-fi 等固定表达的反映，代词词尾"着"受满语 o-（做、是、成为、可以）的干扰而音变为"着（zhāo）"（祖生利 2014）。

    uttu o-ci   bi -he
    zhe + o → zhao   ji-he → zhe
    （要是）这么着   （有）来着
    neneme ji-he bi-he
      先 来了 来着
    先来着（《清文助语虚字》"ci"条）

总之，"来着"源于清代满人对于传统北京官话的事态助词"来"的不完全习得和母语投射。在匹配机制作用下，根据"你的语言中有 X，相应的，我的语言里有 Y"的对应规则（Thomason 2001），用来源语的表示"追述已然"的 bi-he 去对应目标语表曾然的"来"，并受到母语迁移的干扰，在无标记特征最易于习得规律的作用下，又用"着"字对应 -he 的语音（"着"同时又与 ji-he 音近），从而创造出来的满汉混合式的新的句末时体标记。

四　非满汉对照文献中"来着"的使用

"来着"最早出现并大量使用于清代满汉对照文献和语料中，表明它是清代满汉语言接触的产物，是雍正乾隆之际逐渐定型化了的旗人汉语里一个显著的满语干扰特征。并通过同旗人汉语的密切接触，在耳濡目染、有意为之的改变、协商等接触机制的作用下，大约在清代中期也进入到北京官话里面，为北京官话所吸收，就像元代后期蒙式汉语的"有来"为大都汉语所吸收那样,成为融合后的"汉儿言语"里一个重要的语法成分。

"来着"在清代中期以后非满汉对照文献里的使用,主要见于《红楼梦》《儿女英雄传》及《小额》《春阿氏》等旗人文学作品,和为域外人士编写的北京官话教科书中,如《老乞大新释》《重刊老乞大谚解》《华语正音》《华音撮要》《华音启蒙》等朝鲜汉语会话书,《华言问答》《燕京妇语》等日本汉语会话书,根据兼汉满语会话书《清文指要》《续编兼汉清文指要》等的汉语部分修改而成的"一百条"系官话教材,包括威妥玛所编《问答篇》《语言自迩集·谈论篇(百章)》、狄考文所编《官话类编》等。而稍早和同期的其他口语文献,如《醒世姻缘传》《聊斋俚曲》《儒林外史》《歧路灯》《野叟曝言》《老残游记》《官场现形记》等中均未见有"来着"的使用,更加显示了"来着"本是清代早期出现、中期以后在旗人汉语里流行并进入到北京话里面的一个特色时体助词。

1. 清代旗人文学作品中"来着"的使用

《红楼梦》写作于乾隆初年至二十八年(1763)间,经高鹗等整理,于乾隆五十六年(1791)刊行(程甲本)。全书共有时体助词"来着"26例,其中前八十回仅5例;后四十回有21例,用例显著增多。用法上,跟兼汉满语会话教材相当一致,有着明显的旗人汉语痕迹,尤其是前八十回原作中的5例"来着",分别用于疑问或否定(3例),和表示未实现的主观意愿及与实际情形不符的虚拟语气(2例)。

①用于叙实和肯定,11例。

(103)二爷早来了,在林姑娘那边来着。(第八十二回)

(104)我刚才听见你叔叔说你对的好对子,师父夸你来着。(第八十八回)

(105)娘娘心里却甚实惦记着宝玉,前儿还特特的问他来着呢。(第八十四回)

(106)我倒见了好些册子来着。(第一一六回)

例(103)"在……来着"相当于 bi-he 的实义动词用法,"来着"犹"曾在"。例(104)—(106)"来着"相当于 bi-he 的助动词用法。例(104)(105)"来着"前面分别有时间副词"刚才"和时间名词"前儿"照应。例(105)"来着"后面带有确定语气的助词"呢",相当于满语的 bi-he ni(参例46)。例(106)"了……来着"相当于满语的"-he bi-he"过去完成时体构式。

②用于疑问或否定,12例。

(107)菱角花谁闻见香来着?若说菱角香了,正经那些香花放在那里?(第八十回)

(108)你听见二爷睡梦中和人说话来着么?(第一零九回)

(109)二奶奶跟前你也这么没眼色来着?(第五十五回)

(110) 香菱，昨日你喝汤<u>来着</u>没有？（第一零三回）

(111) 好的时候好像空中有人说了几句话似的，却<u>不</u>记得说什么<u>来着</u>。（第八十一回）

例（108）"来着么"相当于满语的 bi-he o/u（参例 44、52）。例（109）—（111）用于疑问或否定，句子中有否定词"没""没有""不"跟"来着"照应，相当于满语的"akū bi-he""-kū bi-he""bi-he-kū"等（参例 48、50、61、67）。例（109）"来着"表示判断，相当于 bi-he 的实义动词用法，犹"曾是"。

③用于非叙实的虚拟语境，3 例。

(112) 老太太昨儿还<u>说要来着</u>呢。（第十一回）

(113) 头里我<u>原要</u>打发他们去<u>来着</u>，都是你们说留着好。（第九十四回）

(114) 今儿他来了，明儿我再来，如此间错开<u>了来着</u>，岂不天天有人来了？（第八回）

例（112）"说要……来着呢"、例（113）"原要……来着"，均表示未实现的主观愿望，相当于满语的"-ki se-me/-mbi-he"构式（参例 39、49、64）。例（114）"……了来着"表示与实际情形不符的虚拟语气，相当于满语的"-he bi-he bi-ci"构式（参例 50）。

《儿女英雄传》写作于道光至光绪初年（1821—1878），现存最早有光绪四年（1878）刻本。书中"来着"的使用较《红楼梦》更为频繁，共有 40 例。用法上，也同旗人汉语相一致，与《红楼梦》相比，非叙实的虚拟情态的用例变少了。

①用于叙实和肯定，13 例。

(115) 昨日他也<u>在</u>这里<u>来着</u>。（第二十九回）

(116) 他方才还<u>在</u>这里<u>来着</u>，此时想是作甚么去了。（第三十三回）

(117) 前儿个我们娘三个说闲话儿，还提<u>来着</u>。（第三十六回）

(118) 他倒合小华相公认识，他们说话<u>来着</u>。他还问起二叔<u>来着</u>呢。（第二十一回）

(119) 别说姐姐呀，妹妹比姐姐多<u>来着</u>一年呢，今日也是头一遭儿见哪！（第三十七回）

例（115）(116)"在……来着"相当于 bi-he 的实义用法，"来着"犹"曾在"，例（116）"来着"用于表示情况的变化（参例 59），"当初如此，而今不如此"（《翻清虚字讲约》"bi-he"条）。例（118）"来着"带确定语气助词"呢"相当于 bi-he ni。例（119）"多来着一年呢"当为"多一年来着呢"之误说，语序的不固定和表达不规范，是中介语和皮钦语常见的现象，这里"来着……呢"相当于表示判断的 bi-he ni。

②用于疑问或否定，26 例。

(120) 我今日一天不在家，你在家里作甚么<u>来着</u>？（第二十三回；比较《清文助语虚字》:"si boo-de bi-fi aina-mbi-he? 你在家里作什么来着?""来着"对应于 -mbi-he)

(121) 你何曾支着儿来着?（第三十三回）

(122) 可又来! 谁又说姐姐有甚么贪图来着呢?（第二十六回）

(123) 他妈不是还带了那个小子来请我婆婆相看来着么?（第四十回）

(124) 难道他从那时候就算计我来着不成?（第二十五回）

例(122)"来着"后带疑问语气助词"呢"（参例 98），"有……来着"相当于实义动词用法的 bi-he，"来着"犹"曾有"。例（123）"不是……来者么"相当于满语 bihe-kū-n 等，《清文助语虚字》:"bihe-kū-n, 不曾……来着么? 没有……来着么? 没在……来着么?"

③用于非叙实的虚拟语境，1 例。"要……来着呢"表示未实现的主观愿望，相当于满语的"-ki se-mbihe ni"。

(125) 依我们老爷子的主意，还要请你老人家在正房里一块儿住来着呢。（《儿女英雄传》第三十九回）

像旗人汉语通常的情形一样，《儿女英雄传》里未见有"着来着""了（的）来着""的来着"的用例，这使得"来着"看起来兼附有满语"-me bi-he/-mbi-he""-ha/-he/-ho bi-he""-ra/-he/-ro"构式所表示的过去进行或过去完成、未完成的时体功能。

晚清旗人作家以北京话写成的文学作品，如松友梅《小额》（光绪三十四年[1908]）和冷佛《春阿氏》（1912 年）中也有多处"来着"的用例。《小额》有 6 例，《春阿氏》有 11 例，均用于叙实和肯定，以及用于疑问或否定，但"来着"后面带语气助词"呢""么"的情形甚少（例 132"来着"后带语气助词"罢"）。

(126) 后来才打听出来，说是王太监给人管闲事来着。（《小额》）

(127) 方才洗孝衣来着。（《春阿氏》第一回）

(128) 昨儿我回去，洗笼子来着，稍一疏忽，猫就过来。（《春阿氏》第四回）

(129) 前天有贾大妈提亲来着，被你二姐知道了。（《春阿氏》第十回）

(130) 好乏好乏，刚才老仙爷说甚么来着?（《小额》）

(131) 你跟你玉兄弟，说什么来着? 你学给我听听。（《春阿氏》第十回）

(132) 门房哪里敢拦，横竖你们老爷又问来着罢?（《春阿氏》第十六回）

(133) 你哥哥嫂子，他们打架来着没有?（《春阿氏》第四回）

值得注意的是，《红楼梦》里除了"来着"，尚有 10 余例表曾然的"来"，但"来"已经处于劣势地位。到《儿女英雄传》里，表曾然的"来"就更少使用了，仅寥寥数例。在《小额》和《春阿氏》里，就只有"来着"。

(134) 你那爹在家怎么教你来? 打发咱们作煞事来? 只顾吃果子咧。（《红楼

梦》第六回）

（135）我才倒茶来，被雪滑倒了，失手砸了钟子。(《红楼梦》第八回)

（136）哎，这大半日，谁见个黄汤辣水来咧！(《儿女英雄传》第九回)

表1　清代中期以后旗人文学作品中"来着"的使用情况

用法及频次 文献及年代	实义动词	助动词	叙实和肯定	疑问或否定	虚拟语境		小计
					未实现的意愿	与实际不符	
	bihe （有/是/在 ……来着）	-m(e) bihe、 （[着]来着） -ha bihe、 （[了]来着）	bihe、 （来着） bihe ni （来着呢）	bihe o/u/ni、 （来着么/呢） akū bihe、-kū bihe bihe-kū （不/没……来着、 来着没有/不成）	-ki se-mbihe （要/说要 ……来着）	bihe bici （如此…… 了来着）	
红楼梦 （约1744—1763）	4	22	11	12	2	1	26
儿女英雄传 （约1821—1878）	8	32	13	26	1		40
小额（1908）		6	4	2			6
春阿氏（1912）		11	3	8			11
合计	12	71	31	48	3	1	83

2. 清代朝鲜和日本汉语会话教科书中"来着"的使用

"来着"在域外汉语会话教科书中的用例，较早见于朝鲜时代边宪所编《老乞大新释》（乾隆二十六年[1761]刊）和李洙等所编《重刊老乞大谚解》（乾隆六十年[1795]刊）中。前者有4例"来着"，后者仅有1例。通过与元明时期《老乞大》版本的比较，可以看出清代北京话与元代"汉儿言语"、明代官话之间的继承和演变关系。

A. 恁几时离了王京？——俺这月初一日离了王京。（古本《老乞大》）

你几时离了王京？——我这月初一日离了王京。（《老乞大谚解》）

你多站在王京起身来着？——我在这个月初一日间离了王京。（《老乞大新释》）

你几时在王京起身来着？——我在这个月初一日离了王京。（《重刊老乞大谚解》）

B. 恁是高丽人，却怎么汉儿言语说的好有？——俺汉儿人[上]学文书来的上头，些小汉儿言语省的有。（古本《老乞大》）

你是高丽人，却怎么汉儿言语说的好？——我汉儿人上学文书，因此上些少汉儿言语省的。（《老乞大谚解》）

你却是朝鲜人，怎么能说我们的官话呢？——我在中国人根前学书来着，所以些须知道官话。（《老乞大新释》）

C. 你谁根底[学]文书来？——我在汉儿学堂里学文书来。（古本《老乞大》）

你谁根底学文书来？——我在汉儿学堂里学文书来。（《老乞大谚解》）

你跟着谁学书来着？——我在中国人学堂里学书来着。（《老乞大新释》）

C组元代大都"汉儿言语"和明代官话的两例事态助词"来"，到了《老乞大新释》被改成"来着"。根据朝鲜使臣记述，早在康熙末年北京城内市井间巷已"满汉皆用汉语"，满人"皆能汉语"而"后生少儿多不能通清语"（《老稼斋燕行日记·山川风俗总录》）。而此时距离康熙朝开始的中原旗人向汉语的语言转用已过去半个多世纪，作为目标语变体的北京内城旗人汉语大致已经定型，并通过接触影响，包括"来着"在内的若干满语干扰特征进入到了北京官话里头，为旅于"燕馆"的朝鲜"译士"所听闻，并出于"适乎时、便于俗"，跟此前反映明代官话的《老乞大谚解》语言"别其同异"（《老乞大新释》序）而加以订录。

在此后编写的具有辽东方言色彩的朝鲜汉语会话教科书中，也时见"来着"的用例。如《中华正音（骑着一匹）》有4例、《中华正音》有1例、《华音撮要》有4例、《华音启蒙》有7例、《你呢贵姓》有1例。用法上，也是既用于叙实和肯定，也用于疑问或否定。同时也有用如实义动词的"来着"。但是"来着"后带语气助词"呢""么"的情形则几乎不见。

（137）你说的不错，我也那吗想着来着。（《中华正音·骑着一匹》；此例为"着来着"）

（138）王伙计，你呢往那里去来着？——我往饮马去来着。（《中华正音·骑着一匹》）

（139）你呢到这个节咳没有饮牲口，有空儿的时候干甚吗来着？（《中华正音·骑着一匹》）

（140）你呢三四年的工夫，家里几遍走过来着？（《华音撮要》）

（141）（去年正月那天）把这个对联挂起来着。（《华音启蒙》）

（142）我却是实在不知道来着。（《华音启蒙》）

（143）金老爷昨儿个在城外那里来着？（《华音启蒙》；"在……来着"，"来着"表示存在）

（144）是那么来着？你父亲可好么？（《华音启蒙》；"是……来着"，"来着"表示判断）

（145）咱们有眼无珠的，看不出同行的朋友来着。恕罪恕罪罢。（《华音启蒙》）

日本刊行的晚清北京官话教科书《华言问答》（金国璞编，1903年）、《燕京妇语》（1906年）等中，同样有许多"来着"的用例。如《华言问答》有21例，其中15例用于叙实和肯定，5例用于疑问或否定。

（146）您在谁家换来着？——我在裕泰和森记这两家儿换来着。（第二章）

（147）小的昨儿个起他家里回去，就没出来，竟在家来着。（第二十八章；"在……来着"，"来着"表示存在）

（148）昨儿我在三顺居喝酒来着。（第十七章）

（149）老弟这两天干什么来着？（第二十六章）

（150）昨儿个晚上有什么人到他家里去来着没有？（第二十八章）

《燕京妇语》有"来着"8例，其中6例用于叙实和肯定，2例用于非叙实的虚拟语境，表示未实现的主观愿望，且有6例后面带有确定语气助词"哪"（呢）。

（151）是，昨儿晚上我听您大妹妹和我提来着。

（152）喳，昨儿晚上天还阴来着哪。（"来着"表示判断，犹"曾是"）

（153）他们还要逛玉泉山儿来着哪。——那么他们没逛玉泉山儿么？——没逛。

（154）对了，那一根扁方儿打的是糙。姑奶奶还要还来着哪。

表2　清代中晚期朝鲜和日本汉语会话教科书中"来着"的使用情况

用法及频次 文献及年代	实义动词 bihe （有 / 是 / 在……来着） （……来着）	助动词 -m(e) bihe、 （［着］来着） -ha bihe、 （［了］来着）	叙实和肯定 bihe、 （来着） bihe ni （来着哪）	疑问或否定 bihe o/u/ni、 （来着么 / 哪） akū bihe、-kū bihe、bihe-kū （不……来着、来着没有）	虚拟语境		小计
					未实现的意愿 -ki se-mbihe （要…来着）	与实际不符 bihe bici （若是……来着）	
老乞大新释（1761）		4	2	2			4
重刊老乞大谚解（1795）		1		1			1
中华正音（骑着一匹）（1824）		4	2	2			4
中华正音（1860之后）		1		1			1
华音撮要（中华正音）（1877）	3	1	1	3			4
华音启蒙（1883）	2	5	1	6			7
你呢贵姓（1864—1906）		1		1			1
华言问答（1903）	1	20	16	5			21
燕京妇语（1906）	1	7	6			2	8
合计	7	44	28	21		2	51

3. "一百条"系北京官话教科书中"来着"的使用

威妥玛等所编北京官话教科书《问答篇》(1860年序)和威妥玛《语言自迩集》(1867年初版)首卷《谈论篇（百章）》是以兼汉满语会话教材《清文指要》《续编兼汉清文指要》等的汉语部分为蓝本修改而成，而《清文指要》《续编兼汉清文指要》等据信又是以清代早期传世的满语"话条"《tanggū meyen（一百条）》(智信编著，乾隆十五年[1750]刊行本)为母本，逐字加注汉语译文而成，因此学界统称之为"一百条"系汉语官话教科书，其中还包括蒙古旗人富俊所编《初学指南》(蒙汉对照，乾隆五十九年[1794]刊本)和《三合语录》(满蒙汉三语对照，道光九年[1829]序)，以及著者、年代未详汉语本的《清语指要》和《清文指要汉语》等（详竹越孝2015、2020）。威妥玛之后，以《问答篇》和《谈论篇（百章）》为蓝本编写的域外北京官话教科书还有《亚细亚言语集支那语官话部·谈论篇（百篇）》（广部精编，1879年）、《参订汉语问答篇国字解》（福岛九成编，1880年）等（参张美兰等2013）。

根据威妥玛的讲述，他应该是先抽取"本地课本"——"一百条"系满汉对照本《清文指要》《续编兼汉清文指要》等的汉语会话部分，请"受过良好教育的北京人"应龙田进行了"彻底修订"，先删节成《续散语》，然后又请"胜任的本地人不止一次地仔细润色过"，最终完成了其称之为"19世纪中期的北京话"的《问答篇》和《谈论篇（百章）》（《语言自迩集》第一版"序言"）。在此修订过程中，应龙田和后继的北京官话使用者们，不仅删改了书中"太过书生气了"的术语，而且删改掉其中一些未被本地官话使用者所接受的旗人汉语特征，如蓝本中常见的句末祈使标记"是呢"在《问答篇》和《谈论篇（百章）》里就全部被删改了（祖生利等2017）。但是新兴的句末时体标记"来着"，则被本地官话使用者所认可，视为北京话里的一个成分而承袭下来了。我们统计了《问答篇》和《谈论篇（百章）》里的"来着"共有45处（两者相同者不重复计算）。其中，36处是承袭传世的"本地课本"《清文指要》等的汉语原文而来，9处为"本地课本"所无，系《问答篇》和《谈论篇（百章）》所改增。以下"一百条"系诸本对照，据张美兰等（2013）：A.《清文指要》《续编兼汉清文指要》，乾隆五十四年（1789）刻本；B.《清文指要》《续编兼汉清文指要》，嘉庆二十三年（1818）重刻本；C.《三合语录》，道光十年（1830）刻本；D. 威妥玛《语言自迩集·谈论篇（百篇）》（1867）；E.（日）广部精《亚细亚言语集支那语官话部·谈论篇（百篇）》（1879）。

①承袭"本地课本"里的"来着"，36处（以A为主要参照，兼及B、C，下同）。

  A. 我记得你也有一件<u>来着</u>。

  B. 我记得你也有一件<u>来着</u>。

  C. 我记得阿哥你也有一件<u>来着</u>。

  D. 我记得你纳也有一件<u>来着</u>。

　　　　　E. 大哥你也有一件来着。
"有……来着"，"来着"表示领有。
　　　　　A. 我往这里一个亲戚家去来着。
　　　　　B. 我往这里一个亲戚家去来着。
　　　　　C. 我往这里一个亲戚家去来着。
　　　　　D. 我往那边儿一个亲戚家去来着。
　　　　　E. 我往那边儿一个亲戚家去来着。
"来着"用于叙实和肯定。
　　　　　A. 我在门口站着来着，我说我哥哥不在家。
　　　　　B. 我在门口站着来着，我说我哥哥无在家。
　　　　　C. 我在门口站着来着，我说我哥哥不在家。
　　　　　D. 我在门口儿站着来着，说你纳没在家。
　　　　　E. 我在门口儿站着来着，我说大哥没在家。
"着来着"这里对应于"-ha bi-he"构式，表示过去完成时体。
　　　　　A. 你前日往园里上坟去来着吗？
　　　　　B. 你前日往园里去上坟来着吗？
　　　　　C. 阿哥前日往园里上坟去来着么？
　　　　　D. 你前儿往庄子上上坟去来着么？
　　　　　E. 你前儿往庄子上上坟去来着么？
"来着"用于疑问，后带疑问语气助词"吗 / 么"。
　　　　　A. 彼时我就要叫住，着实的羞辱他来着。
　　　　　B. 彼时我就要叫下马来，着实的羞辱他来着。
　　　　　C. 彼时我就要叫住，羞辱他来着。
　　　　　D. 彼时我就要叫住他，很很的羞辱他来着。
　　　　　E. 彼时我就要叫住，很很的羞辱他来着。
"来着"用于未实现的主观愿望，"要……来着"对应于"-ki se-mbi-he"构式。
　　②增改"本地课本"，添加"来着"，9 处。
　　　　　A. 昨日往谁家去了？　　　　　A. 我的一个朋友不在了，送了殡来了。
　　　　　B. 昨日往谁家去了？　　　　　B. 我的一个朋友不在了，送了殡来了。
　　　　　C. 昨日往谁家去了？　　　　　C. 我的一个朋友不在了，送了殡来了。
　　　　　D. 昨儿往谁家去来着？　　　　D. 我的一个朋友不在咯，送殡去来着。
　　　　　E. 昨儿往谁家去来着？　　　　E. 我的一个朋友不在咯，送殡去来着。
此处将句末对应于满语动词陈述式过去时附加成分 -ha/-he/-ho 的"了"修改成了"来着"。

  A. 原要进去来

  B. 原要进去

  C. 原要进去了

  D. 我原想进去<u>来着</u>

  E. 我原想进去<u>来着</u>

此处则是添改了"来着",表示未实现的主观意愿。

  A. 起初是我一个阿哥买的……狠舒服干净的<u>来着</u>。

  B. 起初是我一个哥哥买的……狠舒服干净<u>来着</u>。

  C. 起初是我一个伯祖买的……狠舒服干净<u>来着</u>。

  D. 底根儿是我们家兄住着<u>来着</u>……住着很合样,又干净。

  E. 底根儿我有个哥哥住着<u>来着</u>……住着很平安干净。

此处是既删又增。大概是由于传世的"本地课本"里面句末"来着"单独表判断的旗人汉语说法,本地官话使用者觉得难于接受,所以才改成更广为接受的用法。

  ③删改"本地课本"的"来着",25处。

A. 我<u>要是</u>顺着风来,还好<u>来着</u>。	A. <u>要</u>听见,也来瞧<u>来着</u>。
B. 我<u>要是</u>顺风,还好<u>来着</u>。	B. <u>要</u>听见,也来瞧<u>来着</u>。
C. 我先顺着风,还好<u>些</u><u>来着</u>。	C. <u>要</u>听见,也来瞧<u>来着</u>。
D. 我先顺着风儿走,还好些儿。	D. 若是听见,也早来瞧你来了。
E. 我先是顺着风儿走,还好些儿。	E. 若听见,我也早来瞧来了。

A. 论理<u>该当会你</u><u>来着</u>。	A. 从几时给人留分儿<u>来着</u>。
B. 论理该当会你<u>来着</u>。	B. 从几时给人留分儿<u>来着</u>。
C. 阿哥你别往不好里想。	C. 从几时给人留分儿<u>来着</u>。
D. 兄台可别怪我没有来约。	D. 从不给人留分儿。
E. 大哥,你纳别怪我没有告诉你纳说。	E. 从不给人留分儿。

从举例可以看出,"本地课本"被删改的多是用于条件假设句中,表示与实际情形不符或相反等非叙实的虚拟语境中的"来着"。

  通过以上对《红楼梦》等旗人文学作品和《老乞大新释》《语言自迩集·谈论篇(百章)》等域外北京官话会话教科书中"来着"使用情况的调查,可以看到,乾隆时期旗人汉语里作为满语 bi-he 对应成分的"来着"经由长期密切接触,已经进入到当时的北京官话里,成为融合后的满汉言语社团共同使用的新的时体助词,并逐渐取替了固有的事态助词"来"。通过与兼汉满语会话教材的比较,我们发现,旗人汉语里"来着"由于匹配落空和结构投射所造成的母语迁移导致的种种用法,如表示实际词汇意义

"有/在/是"的用法（多以"有/是/在……来着"的满汉混合形式出现），表示"追述已然"的助动词用法（较少以"着/了来着"来体现），用于疑问句或否定句，后面带有确定或疑问语气助词，或句中有否定词照应的用法，以及用于表示未实现的主观意愿，或用于条件假设从句，表示与实际情形不符或相反等非叙实的虚拟情态用法等，多数已经为北京官话所接纳。只是到了清代后期及晚近的北京话里，"来着"才主要用于叙实和肯定，表示"追述已然"的时体意义，用于否定及与实际情形不符等的虚拟情态用法则逐渐减少，在一般人的语感里，"来着"表领有、判断、存在的实义动词用法，也与时体助词的用法混同不别。

五 "来着"在其他方言中的使用

以上我们基于历史文献语料的考察，详细讨论了北京话"来着"的历史来源，产生的途径机制和主要的词汇和语法意义、功能。指出北京话"来着"源于清代满语的接触影响，作为新兴的句末时体助词，最先在满汉对照文献里得到反映并大量使用，同元代"有来"的性质一样，是对应满语特殊动词 bi 的过去时形式 bi-he 的结果。从二语习得的角度看，是满人对汉语固有的事态助词"来"的不完全习得和错误移植，从中介语和皮钦语的角度看，是雍正、乾隆之际逐渐形成的目标语民族变体——旗人汉语里一个固化下来的来源语的干扰特征。在清代中期以后经由同旗人汉语的密切接触，在协商等机制的作用下进入到北京官话里面，逐渐取代了"来"，成为今天北京话里一个"颇具特色"的时体助词。由于它是一个接触引起的突发的语言变化，因此无法从汉语自身的发展演变对其来源和所表达的词汇和语法意义、功能，加以合理的解释和充分的说明。

众所周知，北京地区自古是多民族杂居之地，语言上深受周边民族的接触影响。特别是辽金时期渐次成为阿尔泰民族建立的北方政权统治的中心，元代更跃升为全国统治的中心。在前代契丹语和女真语接触影响基础上又叠加中古蒙古语的接触影响，形成了元代后期有着大量蒙古语干扰特征的大都"汉儿言语"（祖生利 2009、2011）。明代北京官话承继元代大都的"汉儿言语"，又增添了江淮官话的影响。明代早期，北京官话里尚存留许多"汉儿言语"的痕迹，直到中期以后才基本消失。明末满人入关，北京官话又一次受到满语的强烈接触和影响。

满洲起源的东北地区，元代也通行"汉儿言语"，正如古本《老乞大》里高丽商人所说的："过的义州，汉儿田地里来，都是汉儿言语"，与大都话的联系相当紧密（太田辰夫 1954，俞敏 1986，林焘 1987，祖生利 2011）。通过下面的用例可以看出，清代旗人汉语和北京官话的"来着"跟元代大都"汉儿言语"的"来"颇为神似。

A. 俺才到这里，恰待寻恁去来，你却来了。（古本《老乞大》）
   我原正要来瞧阿哥来着……（《清文启蒙》卷2，43a）
B. 你谁根底［学］文书来？——我在汉儿学堂里学文书来。（古本《老乞大》）
   你跟着谁学文书来着？——我在中国人学堂里学文书来着。（《老乞大新释》）

值得注意的是，今天时体助词"来着"并不仅见于北京话中，在北京周边天津、河北和东北的许多方言里也都有使用（陈凤霞2002，干红梅2004，杨希英等2006，陈前瑞2008）。杨希英等（2006）调查发现，河北方言句末时体助词"来"和"来着"的使用分布具有很强的规律性：从南部的邯郸、邢台，到中南部的石家庄，再到东南部的衡水、沧州一带，只用"来"，不用"来着"；从中部的保定，到西北部张家口，"来"和"来着"都可以用；东北部的唐山和秦皇岛，用"来着"或"着"，但不用"来"。

（155）你刚才干啥来？（邯郸大名）

（156）你刚才干什么去来/来着呀？（保定定州）

（157）你刚才干啥去来着/着？（唐山市）

根据已有调查的结果来分析，"来着"的使用主要集中在北京及周边的天津、河北部分地区和东北的部分地区。除北京话外，这些地区的方言也多与满语和旗人汉语有着长期密切的历史接触。东北地区是满洲的发源地，尤其辽宁兴京、盛京一带，被视为满洲故里，其汉语方言清代受到满语的接触影响是十分自然的，甚而比中原地区接触更早，持续的时间更久。清代作为一项满语干扰特征的"来着"就常出现在带有辽东方言色彩的朝鲜汉语会话教科书中（详上第四节第2部分）。又如：

（158）缘因于本年三月二十几，有本屯居住之石玉堂率领工人，在本堡西南会山上砍伐柞树六棵，预备粘修庙宇并修井使用，小的也前去帮同收什来着，现在山上存放，也没拉取呢。（光绪二十六年［1900］"闲散夏宝会的供状"，赵焕林、杨丰陌主编《兴京旗人档案史料》第121页，辽宁民族出版社，2001）

这个"来着"用例出自一个兴京（今辽宁抚顺市新宾满族自治县）旗人之口。该档案语料中还存在多处其他一些旗人汉语的显著的满语干扰特征，例如引语动词标记"的话"等。

（159）小的无奈回家，找邻居们合小的撵了一天也没撵上，小的回来就向洪景芳们讨要所失之马匹，他们自觉理亏，着小的放心，"你的马匹决丢不了"，他们给小的寻找的话。小的回家等了五、六天也没有音信，小的又找向洪景芳们讨要马匹，并追要冯小喜子，他们言说冯小喜子可是在我家住的，马也是冯小喜子抢去的，"我们可不能给你寻找"，任凭小的自便的话。（光绪二十八年［1902］；同上，第146页）

因此北京周边方言及东北官话的"来着"同样可能是旗人汉语接触影响的结果。

"来着"与"来""着"在河北、天津方言里的互补分布,可以作出以下的解释:①南部的邯郸、邢台,中南部的石家庄和东南部的沧州一片,只用"来"不用"来着",是承袭了明清北方官话固有的用法,这些地区满汉接触的程度远不如北京内城那样的密切,也不如东北的满洲故里和两京的沿途地区,因此所受的满语影响要小得多。正如狄考文在《官话类编》中对清末官话里"来"的使用状况所做的描述:"除了其惯常的助动词用法,'来'也常用于从句或句子的末尾以替代'了'字。在北京话里头,它通常后面带'着'字,但是中原官话或南方官话则不带。"①

(160)有一个没理的村牛,逞强打我来。(《朴通事新释谚解》卷三)

(161)程自升还抱怨小的,说不该与他扭结来。(乾隆刑科题本,"甘肃肃州陈宏康等")

②中部的保定,天津蓟县,和西北部的张家口,东北部的唐山、秦皇岛,方言中都有"来着",跟北京话一样,同为满语的接触影响所致,只是接触的强度有所差别,所产生的语言学结果有所不同。北京内城官话受到的影响最大,"来着"已基本取替了固有的"来"。以之为中心向东北和西北部辐射、扩散,或亦只用"来着",或"来着""来"共用,后者则是语言接触区域常见的新老形式并存的现象。③唐山、秦皇岛,"来着"和"着"可以互换;天津蓟县话也是"来着""着"互见,"但用'着'更为普遍"(陈凤霞2002)。

(162)刚你说啥着? | 前儿个你上哪着?

(163)你骂他着吧? | 本来我想去赶集着。(蓟县话,引自陈凤霞2002)

(164)他们正打着着,警察就到咧。

(165)那些衣服一直在盆里泡着着。(唐山话,引自杨希英等2006)

我们认为,这是"来着"这个清代新兴时体标记进一步省缩的结果。因为这些方言里尽管不用"来",却是不会没有"来着","着"只是"来着"在省力和经济原则驱动下的省缩说法。这种省略可能始于"VP 来着"结构中 VP 为单音节动词"来"的情形。

(166) ya-ci   neneme   ji-he   bi-he?
      谁是   先   来了   来着
      是那一个先来着?(《清文助语虚字》"ci"条)

(167)老太太昨日还说要来着呢……今日断不能来了。(《红楼梦》第十一回)

(168)小妞子也要出来着,被她的妈扯了回去。(《四世同堂》第十八章)

---

① In addition to its regular and constant use as an auxiliary, 来 is also frequently used at the end of a clause or sentence in the place of 了. In Pekingese it is generally followed by 着, but not in Central or Southern Mandarin. (PECULIAR USES OF 来, LESSON CXIII)

如果完全照满语来对应表达的话，则需要说成"来来着"，显得拗口和复沓，便省缩作"来着"。这里的"着"经过重新分析就单独承载了"来着"的语法意义和功能，却是与持续体助词"着"无涉。

从以上北京话及周边河北、天津方言里"来着"和"来""着"使用的分布，可以归纳出如下蕴涵关系：

$$着 < 来着 < 来$$

即一个方言有表示曾然的"来"则不必然有"来着"，反之亦然；但有表示曾然的"着"，则必定有（或曾经有过）"来着"。

六　总结

位移动词"来"上古以后在认知和语用动因的推动下，中古时期逐渐发展出动趋式动词、时体助词和语气助词等用法，到了近代汉语初期其主要语法功能范畴均已确立。宋代随着"了"的最终确立，与时体助词"来"形成大致的分工，"来"主要用于句末表示曾然的事态。元代由于中古蒙古语的接触影响，时体助词"来"在目标语变体蒙式汉语里出现了一些新的用法，一个显著的接触所引起的变化，是对应于蒙古语特殊动词 a-/bü- 过去时形式的句末时体助词"有来"的产生。在协商等机制的作用下，"有来"一度进入到元末大都等地的"汉儿言语"里。明代随着大都地区"汉儿言语"向正统汉语的回归，包括"有来"在内的众多接触导致的语言学结果，未能成为永久性的干扰特征在北京官话里保存下来而最终消亡，北京官话重又回到事态助词"来"的传统上。

清代由于满语的强烈影响，北京官话事态助词"来"又一次发生了接触引起的突变，大约康熙后期在作为目标语变体的旗人汉语里出现了"来着"这个新的时体助词，并最先在一些满汉对照的文献语料中得到反映。作为来源语里特殊动词 bi 的过去时形式 bi-he 的对应成分，成为旗人汉语里一个显著的满语干扰特征。并经由旗人汉语的接触影响，清代中期以后进入到了北京官话里面，在《红楼梦》《儿女英雄传》等旗人文学作品，以及《老乞大新释》《语言自迩集·谈论篇（百章）》等域外北京官话教科书中得到反映。

作为一个由接触导致的语言变化，"来着"并非是对明清汉语事态助词"来"的语法意义和用法的简单继承。从所对应的来源语成分看，"来着"主要是 bi-he 的反映，当 bi 用作实义动词，"来着"一方面表达"有""是""在"等词汇意义，一方面又具有一般动词陈述式过去时的意义；当 bi-he 充当助动词，用于构成"-m(e) bi-he""-ha/-he/-ho bi-he""-ra/-re/-ro bi-he"等时体构式，"来着"除了表示"追述已然"这个基本和核心语法意义，还兼附有过去进行、过去完成/未完成等时体意义。功能和用法上，

bi-he 除了用于陈述事件的过去发生，还用于"-ki se-mbi-he""-ha/-he/-ho bi-he bi-ci"等构式中，表达未实现的主观愿望或与实际情形不符或相反的虚拟语气等，"来着"因此也不但用于叙实和肯定的语境，也用于疑问或否定的语境，或虚拟语气等非叙实的语境。以上原因造成了"有/是/在……来着"等满汉混合结构，"着/了来着"等"过去进行/完成"时体构式，"（原）要……来着""若是/要是……来着"等虚拟语气构式，以及"来着么/呢""没/不……来着"等表疑问或否定说法的出现。

从第二语言习得的角度看，"来着"是满语使用者对于北京官话事态助词"来"的不完全习得和偏误，基于匹配和对应原则在匹配落空和一一对应时的移植复制和错误类推。从中介语和皮钦语形成的角度看，是同外族人说话等交际策略导致的习得错误族群固化，以及耳濡目染、有意为之的改变、协商等机制导致的目标语向目标语民族变体的靠拢，最终成为融合后的旗人和汉人社团共同使用的北京内城官话里一个新的重要的时体标记，并取替了固有的"来"。从所对应的来源语 bi-he 的意义和用法看，"来着"具有"有""是""在"等实际词汇意义是汉语原本不具备的。在用于叙实和肯定语境时，"来着"常跟有语气助词"呢"，在用于疑问、否定或虚拟语气等语境时，可以与疑问语气助词"么""呢"，否定词"不""没""没有"等共现，表明"来着"本身并非语气助词——在例（35）"（原）是一块野厂荒地来着"中，"来着"不过是 bi-he 表判断用法的反映，并非表确定语气的助词——而是一个时体助词，首先是一个时的标记，表示与说话时刻相关联的绝对时制，表明所陈述的事件或情况对于说话时刻而言是过去的时间里发生的，可以是近时，也可以是远时。

北京话的"来着"既非明清官话固有事态助词"来"的简单继承，也跟明代中期后改写作"着"的元代蒙式汉语动词祈使式标记"者"无关。如同明代汉语里已经消亡的大量元代蒙汉语言接触所导致的语言学结果，到了清代，由于满汉语言接触以相同或不同的形式再一次出现一样，例如原因后置词"（的）上头/因此上/所以上"，并列副动词标记"着"，动词祈使式标记"者"与"是呢"，引语标记"说""么道"等与"说""的话"等，"那般者"与"这么着/那么着"等等（祖生利 2013、2014），"来着"和"有来"同样也是不同历史时期阿尔泰语同汉语强烈接触所呈现的类型学的共性之一，只是采取了不同的对应形式。元代蒙式汉语用"有"直译 a-/bü- 的词汇意义，用"来"对应其 -juʼu/-leʼei 等过去时附加成分的语法意义，同时兼顾了与 -laʼai/-leʼei 这组附加成分语音上的近似；清代旗人汉语同样采取了义音兼顾的对应策略，先以语法意义功能相似、句法位置相同的"来"对应 bi-he 表示"追述已然"这一基本和核心的语法意义，再用"着"字来对应其过去时标记 -he 的语音。"来着"和"有来"，两者均遵循了中介语和皮钦语的匹配优选规则：语法意义和功能相近、句法位置相同、语音相似，属于最易于习得的无标记特征。

参考文献

爱新觉罗·乌拉熙春 1983 《满语语法》，内蒙古人民出版社。
爱新觉罗·瀛生 1993 《北京土话中的满语》，北京燕山出版社。
爱新觉罗·瀛生 2004 《满语杂识》，学苑出版社。
安双成 主编 1993 《满汉大辞典》，辽宁民族出版社。
曹广顺 1995 《近代汉语助词》，语文出版社。
陈保亚 1996 《语言接触与语言联盟——汉越（侗台）语源关系的解释》，语文出版社。
陈凤霞 2002 《蓟县话动词后的"着（·zhou）"和句末的"着（·zhe）"》，《语言学论辑》第 4 辑，南开大学出版社。
陈乃雄 1982 《五屯话初探》，《民族语文》第 2 期。
陈前瑞 2005 《"来着"的发展与主观化》，《中国语文》第 4 期。
陈前瑞 2006 《"来着"补论》，《汉语学习》第 1 期。
陈前瑞 2008 《汉语体貌研究的类型学视野》，商务印书馆。
陈 晓 译注 远藤光晓 校 2014 《太田辰夫〈论清代北京话〉译注》，《语言学论丛》第 48 辑，商务印书馆。
陈 颖 翟 赟 校注 2018 《〈燕京妇语〉等八种》，北京大学出版社。
道 布 1983 《蒙古语简志》，民族出版社。
狄考文 1900 《官话类编》（修订版）*A Course of Mandarin Lesson* (Revised Edition), Shanghai: American Presbyterian Mission Press.
D·O·朝克 1997 《满—通古斯诸语比较研究》，民族出版社。
胡增益 主编 1994 《新满汉大词典》，新疆人民出版社。
干红梅 2004 《再谈"来着"》，《四川师范大学学报》第 5 期。
龚千炎 1995 《汉语的时相 时制 时态》，商务印书馆。
季永海 2004 《关于满式汉语——与赵杰先生商榷》，《民族语文》第 5 期。
季永海 2006 《关于北京旗人话对北京话的影响》，《民族语文》第 3 期。
季永海 2011 《满语语法》（修订本），中央民族大学出版社。
江蓝生 1984 《概数词"来"的历史考察》，《中国语文》第 2 期。
江蓝生 1994 《〈燕京妇语〉所反映的清末北京话特色》（上），《语文研究》第 4 期。
江蓝生 1995 《〈燕京妇语〉所反映的清末北京话特色》（下），《语文研究》第 1 期。
柯理思 2003 《试论谓词的语义特征和语法化的关系》，《语法化与语法研究》（吴福祥、洪波主编），商务印书馆。
李崇兴 祖生利 丁 勇 2009 《元代汉语语法研究》，上海教育出版社。
李崇兴 祖生利 2011 《〈元典章·刑部〉语法研究》，河南大学出版社。
李 明 2004 《趋向动词"来/去"的用法及其语法化》，《语言学论丛》第 29 辑，商务印书馆。
李 荣 主编 2002 《现代汉语方言大词典》，江苏教育出版社。
梁银峰 2004 《汉语事态助词"来"的产生时代及其来源》，《中国语文》第 4 期。
梁银峰 2005 《汉语动相补语"来""去"的形成过程》，《语言科学》第 6 期。
林 焘 1987 《北京官话溯源》，《中国语文》第 3 期。

刘 坚　江蓝生　白维国　曹广顺　1992　《近代汉语虚词研究》，语文出版社。
刘 林　2013　《"来着"的语义性质和句法环境探讨——兼与"了$_2$""过"的对比分析》，《语言研究》第 2 期。
刘照雄　1981　《东乡语简志》，民族出版社。
吕朋林　1987　《也谈"来着"》，《汉语学习》第 3 期。
吕叔湘　1942　《中国文法要略》，商务印书馆，1982。
史有为　1994　《也说"来着"》，《汉语学习》第 1 期。
宋玉柱　1981　《关于时间副词"的"和"来着"》，《中国语文》第 4 期。
孙朝奋　1997　《再论助词"着"的用法及其来源》，《中国语文》第 2 期。
孙锡信　1999　《近代汉语语气词——汉语语气词的历史考察》，语文出版社。
孙 竹　主编　1990　《蒙古语族语言词典》，青海人民出版社。
太田辰夫　1947　《"来着"について》，《中国语杂志》第 1 期。
太田辰夫　1951　《清代北京语语法研究の资料について》，《神户外大论丛》2（1）。
太田辰夫　1953　《老乞大的语言》，收入《汉语史通考》（江蓝生、白维国译），重庆出版社，1991。
太田辰夫　1954　《关于汉儿言语——试论白话发展史》，收入《汉语史通考》（江蓝生、白维国译），重庆出版社，1991。
太田辰夫　1958　《中国语历史文法》（蒋绍愚、徐昌华译），北京大学出版社，1987。
太田辰夫　1972　《〈小额〉的语法和词汇》，收入《汉语史通考》（江蓝生、白维国译），重庆出版社，1991。
太田辰夫　1974　《〈儿女英雄传〉的语言》，收入《汉语史通考》（江蓝生、白维国译），重庆出版社，1991。
汪维辉　编　2005　《朝鲜时代汉语教科书丛刊》，中华书局。
汪维辉　远藤光晓　朴在渊　竹越孝　编　2011　《朝鲜时代汉语教科书丛刊续编》，中华书局。
王 磊　刘 云　校注　2018　《庸言知旨》，北京大学出版社。
王 力　1943　《中国现代语法》，商务印书馆，1981。
王庆丰　2005　《满语研究》，民族出版社。
王晓娜　刘 云　郝小焕　校注　2018　《重刻清文虚字指南编》，北京大学出版社。
谢成名　2015a　《"来着"的时体特征与语境的互动关系》，《汉藏语学报》第 8 期。
谢成名　2015b　《论终结性与"来着"的时体特征》，《世界汉语教学》第 4 期。
杨希英　王国栓　2006　《"来着"（来、着）与汉语的时制》，《广西民族学院学报》第 4 期。
俞 敏　1986　《现代北京话和元大都话》，收入《俞敏语言学论文二集》，北京师范大学出版社，1992。
张伯江　1991　《动趋式里宾语位置的制约因素》，《汉语学习》第 6 期。
张美兰　刘 曼　2013　《〈清文指要〉汇校与语言研究》，上海教育出版社。
张谊生　2000　《略论时制助词"来着"——兼论"来着$_1$"与"的$_2$"以及"来着$_2$"的区别》，《大理师专学报》第 4 期。
赵 杰　1993　《北京话中的满汉融合词探微》，《中国语文》第 4 期。
照那斯图　1981a　《土族语简志》，民族出版社。

照那斯图　1981b　《东部裕固语简志》，民族出版社。

赵元任　1926　《北京、苏州、常州语助词研究》，收入《赵元任语言学论文集》，商务印书馆，2002。

赵元任　1968　《汉语口语语法》（吕叔湘译），商务印书馆，2001。

朱德熙　1982　《语法讲义》，商务印书馆。

竹越孝　编译　2007　《清代满洲语文法书三种》，KOTONOHA 单刊 No.1，古代文字馆。

竹越孝　2011a　《兼满汉语满洲话清文启蒙——翻字、翻译、索引》，神户市外国语大学外国学研究所。

竹越孝　2011b　《〈一百条〉系の汉语钞本について》，《汲古》59。

竹越孝　2015　《从满语教材到汉语教材——清代满汉合璧会话教材的语言及其演变》，《民族语文》第 6 期。

竹越孝　2017a　《〈一百条〉〈清文指要〉对照本（Ⅰ）本文篇》，神户市外国语大学外国学研究所。

竹越孝　2017b　《〈满汉成语对待〉——现存最早的清代满汉合璧会话教材》，《汉语史学报》第十八辑，上海教育出版社。

竹越孝　2018　《〈一百条〉〈清文指要〉对照本（Ⅱ）补遗·索引篇》，神户市外国语大学外国学研究所。

竹越孝　2020　《五卷本〈庸言知旨〉校注》，神户市外国语大学外国学研究所。

竹越孝　2021　《满汉成语对待校注》，神户市外国语大学外国学研究所。

竹越孝　陈晓　校注　2018a　《一百条·清语易言》，北京大学出版社。

竹越孝　陈晓　校注　2018b　《满汉成语对待》，北京大学出版社。

竹越孝　スチンバト　编　2020　《〈一百条〉系诸本总合对照テキストⅠ》，好文出版社。

祖生利　2002　《元代白话碑文中助词的特殊用法》，《中国语文》第 5 期。

祖生利　2009　《试论元代的"汉儿言语"》，《历史语言学研究》第二辑，商务印书馆。

祖生利　2011　《古本〈老乞大〉的语言性质》，《历史语言学研究》第四辑，商务印书馆。

祖生利　2013　《清代旗人汉语的满语干扰特征初探——以〈清文启蒙〉等三种兼汉满语会话教材为研究的中心》，《历史语言学研究》第六辑，商务印书馆。

祖生利　2014　《代词词尾"着"的来源》，《历史语言学研究》第八辑，商务印书馆。

祖生利　2018　《元代直译体文字所反映的蒙汉语码转换机制》，《历史语言学研究》第十二辑，商务印书馆。

祖生利　毕晓燕　2017　《清代句末语气助词"是呢""才是呢"》，《历史语言学研究》第十一辑，商务印书馆。

祖生利　Redouane Djamouri（罗端）　2015　《助词"着"的产生与发展再探讨》，*Language in Contact in North China: Historical and Synchronic Studies*，法国国家科研中心东亚语言研究所，巴黎。

Comrie, B.　1976　*Aspect*. Cambridge: Cambridge University Press.

Comrie, B.　1976　*Tense*. Cambridge: Cambridge University Press.

Dahl, O.　1985　*Tense and Aspect System*. Basil Blackwell Ltd.

He, Baozhang　1998　A synchronic account of *Laizhe*. Journal of the Chinese Language Teachers Association (1).

Iljic, Robert　1983　Le maroqueur *laizhe*. Asie Orientale 7.2.
Sun, Chaofen　1995　On the origin of the sentence-final *laizhe*. *Journal of the American Oriental Society* (3).
Thomason, Sarah G.　2001　*Language Contact, An Introduction*. Edinburgh: Edinburgh University Press.

On the Origin of Tense-aspect Particle "*Laizhe* 来着"
ZU Shengli　GAO Yunhui

Abstract: Based on Chen Qianrui (2006), this paper explores the history of "*laizhe* 来着" in Qing dynasty much more thoroughly, further studies its grammatical functions, with special concerns on its substratum influence from the Manchu. We point out that "*laizhe* 来着" first appeared in Manchu-Chinese parallel literatures in early Qing dynasty and gained its propagation among bilingual textbooks later on, in which "*laizhe* 来着" mainly corresponds with 'bi-he' -related constructions. The core grammatical meaning of "*laizhe* 来着" lies at past events and supplemental remarks. Besides those, it is also embedded with the tense-aspect meanings of past progressive and past (im)perfective, accompanying with subjunctive mood when something are unachieved or contrary to the facts. At first, "*laizhe* 来着" was an apparent interference feature from Manchu language, gradually it became conventionalized in Manchurian Chinese after the middle Qing dynasty, and been accepted by the Beijing Mandarin from that time on. Finally, this contact-induced change became fossilized in Beijing Mandarin. By comparing "*laizhe* 来着" to Mongolian pidgin Chinese "*you-lai* 有来" in Yuan dynasty, and with theories of contact linguistics such as second language acquisition, interlanguage and pidgin, we analyze its mechanisms of formation and naming. As an abrupt language change induced by contact, "*laizhe* 来着" has no evolutionary relationships with "*lai* 来" and "*zhe* 着 (者)" used in Ming and Qing dynasties, because the latter two are totally inherent lexical items of Chinese.

Key words: "*laizhe* 来着" , tense-aspect particles, Beijing Mandarin, Manchu language, language contact

（祖生利　中国社会科学院语言研究所　100732/
高云晖　中国社会科学院大学语言学系　102488）

清代汉语的连动式*

陈丹丹

提　要　本文讨论了清代汉语连动式的句法分布、语义类型、论元共享、带"了、着、过"等体标记和状语的情况，以及清代汉语连动式的否定式，希望对清代汉语的连动式做一个全面系统的描写和总结。

关键词　清代汉语　连动式　否定式

一　"连动式"的定义和界定

"连动式"这一术语是李荣先生编译《北京口语语法》[①]时提出的，而后，连动式的研究一度成为汉语学界的热点。丁声树等（1961/1999：112）专门讨论连动式，"连动式就是动词结构连用的格式"，"连动式的特点，就是前后的动词结构同属于一个主语"。朱德熙（1982/1999：160—161）把连动式称为"连谓结构"[②]，"连谓结构是谓词或谓词结构连用的格式"，并指出"要注意连谓结构和并列的动词结构以及包孕的动词结构的区别"。

但是学界给连动式划分类型时一直没有一致的标准，导致各家对连动式的界定差异很大。所以从连动式提出之初开始，就一直有反对的声音，建议取消连动式（史存直1954，张静1977等）。形式句法对连动式也持否定态度，如邓思颖（2010）指出："'连动结构'事实上是不存在的，形式上也没有任何的特点，而连动句的一些功能也都可以从偏正结构或述补结构推导出来。"对此，朱德熙早在《语法问答》（1985/1999：55—56）中就提出过自己的看法："连动式前后两部分之间的关系不是主谓关系，也不是述宾、述补、偏正等等关系，归不到已有的任何一种句法结构类型中去"，"至于是不

---

*　谨以此文恭祝我的导师曹广顺先生七秩寿诞！项目来源：国家社科基金重大项目"多卷本断代汉语语法史研究"（14ZDB092）。

①　该书根据赵元任先生《国语入门》（*Mandarin Primer: An Intensive Course in Spoken Chinese*, Harvard University Press, 1948）一书编译而成。

②　朱德熙先生讨论的"连谓结构"包括兼语式在内。本文中的"连动式"，不包括单独的兼语式，个别例句中兼语式用于连动式其中的一个连动项。

是叫连动式，那不是重要的问题"。刘丹青（2015）从多个角度分析连动式的句法库藏地位和类型地位，详细列举了连动式与并列结构和主从结构的区别，刘文指出："连动式是一种存在于部分语言、独立于其他句法结构的结构（构式）库藏，是一种带有类型特异性的句法结构，不同于偏正、并列、主谓、动宾等更普遍的结构库藏"，并认为"连动将向心结构由并列和主从的二分扩展为并列、连动、主从三分"。

跨语言地看，连动式并非汉语独有，亚洲、非洲、美洲、大洋洲的很多语言中都有连动式存在。Aikhenvald（2006）对世界上具有连动式的语言进行了考察，她对连动式的定义为：

"连动式为一连串动词用作一个谓语，中间没有任何表示并列、主从或其他依附关系的标记。连动式表达一个单一事件，是单小句结构，语调特征与单动词小句一致，只有一个时、体、极性值。连动式可以共享核心论元或其他论元。连动式的每个组成成分都能单独出现，各个动词可以有同样或不同的及物属性。"

国外对连动式的界定同样有很大的争议，有学者认为还没有关于连动式的无争议的定义。（van Staden & Reesink 2008，Foley 2010 等）Haspelmath（2016）则指出对所有语言都适用的连动式定义是不存在的，并提出"对比性概念"（comparative concept）。对比性概念不是去发现自然语言现象，而是通过比较语言学的界定，用此概念进行语言对比。除此之外，Haspelmath 还明确区分了定义（definition）和共性特征（generalization），并认为 Aikhenvald（2006）定义中涉及的标准，很多都是连动式的特征，而非定义。根据这一原则，Haspelmath（2016）首先把连动式定义为由多个独立动词（各动词之间没有连接成分，没有述宾关系）组成的单小句结构，然后提出了十条关于连动式的共性特征：一、连动式中的动词具有相同的时值；二、连动式中的动词具有相同的态值；三、连动式中的动词不能有自己单独的时间或事件处所修饰语；四、连动式只有一个语调曲拱，就像单动词小句一样；五、如果连动式表示因果关系，或者是动作先后发生的事件，那么这两个动词的顺序要符合时间象似性原则；六、如果有一个人称、时、态或者否定的标记，那么该标记处于边缘位置，即，在第一个动词之前或者最后一个动词之后；七、在连动式中，所有的动词至少共享一个论元；八、如果一种语言中有共享主语的连动式，那么很可能有其他类型的连动式；九、在主语不同的连动式中，第二个动词一定是不及物的；十、连动式不能有两个不同的施事，也就是说，如果非施事论元被共享，那么施事也一定被共享。

本文遵循 Haspelmath（2016）一文的思路，首先给出连动式的定义：简单地说，连动式就是几个动词或动词短语连用、中间没有任何表示并列、主从或其他依附关系的关联词的格式。

（1）刘姥姥一壁里走着，一壁笑说道：……（《红楼梦》第六回）

（2）这是一封信，一吊钱是给你的，都收清了就快去罢。(《儿女英雄传》第四回）

根据这一标准，像以上两例这样带有"一壁……一壁""就"等关联词语的例句不在本文的考察范围之内。① 我们选取清代官话中比较典型的连动式，讨论连动式的一些基本特征，包括句法分布、语义类型、论元共享、带"了、着、过"等体标记和带状语的情况，以及连动式的否定式。希望对清代汉语的连动式做一个系统全面的描写和考察。

二　清代汉语的连动式

2.1　句法分布

清代汉语的连动式一般为两个动词或动词短语连用，如：

（3）此时太太二奶奶都不得闲儿，你<u>回去等我</u>。(《红楼梦》第七回）

（4）（县官）要找个地方歇歇，<u>弄口姜汤喝</u>。(《儿女英雄传》第十一回）

（5）桌上放着一把尖刀，小的就<u>拿起来吓唬他</u>。(《乾隆刑科题本》）

也有三个动词或动词短语连用的情况。如：

（6）两人领命，急忙<u>回山打点行李牲口去</u>了。(《儿女英雄传》第十一回）

（7）古来有个刘宽，为人最是宽宏大量，他尝<u>坐着牛车出门闲走</u>。(《圣谕广训衍》）

四个动词或动词短语连用的用例比较少见，而且其中的一个连动项一定是"来""去"等趋向动词。如：

（8）宝玉见没摔碎，便<u>回身找东西来砸</u>。(《红楼梦》第二十九回）

（9）如今两下里一挤，他响也不敢响，只有一句一答应的尽着答应，便<u>出去找陆葆安收拾行李马匹去</u>了不提。(《儿女英雄传》第四十回）

连动式在句中主要做谓语，自不用多说，上举例（3）—（8）均做谓语。除做谓语之外，连动式还可以做主语或话题。如：

（10）你要找时，<u>从这边绕到后街上后门上去问</u>就是了。(《红楼梦》第六回）

（11）不许说话，<u>上炕看着那包袱要紧</u>！(《儿女英雄传》第六回）

（12）来了的时候，<u>捆起来屁股上重重的打一顿</u>才好。(《清文指要》）

做宾语。如：

---

① 刘丹青（2017）认为，"现代汉语动结式和动趋式虽然语源上来自连动式，但是在共时层面早已裂变为无关的句法构式，由很不相同的一系列句法规则来生成，受到很不相同的句法条件制约，由此证明它们在母语人的句法（构式）库藏中已经分置于不同的仓位，无法再归入同一大类的构式。"本文同意这一观点，所以本文的连动式也不包括动结式和动趋式。

（13）谁知王夫人不在上房，问丫鬟们时，方知往薛姨妈那边闲话去了。(《红楼梦》第七回)

（14）小的心里一时气急，原想扎死他出气，就说："扎死你，给你偿命吧。"(《乾隆朝刑科题本》)

做定语。如：

（15）(平儿)忽见上回来打抽丰的那刘姥姥和板儿又来了，坐在那边屋里，……(《红楼梦》第三十九回)

（16）客人，你问的可是那承办高家堰堤工冤枉被参的安太老爷的家眷么？(《儿女英雄传》第十一回)

做补语。如：

（17）秋纹道："他倒是赢的。谁知李老奶奶来了，混输了，他气的睡去了。"(《红楼梦》第十九回)

（18）安公子急的摇头道："不曾，不曾，我并不曾定下亲事。"(《儿女英雄传》第九回)

2.2　语义类型

Bisang（2009）认为"表达单一事件"是各个连动语言的唯一共同特征。刘丹青（2015）也认为连动式与并列结构和主从结构最主要的区别是"连动式几个动词连用表示的是单一事件"，"其中的不同动词，只能表示一个宏事件中的组成部分，不能独立表达一个事件"。如：

（19）刚带着人到后楼上找缎子，找了这半日，也并没有见昨日太太说的那样的，想是太太记错了？(《红楼梦》第三回)

（20）等我砍死那贼头儿做肉馅子喫纔好。(《语言自迩集·秀才求婚》)

例（19）中的"带着人""到后楼上""找缎子"都不是孤立的动作，而是找缎子这一事件（宏事件）的表现，"带着人"是找缎子的方式，"到后楼上"是找缎子的地点，也就是说，"带着人""到后楼上""找缎子"这些动作（微事件）共同组成一个宏事件，缺一不可。例（20）表达的是"砍死贼头儿"这个单一事件，其中包含若干动作行为——"砍死那贼头儿""做肉馅子""喫"，每个动作行为都不是孤立的，和其他微事件紧密相连。除了动作行为的事件顺序（先砍死贼头儿，然后做肉馅子）之外，还有方式（以砍死的贼头儿做肉馅子）、目的（做肉馅子为了吃）的语义关系。

也就是说，连动式虽然表达单一事件，但连动式的前后 VP 间往往还存在多种语义关系，主要有：

2.2.1　行为＋目的

（21）惜春笑道："我这里正和智能儿说，我明儿也剃了头同他作姑子去呢，可

巧又送了花儿来；若剃了头，可把这花儿戴在那里呢？"（《红楼梦》第七回）

（22）傻狗先下了牲口，拢住那个骡子骂道："不填还人的东西！等着今儿晚上宰了你吃肉。"（《儿女英雄传》第五回）

（23）人家的牛吃了他的田苗，他并不恼他，把牛拴在树下，拿草与牛吃。（《圣谕广训衍》）

上举各例中的 VP_2，均表示 VP_1 动作行为的目的。如例（21）中"剃了头"的目的是"同智能儿作姑子去"；例（22）中的"宰了你（骡子）"是为了"吃肉"；等等。

2.2.2　方式＋行为

（24）二奶奶说："大远的，难为他扛了那些沉东西来，晚了就住一夜明儿再去。"（《红楼梦》第三十九回）

（25）新年下，安老爷、安太太把家中年事一过，便带了公子进城。（《儿女英雄传》第一回）

（26）等到客一散，就抓了个枕头，穿着浑身的衣裳睡着了。（《语言自迩集·谈论篇》）

（27）地上放有一把尖刀，李士铎手拿木棍站在旁边。（《乾隆朝刑科题本》）

上举各例中的 VP_1 均为 VP_2 所表示的动作行为的方式。如例（24）中以"扛了那些沉东西"的方式"来"；例（27）中以"拿着木棍"的方式"站在旁边"；等等。

2.2.3　方式＋目的

（28）我正要拉你去一同作耍，你倒捏住我说这云端里的梦话。（《儿女英雄传》缘起首回）

（29）你辛辛苦苦的挣钱养活着他，他还说长道短。（《圣谕广训衍》）

（30）咱们各自睡罢，轮着班起来勤些喂马。（《老乞大新释》）

上举这种"方式＋目的"的例句，VP_1 和 VP_2 不分主次，VP_1 为 VP_2 动作行为的方式，同时 VP_2 也为 VP_1 动作行为的目的。如例（28）"拉你"的目的是"去一同作耍"，同时"去一同作耍"是以"拉你"的方式实现的。例（29）"辛辛苦苦的挣钱"是为了"养活着他"，而如何"养活着他"？是靠"辛辛苦苦的挣钱"的方式来养活的。

2.2.4　原因＋结果

（31）两人鬼鬼祟祟的，不知说什么。必是说我病了不出去。（《红楼梦》第五十二回）

（32）他一时躲不及，两只手赶紧往怀里一捂，却是怕碰了他的肚子伤了胎气。（《儿女英雄传》第三十一回）

（33）前年我吃错了药几乎伤了命。（《清文指要》）

上举各例中的 VP_1 为原因，VP_2 表示由于 VP_1 所造成的结果。如例（31）"不出去"的原因是"我病了";例(33)因为"吃错了药",所以造成"几乎伤了命"这种严重的后果。

2.2.5 先后发生的动作

清代汉语的连动式还可以表示先后发生的动作。连动式的一个突出特点是语序非常重要,动作行为的先后次序是固定的,而且每个动作行为之间不采用任何语法标记,只靠连动式内部的语序来表示。如:

(34)袭人忙趁众奶娘丫鬟不在旁时,另取出一件中衣来与宝玉换上。(《红楼梦》第六回)

(35)进门行了两步,那女子意思,要把他扶到靠排插的这张春凳上歇下。(《儿女英雄传》第六回)

(36)又把这个法律写出来悬挂在各城门上。(《圣谕广训衍》)

(37)我在家里喫了出来的。(《语言自迩集·谈论篇》)

例(34)一定是先"取出一件中衣来",再"与宝玉换上"。例(36)是先"把这个法律写出来",然后"悬挂在各城门上"。

以上讨论的连动式均为两个连动项,需要指出的是,如果连动项不止两个,那么各连动项之间不限于一种语义关系,而是以上不同语义关系的组合。如:

(38)那尤氏一见了凤姐,必先笑嘲一阵,一手携了宝玉同入上房来归坐。(《红楼梦》第七回)

(39)秃子说:"别管那些,咱们踹开门进去瞧瞧。"(《儿女英雄传》第六回)

(40)莺莺带着红娘过来给张生送行。(《语言自迩集·秀才求婚》)

例(38)有四个连动项,其中"携了宝玉"为后面几个动词短语的方式,"同入上房来归坐"则是先后发生的动作。例(39)"踹开门"是"进去"的方式,而"瞧瞧"是"进去"的目的。同样,例(40)的"带着红娘"是莺莺"过来"的方式,而"过来"的目的是"给张生送行"。

2.3 共享论元的情况

2.3.1 主语共享

论元共享,指连动式的几个动词拥有共同的论元。其中汉语连动式,几个动词或动词短语共享主语是一种常态。上举所有连动式的例句中,均为共享主语。① 但在个别情况下,连动式的两个 VP 可以存在两个主语。如:

(41)收拾应念的书籍,一齐拿过来我看看,亲自送他到家学里去。(《红楼梦》第八十一回)

---

① 兼语式中两个动词不共享主语,VP_1 的宾语是 VP_2 的主语,但本文关于连动式的研究,不涉及兼语式。

（42）一时薛林二人也吃完了饭，又酽酽的沏上茶来大家吃了。（《红楼梦》第八十一回）

（43）（舅太太）回来又掉着样儿弄两样可吃的家常菜他吃，也叫他跟着抓挠。（《儿女英雄传》第二十四回）

（44）你先弄点儿东西我喫。（《语言自迩集·秀才求婚》）

例（41）—（44）中 VP$_2$ 的主语"我""大家""他"之前疑似省略了"给"，该类句式还有待于进一步考察。

2.3.2 宾语共享

下面再看连动式宾语论元的共享情况。在连动式中，如果几个动词的宾语相同（即几个动词共享同一个宾语）时，则宾语只出现一次（位于 V$_1$ 之后，V$_2$、V$_3$ 等后面的宾语必须删除）。如：

（45）众人正笑，抬头见他来了，便都争着要诗看 [ ]。（《红楼梦》第四十八回）

（46）我黑金刚从今洗手不干，我便向山寨里接了母亲，找个安稳地方，那怕耕种刨锄，向老天讨碗饭吃 [ ]，也叫我那老妈安乐几日，再不当这强盗了！（《儿女英雄传》第二十一回）

（47）说着就上庙门口儿去，可巧有人挑着一挑子西瓜卖 [ ] 呢。（《语言自迩集·秀才求婚》）

（48）这么，咱们买些烧饼，炒些肉吃 [ ] 罢。（《重刊老乞大》）

例（45）中的 V$_1$"要"和 V$_2$"看"共享宾语"诗"，V$_2$"看"后的宾语必须删除。例（47）中 V$_1$"挑着"与 V$_2$"卖"共享宾语"（一挑子）西瓜"，V$_2$"卖"后的宾语必须删除。

少数情况下，宾语位于动词之后。如：

（49）后来遇着施世纶施按院放了漕运总督，收了无数的绿林好汉，查拿海寇，这几个人既在水面上安身不牢，又不肯改邪归正跟随施按院，便改了旱路营生。（《儿女英雄传》第二十一回）

（50）喻租辉捏写收字，不肯承认。（《嘉庆朝刑科题本》）

但这种情况已经非常少见，并不是清代连动式常用的格式。而且宾语前面的两个动词仅限于单音节动词，如例（49）的"查"和"拿"、例（50）的"捏"和"写"，使用的范围非常有限。

如果连动式中几个动词的宾语不同，则无须共享宾语论元，每个动词可以带不同的宾语。如：

（51）二则我们这些人常回老太太的话去，可不叫着名字回话，难道也称"爷"？（《红楼梦》第五十二回）

（52）范全拾起一块石头掷伤小的右眉。（《乾隆朝刑科题本》）

（53）不可暗地里私自积趱银子钱疼自己的老婆孩子，不顾着父母。（《圣谕广训衍》）

例（51）VP₁"叫着名字"与VP₂"回话"分别带宾语"名字"和"话"，例（52）的"拾起一块石头"与"掷伤小的右眉"和例（53）的"积趱银子钱"与"疼自己的老婆孩子"均带不同的宾语。

2.4 带"了、着、过"等体标记的情况

清代汉语连动式带体标记的情况比较复杂：连动式的各个连动项可以带不同的体标记；假如只带一个体标记，则其语义可以覆盖所有VP，也可以只管辖单个动词。现分别考察如下：

2.4.1 带不同的体标记

（54）殊不知古来并没有个洛神，那原是曹子建的谎话，谁知这起愚人就塑了像供着。（《红楼梦》第四十三回）

（55）公子擦着眼泪低头想了一想。（《儿女英雄传》第三回）

（56）小的闪开，夺过柴棍打了黄氏囟门一下。（《嘉庆朝刑科题本》）

例（54）中的前后连动项分别带完整体标记"了"和持续体标记"着"。例（56）的连动项分别带经历体标记"过"和完整体标记"了"。

2.4.2 各连动项除了带不同的体标记之外，还可以带相同的体标记。如：

（57）安太太便问道："亲家，你这样早就吃了饭来了么？"（《儿女英雄传》第二十四回）

（58）见那富豪的乡党，我若有时借了他的东西救了自己的急事，便当依期速还。（《圣谕广训衍》）

（59）你的意思我却知道，守着舅舅姨爹住着，未免拘紧了你，不如你各自住着，好任意施为。（《红楼梦》第四回）

（60）你们带着你们的儿子等着吃，我们各人带着我们各人的女孩儿张罗我们的，不用姑老爷管。（《儿女英雄传》第三十七回）

例（57）（58）中的VP₁和VP₂都带完整体标记"了"；例（59）（60）中的VP₁和VP₂都带持续体标记"着"。

2.4.3 单独带体标记"了""着""过"有两种情况，一种是体标记的语义可以覆盖全句各连动项。如：

（61）贾蓉喜的眉开眼笑，说："我亲自带了人拿去，别由他们乱碰。"说着便起身出去了。（《红楼梦》第六回）

（62）那华忠应了一声进来，只见他脸上发青，摸了摸，手足冰冷，连说话都

没些气力。(《儿女英雄传》第三回)

(63) 鸳鸯无法，只得命人满斟了一大杯，刘姥姥两手捧着喝。(《红楼梦》第四十一回)

(64) 偏这日一早，袭人的母亲又亲来回过贾母，接袭人家去吃年茶，晚间才得回来。(《红楼梦》第十九回)

例(61)(62)的完整体标记"了"分别位于VP$_2$和VP$_1$之后，但它在语义上都是管辖整个连动结构。例(63)的持续体标记"着"和例(64)经历体标记"过"的也是同样的作用。

另一种是语义上只管辖本VP。如：

(65) 这个当儿，恰好那跑堂儿的提了开水壶来沏茶，公子便自己起来倒了一碗，放在桌子上晾着。(《儿女英雄传》第四回)

(66) 父亲夺过木棍想要还打。(《嘉庆朝刑科题本》)

例(65)的持续体标记"着"只管辖VP$_2$"晾着"，"放在桌上"是已经完成了的动作，并非持续体。例(66)的经历体标记"过"只管辖VP$_1$"夺过木棍"，"想要还打"表示将要发生的动作，与经历体没有关系。

2.5 带状语的情况

清代汉语连动式带状语的情况与带体标记类似，状语可以统管整个连动式，也可以只管辖单独的连动项。现分别举例如下：

2.5.1 状语统管整个连动式

(67) 周瑞家的轻轻掀帘进去，见王夫人和薛姨妈长篇大套的说些家务人情等语。(《红楼梦》第七回)

(68) (那跟来的店伙)忙忙的在店门口要了两张饼吃了，就要回去。(《儿女英雄传》第四回)

(69) 小的怕关丙有受伤，连忙赶上夺过扁担。(《嘉庆朝刑科题本》)

例(67)的"轻轻"不仅修饰"掀帘"，也修饰"进去"；例(68)"忙忙的"也同时修饰"要了两张饼"和"吃了"；例(69)的"连忙"也是如此，既修饰"赶上"，也修饰"夺过扁担"。

2.5.2 状语只管辖单独的连动项

(70) 我爱吃的，听见姑娘也爱吃，连忙干干净净收着等姑娘吃。(《红楼梦》第二十八回)

(71) 说着，站起来，拿公子那把壶，满满的斟了一盅送过去。(《儿女英雄传》第五回)

（72）张生蹑手蹑脚儿的爬上墙去偷著看，原来是莺莺在树底下烧香呢。(《语言自迩集·秀才求婚》)

（73）当下二人商定，便站起身来摇头晃脑的走了。(《儿女英雄传》第四回)

（74）这个地方儿很凉快，咱们进去略歇一歇儿。(《语言自迩集·谈论篇》)

例（70）—（72）的状语只修饰第一个连动项。如（70）的"干干净净"只是修饰 VP_1 "收着"，与"等姑娘吃"没有关系，例（71）的"满满的"只修饰"斟了一盅"，例（72）的"蹑手蹑脚儿的"只修饰"爬上墙"。例（73）（74）的状语则修饰 VP_2。如例（73）的"摇头晃脑的"只修饰"走了"，与"站起身来"没有关系，例（74）的"略"只修饰 VP_2 "歇一歇儿"。

2.6 连动式的否定式

连动式的否定式，可以用否定词"不""没""没有"否定。否定词位于整个连动式之前，对其进行否定。如：

（75）那女子也不去搪他，连忙把身子闪在一旁，拔出刀来，单臂抡开，(《儿女英雄传》第六回)

（76）薛姨妈道："我这几天连日忙，总没来瞧瞧宝玉和他。所以今儿瞧他二个，都也好了。"(《红楼梦》第五十七回)

（77）小的因田粮一钱二分五厘六毫、秋米六合二勺，仍在小的家郑淑仪户下完纳，并没推入始祖户内核计。(《嘉庆朝刑科题本》)

（78）史姑娘放定的事，他家没有来请咱们，咱们也不用通知。(《红楼梦》第九十七回)

（79）这孩子比苏蕙芳更强，可惜我没有带结票子来赏他，或他得了钱就巴结我，也未可知。(《品花宝鉴》第三十六回)

如果是表示动作先后顺序或"原因+结果"的连动式，可以对 VP_2 进行否定。如：

（80）随后晴雯赶来骂道："我看你这小蹄子往那里去，输了不叫打。宝玉不在家，我看你有谁来救你。"(《红楼梦》第六十四回)

（81）到了店里不吃他们的饭，他们愿意么？(《语言自迩集·问答章》)

（82）——你给了没给呢？——我看着价钱多了一点儿没给。(同上)

"肯定—否定"小类

除上举否定式之外，连动式还有一个小类是从肯定和否定两方面去说明一件事。如：

（83）一时黛玉走了，他还站着不动，因而赶上来说道："你也不带了扇子去，亏我看见，赶了送来。"(《红楼梦》第三十二回)

（84）贾母叹道："这孩子太老实了。你没有陈设，何妨和你姨娘要些。我也不

理论,也没想到,你们的东西自然在家里没带了来。"(《红楼梦》第四十回)

(85)张金凤双关紧抱,把脸靠住了那姑娘的腿,赖住不动,说:"要姐姐说了不去,我才起来。"(《儿女英雄传》第九回)

(86)只得重利借了钱来,却耽延着不还。(《圣谕广训衍》)

在此类例句中,使用"肯定—否定"连用这种正反两方面的表述是为了语义上互相补充加强。如例(83)从"站着"的瞬间开始,就处于"不动"的状态;例(84)东西"在家里"的状态,即为"没带了来"。"肯定—否定"两部分之间没有主从关系及严格的相继关系,可看作两个并列项。①

三 结语

本文对清代汉语的连动式做了全面细致的考察。清代汉语连动式的主要功能是做谓语,少数情况下也可以做主语或话题、宾语、定语、补语等。语义上,除了表示动作先后顺序之外,还具有行为—目的、方式—行为、方式—目的、原因—结果等多种语义关系。绝大多数情况下连动式共享主语;共享宾语的时候,则宾语只出现一次,位于第一个动词之后,那种宾语位于动词之后的 V_1+V_2+O 结构比较少见,而且 V_1、V_2 仅限于单音节动词。带"了、着、过"等体标记的情况比较复杂,这与体标记自身的特点有关。"不""没""没有"等否定词均可用于连动式的否定式。到清代,现代汉语连动式的面貌已经基本定型。

参考文献

邓思颖 2010 《形式汉语句法学》,上海教育出版社。
丁声树等 1961/1999 《现代汉语语法讲话》,商务印书馆。
高增霞 2006 《现代汉语连动式的语法化视角》,中国档案出版社。
李临定 2011 《现代汉语句型》(增订本),商务印书馆。
李　荣 编译 1952 《北京口语语法》,开明书店。
刘丹青 2015 《汉语及亲邻语言连动式的句法地位和显赫度》,《民族语文》第3期。
刘丹青 2017 《汉语动补式和连动式的库藏裂变》,《语言教学与研究》第2期。
吕冀平 1958 《复杂谓语》,新知识出版社。
史存直 1954 《论递系式和兼语式》,《中国语文》第3期。
杨　红 2020 《明清汉语连动式的特征》,《汉语学报》第4期。

---

① 刘丹青(2015)指出:"这些句子的肯定式和否定式之间不能像典型的并列结构一样换位,也不能加连词,否则很不自然并偏离原意,因此句法上只能属于连动式。"

张　静　1977　《"连动式"和"兼语式"应该取消》,《郑州大学学报》第 4 期。

赵淑华　1990　《连动式中动态助词"了"的位置》,《语言教学与研究》第 1 期。

朱德熙　1982/1999　《语法讲义》,商务印书馆。

朱德熙　1985/1999　《语法答问》,商务印书馆。

Aikhenvald, Alexandra Y.　2006　Serial verb constructions in typological perspective. In Aikhenvald, Alexandra Y. & R. M. W. Dixon (eds.).

Aikhenvald, Alexandra Y. & R. M. W. Dixon (eds.)　2006　*Serial Verb Constructions: A Cross-linguistic Typology*. Oxford University Press.

Bisang, W.　2009　Serial verb constructions. *Language and Linguistics Compass* 3.3: 792–814.

Haspelmath, Martin　2016　The serial verb construction: comparative concept and cross-linguistic generalizations. *Language and Linguistics* 17.3: 291–319.

van Staden, Miriam & Ger P. Reesink　2008　Serial verb constructions in a linguistic area. In Gunter Senft (ed.) *Serial Verb Constructions in Austronesian and Papuan Languages*. Canberra: Pacific Linguistics.

On the Serial Verb Constructions in the Qing Dynasty
CHEN Dandan

Abstract: This paper discusses the serial verb constructions (SVCs) in the Qing dynasty, focusing on SVCs' syntactic distribution, semantic types, arguments shared, how to take the aspect markers "*le, zhe, guo*" and adverbial modifiers, and the negation of SVCs, hoping to restore a systematic and integrated understanding of the serial verb constructions in the Qing dynasty.

Key words: Chinese in the Qing dynasty, serial verb constructions, negation

（陈丹丹　中国社会科学院语言研究所　100732）

指物名词"东西"来源与形成新探*

冯 赫

提 要 有关指物名词"东西"来源的讨论很多,但至今仍无确论。指物名词"东西"来源于空间意义的"东西",由空间意义的"东西"变化为指物名词是基于空间有界性的转指。四字式与句子内的"东""西"对称或"东西"组合表示事物,是"有界空间→空间存在"转指促动的重新识解,说明"东西"表示空间与表示事物之间具有来源关系。从唐五代开始"东""西"对称或"东西"组合就表示抽象事物,但这种基于空间概念的临时用法在当时并未固化为词汇意义。宋代以后"东西"指称物品等实体,成为典型的指物名词。指称事物用"东西"而不用"南北",与概念显著性有关。

关键词 指物名词 东西 转指 概念显著性

在现代汉语里,"东西"是一个常用的指称事物的名词。《现代汉语词典》(第7版)分为两个义项:"①泛指各种具体的或抽象的事物:他买~去了│雾很大,十几步以外的~就看不见了│语言这~,不是随便可以学好的,非下苦功不可│咱们写~要用普通话。②特指人或动物(多含厌恶或喜爱的感情):老~│笨~│这小~真可爱。"为表述方便,本文简称为指物名词"东西"。"东西"为什么能指称事物,指物名词"东西"从何而来,类似的问题广受学界关注且争议颇多。我们在研究汉语方位词历时变化时,发现指物名词"东西"的确是由表空间方位义的"东西"变化而来,而"东西"由空间义名词变为指物名词涉及一系列语言学问题。因此,本文就指物名词"东西"的来源与形成进行讨论。

一 "东西"指物来源诸说述要

关于指物名词"东西"的来源,历来有各种不同的意见,如"春始秋成""东京西京""东市西市""四方约言""东洋西洋""古人习俗"等,值得重视的观点主要有以下三种。

---

* 国家社科基金重大项目"类型学视角下的明清汉语语法研究"(15ZDB098)阶段性成果。谨以此文恭贺恩师曹广顺先生七秩华诞!

一是辞书系的观点,认为"物产于四方,约言之曰东西"。《辞源》(修订本):"物产于四方,约言之曰东西,犹记四季而约言春秋。《南齐书·豫章王嶷传》:'上曰:百年复何可得,止得东西一百,于事亦济。'唐大中二年正月制:'所在逃户见在桑田屋宇等,多是暂时东西,便被邻人与所由等计会推去代纳税钱,悉将斫伐折毁。'(《文献通考》十《户口》一引)皆指产业而言。后来泛指物什为东西","也用作对人和物的厌恶或喜爱之词"。《辞源》第三版对指物名词"东西"的解释大同小异。①《汉语大词典》的解释与《辞源》近似,只是把《辞源》作为一个义项的内容分为两个义项,即:义项⑥"物产于四方,约言之曰东西。古代亦以指产业","后泛指具体或抽象的事物";义项⑦"特指人或动物(含爱、憎感情)"。

第二种观点认为,"东西"指物起源于古代区域贸易,如唐代的"东市西市"、宋代的两都等。郑张尚芳(2007、2019)等赞同这类观点,认为:唐代已有东市西市,"东西"指物来自东市西市比其他的说法更为合理;基于宋代语料的"东西市""东西行"等,又推测指物名词"东西"是宋代两都贸易扩散而来的。

第三种观点认为,指物名词"东西"来源于表示方位的"东西"(参看徐时仪2010、杨琳2012等)。辞书系的意见已经涉及指物名词与方位词"东西"的联系,但是并没有明确指物的"东西"来源于表方位的"东西",因此第三种观点可以说是辞书系观点的发展。②

根据对汉语方位词历时演变的研究,我们认为指物名词"东西"的确来源于空间义的"东西"。本文在语言材料调查的基础上,尝试梳理指物名词"东西"与空间词"东西"的关系,分析说明空间义的"东西"为什么能够以及是怎样变化为指物名词的。

二 指称物品的"东西"

我们把指称物品(物件类无生命实体)的"东西"看作典型的指物名词。根据语料调查,这类"东西"大约在宋代出现,明清以后成为通语里的常用词。

---

① 辞书系的这种观点已见于清人著述。清代翟灏《通俗编·器用》:"物产四方而约言东西,正犹史记四时而约言春秋耳。"梁章钜《浪迹续谈》卷七有同样的说法:"通行之语,……谓物为东西,物产四方而后举东西,犹史记四时而后举春秋耳。"所引《南齐书》《文献通考》的例子都不是典型的指物名词,参看周一良(1997:294)、徐时仪(2010)、杨琳(2012)。《唐会要·逃户》等文献里"多是暂时东西"的"东西"是方位词用作动词,不是指物名词。

② 另外还有与五行相关的说法,蒋绍愚(2017:342)对此提出了批评,蒋先生指出:"至于说以'东西'称物件是因为'东方木西方金,皆有形质可以执持,与南方火北方水不同'(《谈征》),或以为'南为火北为水,水火至足无待交易,故言东西'(杨复吉《梦兰琐笔》),则更是牵强附会。"

2.1 指无生命物

"东西"指无生命的物品或物什,是典型的指物名词。例如:①

(1)凡顾倩人力及干当人,……俱各有行老引领,如有逃闪,将带**东西**,有元地脚保识人前去跟寻。(吴自牧《梦粱录》卷十九《雇觅人力》)

(2)临刑,其子市北饭以进。佑叱曰:"此岂是吾吃底**东西**,亟将去!"复市南饭以进,饭讫临刑。(南宋佚名《昭忠录·密佑都统制》)

(3)官人每可怜见,俺穷人家有甚末**东西**去!(元刊杂剧《薛仁贵衣锦还乡》第四折)

(4)应有**东西**共财宝,一星星不落半分毫!(元刊杂剧《张鼎智勘魔合罗》第二折)

(5)别人**东西**休爱者,别人折针也休拿者。(原刊《老乞大》)

(6)我又无甚好**东西**,他偷我个甚的?(朱有燉《豹子和尚自还俗》)

(7)王家的**东西**都是好的不成?(《红楼梦》第六回)

(8)这一宗**东西**,家常不大做。(《红楼梦》第三十五回)

指物的"东西"可以重叠为 AABB 式,包含主观上认为"琐碎""微末"之类嫌弃或轻视的情绪。例如:

(9)我这里有机会,少不得打发人去叫你,没有事也没法儿,不在乎这些**东东西西**上的。(《红楼梦》第八十八回)

重叠式的"东东西西"至少在现代北方话里仍然使用(有时两个"西"字都儿化,可表达认为精巧或可爱的主观态度)。

2.2 指人或者动物

"东西"指人或者动物,包含言者主观上憎恶、鄙视以及嗔怪、自嫌等情态,元明、尤其是清代以后汉语里常见。这一类是典型指物名词"东西"的语用扩展。例如:

(10)满城里没你这般歹**东西**,我死了休想你送寒衣!(元刊杂剧《薛仁贵衣锦还乡》第三折)

---

① 参看本文第 3 节(指物名词"东西"来源于空间意义的"东西")。例(1)(2)引自杨琳(2010),杨文认为:"东西"指任何事物唐代已见端倪,至五代两宋才真正确立。不过据杨文所举,似乎还不能认定唐五代已经有典型指物名词"东西"的确凿例证。如以下唐五代至宋代的例子,都不是典型的指物用法:

(a)中间或有兄弟房从及至姻亲忏悔称为主记者,一仰舍主宋欺忠及妻男临近稳便买舍充替,更不许异语东西。(敦煌文献 P. 3331)

(b)或留通身东西,仰兄留庆、弟盈达等出面填还,更不许道说东西。(敦煌文献 P. 3472)

(c)要且祗顾目前不防脚下,或有个不识好恶、不问东西底汉,出来便掀倒禅床。(南宋宗法、集成等编《宏智禅师广录》卷三《真州长芦觉和尚拈古》)

(d)垂髫已识东西事,回首宛如前后身。(北宋刘攽《灯夕都下》)

（11）这东西不是个人，我领回打他！（《歧路灯》第二十九回）

（12）这东西姓赵，名子叫碰儿，外号叫打路鬼。（《歧路灯》第四十九回）

（13）可是说的，"侯门深似海"，我是个什么东西，他家人又不认得我，我去了也是白去的。（《红楼梦》第六回）

（14）癞蛤蟆想吃天鹅肉，没人伦的混账东西，起这样念头，叫他不得好死！（《红楼梦》第十一回）

（15）只和你宝叔在一处，别跟着那些不长进的东西们学。（《红楼梦》第八回）

（16）见宝玉进来，连忙站起来，笑道："晴雯这东西编派我什么呢。"（《红楼梦》第六十四回）

（17）倒误把那个狼心狗肺的东西当作好人。（《儿女英雄传》第八回）

（18）傻狗先下了牲口，拢住那个骡子骂道："不填还人的东西，等着今儿晚上宰了你吃肉！"（《儿女英雄传》第五回）

以上除例（18）"东西"指牲畜，其他各例都指人。"东西"指人或动物通常包含言者主观情感的表达，除例（13）（16）分别带有自嫌、嗔怪的情绪外，其他各例都包含憎恶或鄙视的态度。"东西"由指无生物到指人的变化是一种隐喻：人而不像人，就是"东西"（物类）。即使"东西"指牲畜，仍包含言者的负面情绪。在现代汉语里，指动物或者人而含有喜爱或憎恨的感情色彩时，往往在"东西"上附加别的语素（或标记），如表厌恶用大称的"老"、表亲昵用小称的"小"或者儿化等。例如：

（19）看那个老东西的脸，老像叫人给打肿了似的。（老舍《二马》）

（20）天啊！叫我怎么养活呵——这个小东西？（贺敬之《放声歌唱》）

在现代汉语早期，"儿"标记在书面语里有时不一定能得到完整的呈现。例如：

（21）墨锭儿似的东西，可是个白耳挝儿、白眼圈儿、白胸脯儿、白肚囊儿、白尾巴梢儿！（《儿女英雄传》第四回）

例（21）包含喜爱的态度，按照这个例子与语义相配的"儿"标记的使用情况（墨锭儿、白耳挝儿、白眼圈儿、白胸脯儿、白肚囊儿、白尾巴梢儿），"墨锭儿似的东西"也应该是"墨锭儿似的东西儿"，不过"东西儿"的儿化在书面形式上没有出现。

综合来看，在特定语境之中使用原本指无生命物体的名词表示有生命的存在（人或动物），是一种语言形式上的降格或降级指称，反映了言者对所指的负面情绪。降格指称指他人或他物往往包含憎恶、鄙视甚至愤恨等，指己则属于自我贬抑，即使某些情况下可能有喜爱、怜悯等正面感情，也几乎不可避免地隐含着认为"次要""弱小"等消极意义。

三 指物名词"东西"来源于空间意义的"东西"

上文提到,指物名词"东西"的来源与形成,是汉语历史研究领域的一个难点,历来有各种不同的意见,本文认为指物名词"东西"的确来自空间义的"东西"。语料调查显示,唐五代以后,表示空间义的"东""西"对称以及"东西"组合可以表示事物,由此能够看出指物名词"东西"与空间义"东西"之间的源流关系。

3.1 "东""西"对称表示事物

"东""西"对称表示事物,是指"东""西"既间隔又照应地用于短语(主要是四字式)或句式中表示事物。根据语料调查,这类"东""西"大多表示包括言论、事理在内的抽象事物。例如:

(22) 言词相毁,**道西说东**。(《敦煌变文·茶酒论》)①

(23) 读书且要逐处沉潜,次第理会,不要班班剥剥,**指东摘西**,都不济事。(《朱子语类》卷八十一)

(24) 如今须是把得圣贤言语,凑得成常俗言语方是,不要**引东引西**。(《朱子语类》卷一百二十)

(25) 未能如此,只管说**种东种西**,其实种得甚么物事!(《朱子语类》卷八十四)

(26) 少间遇事做得一边,又不知那一边;**见得东,遗却西**。(《朱子语类》卷六十)

(27) 如天下事,**一个人说东,一个说西**。自家便把东西来斟酌,看中在那里。(《朱子语类》卷六十三)

(28) **合说东,却说西**,合说这里,自说那里,都是将自家偏曲底心求古人意。(《朱子语类》卷一百二十五)

例(22)—(25)是对称四字式,除例(22)由于押韵制约是"V 西 V 东"外,其他都是"V 东 V 西",从意义上看,其中的"东""西"不表示空间方位而表示事物:例(25)"东""西"指作物,其他几例"东""西"表示言辞、事理等抽象事物。例(26)—(28)是"V 东,V 西"对称句,其中的"东""西"也不表示空间方位而是表示言语等

---

① 敦煌变文这个例子的"西—东",本应是"东—西",倒序为"西—东"是为了押韵。《茶酒论》原文:"阿你两个,何用忿忿?阿谁许你,各拟论功!言词相毁,道西说东。人生四大,地水火风。""东"与"忿、功、风"及下文"容、咙、宗、凶、通、龙、中、从"等押韵。

非具象事物。不仅如此,由"东""西"与其他方位语素构成的复合空间词,在对称句里也同样可以表示事物。例如:

(29)这事理会得,那事又理会不得;理会得**东边**,又不理会得**西边**。(《朱子语类》卷六十)

(30)扶得**东边**,倒了**西边**;知得这里,忘了那里。(《朱子语类》卷一百三十一)

"东边""西边"本来都是空间义的复合词,但是在例(29)(30)里,与四字式及句子里对称的"东""西"一样,都可以理解为表示或喻指抽象事物。需要提出的还有,以上四字式与句子内的"东""西"等表示事物有强制条件,就是不能单用"东"或"西",两者必须配合出现。另一方面,由于这类对称使用的"东""西"仍然是分用而不是一个组合,因此只能分别指事物的某方面或物类的部分个体。

3.2 "东西"组合表示事物

从形式上看,典型的指物名词无疑都是组合式的"东西"。这里重点讨论的是比典型指物名词"东西"出现时代早、表示抽象事物的"东西"。这一类虽然是组合式的"东西",但与四字式或句子里对称的"东""西"有直接关联。对称结构中的"东""西"构成形式上配对的"东西",就有了表示事物整体概念的条件。例如:

(31)问之朝廷事,略不知**东西**。(韩愈《南内朝贺归呈同官》)

(32)年才长大,稍会**东西**,不然遣学经营,或即令习文笔。(《敦煌变文·维摩诘经讲经文》)

(33)谁知渐识会**东西**,时把父娘生毁辱。(《敦煌变文·父母恩重经讲经文》)

(34)永嘉之学只是要立新巧之说,少间指摘**东西**,斗凑零碎,便立说去。(《朱子语类》卷八十)

(35)乐意开怀虽恁地,也省可里不记**东西**。(元刊杂剧《闺怨佳人拜月亭》第一折)

例(31)—(35)的"东西"表示事情或道理:"略不知东西"意思是"什么事情都不知道","稍会东西""渐识会东西"即"多少明白事理""逐渐明白道理","不记东西"是说"不记得事情","指摘东西"是说"引述、褒贬(他人的)不同观点或理论"。以上的"东西"与四字式对称的"东""西"都有可转化关系:当四字式"V东V西"的"V东"与"V西"在语义上是互补关系时,动词项合并变为"V东西"。例如,例(23)"指东摘西",在例(34)里就是"指摘东西"。同样的道理,例(24)"引东引西"、例(25)"种东种西"也可以变为"引东西"和"种东西",这样就形成了表示事物(或范畴)整体概念的"东西"。

"事物"范畴包括实体的和抽象的,如果说上文例(1)—(21)的"东西"无论指无生命的物品还是有生命的人或动物都属于具形实体，那么例（22）—（35）这类早见于唐五代的四字式和句子内对称的"东""西"以及"东西"组合，则大多指称事理、言语等非具象的事物。进一步来看，以上例（22）—（28）"东""西"或者例（31）—（35）"东西"虽然表示事物，但都还可以按（比较抽象的）空间意义来识解（参照例（29）（30）"东边""西边"），说明指事物与指空间方位的"东西"具有内在联系。这类"东""西"或"东西"往往与认识或言辞义动词搭配，如"指东摘西""引东引西""见得东，遗却西""一个人说东，一个说西"以及"稍会东西""指摘东西""不记东西"等，又使得空间识解受到一定的抑制，凸显了表示非具象事物或抽象事理的临时意义。

以上分析显示，四字式或句子里对称的"东""西"与组合的"东西"与空间概念存在联系，虽然转指事物具有泛指、非具体的特点，但能够证明指物名词"东西"来源于空间意义的"东西"。

四　指物名词"东西"形成的因素

既然指物的"东西"来源于表示空间意义的"东西"，需要进一步探索的问题是：空间义的"东西"为什么可以表示事物？指物为什么用"东西"而不用"南北"？

4.1　空间义的"东西"为什么能够变为指物名词？

"东""西"分用与"东西"组合表示事物的认知基础是空间及其衍生概念的有界性。如上文所述，在表示事物的范围内，四字式或句内"东""西"必须是对应或组合形式的：因为事物概念的有界性，"东""西"对称或者"东西"配对构成概念的边界才能指称事物。此外，对称使用的"东""西"虽然可以表示事物，但由于二者分用，所以只分别表示事物的一方面或一部分而不能表示事物的整体，其中任何一方不具备指物的功能。与"东""西"对称分用不同，"东西"并列组合符合有界特征，所以能够表示事物（或范畴）的整体，是形式（词形）与概念（意义）两方面的完形适配。

四字式与句内对称的"东""西"以及"东西"组合基于有界性表示事物，"东""西"对称或"东西"组合本来表示空间或方位，表示事物显然是空间概念转指促动的重新识解。因为在认知上事物被看作是处于特定空间之内的存在，空间方域类似"容器"，事物是其中的容纳物，容器相对于内容而言是显著的、易于感知的，因此表示空间的"东""西"对称或"东西"组合可以通过"容器［空间］→物品［空间存在］"的认知模式转指事物。这种转指促动的重新识解有时可以直接体现在语言结构层面，如上文所举：例（22）"言词相毁，道西说东"，"西""东"指言词；^①例（24）"如今须是把得圣贤言语，凑得成常俗言语方是，不要引东引西"，"东""西"指言语；例（25）"只管说种东种西，其实种得甚么物事"，"东""西"指作物；例（27）"如天下事，一个人说东，一个说西"，"东""西"指事情；等等。下面这个例子能够进一步说明"东西"指称事物是由有界的空间概念变化而来的：

  （36）譬如人治生，也须先理会个屋子安著身己，方始如何经营，如何积累……。为学者不先存此心，虽说要去理会，**东东西西**，都自无安著处。（《朱子语类》卷一百〇四）

乍看起来，例（36）重叠式"东东西西"很像指物名词"东西"的重叠（比较例9"不在乎这些东东西西上"）。实际上，例（36）整段话的内容就是一个隐喻，即用打理生计喻指治学：从怎样为学的角度看，"东东西西"是学问的各方面或头绪，是抽象的事理；从打理生计来说，"东东西西"是屋内的各种物件，是具体的实物。

上文已经说明，唐宋时期四字式与句子内的"东""西"及"东西"组合虽然可以表示事物，但可能只是意义（或概念）上的用法，这类"东""西"或"东西"由空间表示事物是一种临时转指。在唐宋时期，表示抽象事理或非具象事物的用法未能固化为"东""西"或"东西"的词义内涵。宋元以后"东西"组合获得了表示具体事物的意义，成为典型的指物名词。与此相应的另一个问题，就是为什么"东西"表示抽象事物至少在唐宋时期还是临时的转指识解，而表示具体的物品是固化的转指义？这可能与源概念和目标概念的心理联系有关。由空间转指空间存在，抽象的事理或言辞与具体空间的关系相对较虚灵或薄弱，属于具形实体的物品与具体空间的关系相对较实在或紧密，在"空间—空间存在"的认知框架内，占据空间体积的有形实体概念更容易成为固化的词汇意义。因此，表示抽象事物长期停留在"东西"的用法层面上，而指称实物的"东西"首先进入了汉语的历史词库。

---

① 上文提到，例（22）"东—西"倒序为"西—东"是为了押韵。基本方位"东西南北"二分对称时通常说成"东西"或"南北"，而不是"西东"或"北南"。如果"东西"（表示东与西的方位）倒序为"西东"，基本都是文体的特殊需要。例如：

  （a）两心不同，或欲西东。明论终始，莫适所从。（焦赣《易林·随之兑》）
  （b）山壮马力短，马行石齿中。十步九举辔，回环失西东。（孟郊《过分水岭》）
  （c）却从尘外望尘中，无限楼台烟雨蒙。山水照人迷向背，只寻孤塔认东西。（苏轼《虔州八境图》）

例（a）—（c）的"西东"都是受韵文押韵的制约，改变了相对方位词"东西"的次序：例（a）"同、东、从"等押韵，例（b）"中、东"等押韵，例（c）"中、蒙、东"等押韵。

"东西""南北"连用时通常是"东西南北"，假如倒序为"南北东西"，也有文体韵律因素。如下例"南北"在"东西"之前，就是为了押韵（"梯、西"）：

  （d）五天论将三界云梯，卓然真气南北东西。（《祖堂集·伏驮密多尊者》）

4.2 指物为什么用"东西"而不用"南北"?

既然"东""西"对称与"东西"组合指物来自空间概念的转指,那么指物为什么不用"南""北"或"南北"?为什么说"买东西"而不是"买南北"?我们认为,这种选择的决定因素是"东西"与"南北"的概念显著性差异。

概念显著性源于事物(包括现象)在人的认知活动中的受关注程度。一般来说,事物越具象或越具有突出特征,在人的认知活动中的受关注程度就越高。相对的概念(或相对词)的显著性往往是不对称的,即其中之一比较显著,而另一个则相对不显著。汉语基本方位概念"东西南北"早见于殷墟卜辞,基本方位的"东"与"西"相对,"东"比"西"显著,"南"与"北"相对,"南"比"北"显著。在构成综合方位时,相对显著的基本方位在先,如"东南""东北"以及"西南""西北"。相对基本方位的"东"与"西"、"南"与"北"组合为"东西"和"南北","东西"又比"南北"显著。因此,发生"空间方位→空间存在"的转指时,就用对称的"东""西"与组合的"东西"而不用"南""北"或"南北"。①

概念显著性体现在语言里,还包括相对显著的概念涵盖相对不显著的概念。汉语以"东西南北"泛指空间,可代指各方或各处,例如:

(37)吾闻之,古也墓而不坟。今丘也,**东西南北**之人也,不可以弗识也。(《礼记·檀弓上》)

(38)**东西南北**,谁敢宁处?(《左传·襄公二十九年》)

(39)**东西南北**皆欲往,千江隔兮万山阻。(韩愈《感春》)

在"东西南北"里,"东西"与"南北"是相对的方位概念,"东西"较"南北"显著,所以"东西"可以涵盖"南北",泛指"东西南北"的空间概念。例如:

(40)**东西**跳梁,不辟高下。(《庄子·逍遥游》)

(41)避患**东西**,反入祸门。(焦赣《易林·讼之未济》)

(42)我里百余家,世乱各**东西**。(杜甫《无家别》)

(43)**东西**四畔并属你了也。(《祖堂集·灵云和尚》)

因此,受概念显著性支配,在汉语历时变化过程中,表示空间方位的"东西"变为指物名词,而"南北"则没有获得指称物品的用法。

五 结论

汉语典型的指物名词"东西"大约出现于宋代,但在唐五代时期就已经有对称结构

---

① 蒋绍愚先生曾经从"东—西"泛指方位、四方连说、四方分说几个方面分析、论述"东西"比"南北"更为基本。(蒋绍愚 2007)

的"东""西"以及"东西"组合表示非具体事物的例子。指物名词"东西"来源于空间义的"东西","东""西"对称和"东西"组合形成有界的概念，可以转指事物。但是，"东""西"对称使用只能分别表示事物或范畴的某一方面或部分，"东西"组合才能表示事物或范畴的整体概念，后者具备了成为词汇成分的前提。唐五代时期出现的"东""西"或"东西"表示抽象事物只是意义（或概念）上的临时转指，表示具体物品的概念则固化为"东西"的词汇意义，形成了典型的指物名词"东西"。

"东西"表示抽象事物长期处于临时转指的状态，表示具体物品成为固化的转指义，这与认知上源概念与目标概念的心理联系有关。在"空间—空间存在"的认知框架内，有形或具象的物品更容易被感知，与人们的心理距离更近，物品与其存续空间的概念联系更紧密和实在。因此，"东西"表示抽象事物未能较早固化为词义内容，而指称物品的"东西"首先进入了汉语的历史词库。

指称事物用"东西"而不用"南北"，是概念显著性支配的结果。相对概念（或相对词）的显著性经常存在差异或不平衡状态。受概念显著性制约，在汉语的线性序列里，相对显著的概念及相应词语通常在先、相对不显著的居后，而且相对显著的概念可以涵盖相对不显著的概念。汉语历史上往往以"东西南北"泛指整体空间或所有方位，"东西"与"南北"是相互关联的空间概念，"东西"比"南北"显著，"东西"可以涵盖"东西南北"而泛指整体空间。因此，空间意义的"东西"变为指物名词，"南北"则没有发生这一变化。

参考文献

陈　江　1996　《"买东西"考》，《历史研究》第 6 期。
辞源修订组　商务印书馆编辑部　1980　《辞源》，商务印书馆。
汉语大词典编辑委员会　汉语大词典编纂处　1989　《汉语大词典》（第 4 卷），汉语大词典出版社。
何九盈　王　宁　董　琨　主编　2015　《辞源》（上册），商务印书馆。
江蓝生　2000　《近代汉语探源》，商务印书馆。
姜亮夫　1990　《"东西"臆断》，《中国文化》第 2 期。
蒋绍愚　2007　《东西南北》，《语苑撷英》（二），中国大百科出版社。
蒋绍愚　2017　《近代汉语研究概要》，北京大学出版社。
马永康　2007　《"东西"语源：一个模糊而有趣的问题》，《深圳职业技术学院学报》第 4 期。
沈家煊　2015　《不对称与标记论》，商务印书馆。
徐时仪　2010　《"东西"成词及词义演变考》，《汉语学报》第 2 期。
杨　琳　1997　《万物何以称为"东西"》，《文史知识》第 7 期。
杨　琳　2012　《物品称"东西"探源》，《长江学术》第 1 期。
张伯江　方　梅　1996　《汉语功能语法研究》，江西教育出版社。

郑张尚芳　2007　《东西探源三题》,《南阳师范学院学报》第 10 期。
郑张尚芳　2019　《东西为什么叫"东西"？》,《胭脂与焉支——郑张尚芳博客选》,上海教育出版社。
中国社会科学院语言研究所词典编辑室　2016　《现代汉语词典》（第 7 版）,商务印书馆。
周一良　1997　《魏晋南北朝史论集·读书杂识》,北京大学出版社。
Croft, W.　1990　*Typology and Universals*. Cambridge: Cambridge University Press.
Heine, B. & T. Kuteva　2002　*The World Lexicon of Grammaticalization*. Cambridge: Cambridge University Press.
Heine, B., U. Claudi & F. Hünnemeyer　1991　*Grammaticalization: A Conceptual Framework*. Chicago: The University of Chicago Press.

A Study of the Noun "*Dongxi* 东西" Referring to Objects in Chinese
FENG He

Abstract: There has long been a debated and unsettled issue concerning the formation of the noun *dongxi*, which literally means *east and west* but can actually be used to refer to almost anything. The noun *dongxi* referring to (abstract or concrete) things originated from the spatial noun *dongxi* (east and west) by a process of referential extension from bounded space to entities occupying that space, which also involves discontinuous distribution of *dong* (east) and *xi* (west) in phrasal or syntactic structures. We argue that the sense of abstract things of *dongxi* as seen in the literature of the Tang dynasty was not completely entrenched as to become a semantic entry of this noun. By contrast, the sense of goods or articles has been gradually conventionalized as its primary semantic content since the Song dynasty. In addition, the directional combination *nanbei* (south and north) as a parallel form of *dongxi* has not undergone such a process because of its comparative lower conceptual salience.

Key words: nouns referring to objects, *dongxi*, referential extension, conceptual salience

（冯赫　山东大学文学院　250100）

"够"类程度副词的语法化[*]

史金生 李 萍

提 要 "够、相当、至、穷、越、超"等都有程度副词的用法,文章主要以"够"为个案讨论该类程度副词的语法化过程,并着重分析了从"达到"到"程度高"的语法化机制,文章还讨论了与"够"相类似的"有"的一些用法。

关键词 "够"类副词 语法化 机制

一 引 言

"够"可以有动词和副词两种用法。《现代汉语词典》(第7版)"够"的释义:①动数量上可以满足需要:钱够不够? | 老觉得时间不够用 | 这首歌我听多少遍也听不够。②动达到某一标准或某种程度:够格 | 够条件 | 绳子够不够长? ③副表示程度高:天气够冷的 | 这椅子够结实的。程度副词"够"用在形容词性词语的前面,表示"程度高",这一义项是从动词"达到某一标准或程度"的用法发展而来的。在汉语史上,"相当、至、穷、极""超、过、越"等也都经历了类似的演变。

本文首先讨论"够"类程度副词的语法化过程,然后着重分析从"达到"到"程度高"的语法化机制,最后讨论与副词"够"相类似的"有"的一些用法。

二 "够"由动词到副词的演变过程及形式表现

《辞源》释"够"为:聚、多,后称满足为够。《辞海》释"够"为:①聚、多;②足够;③达到。从意义的起源来看,"聚、多"是"够"的本义,由此引申出"满足"("足够")。

(1)繁富夥够,非可单究。(晋《魏都赋》)
(2)许公见骂得够了,方才把莫稽扶起。(元《金玉奴棒打薄情郎》)

---

[*] 本文是国家社科基金项目"基于'行、知、言'三域理论的北京话虚词功能及其演变研究"(项目编号:18BYY180)的阶段性研究成果。

例（1）是"聚、多"的意思，例（2）是"满足"的意思。"够"做谓语、补语，做谓语时也可带宾语。

（3）（末唱）这钱也难买柴薪，不够斋粮，且备茶汤。（元《西厢记杂剧》）

（4）王爷道："那只够他人情的，分外再与他一二百两拿去。"（元《玉堂春落难逢夫》）

（5）你若打得上这个主儿，不但名声好听，也够你一世受用。（同上）

例（3）宾语为名词，例（4）宾语为"的"字短语，例（5）宾语为动词性短语。

"够"作为动词，在元代以后可以用于表数量的词语的前面，表示"达到、有"的意思：

（6）绣鞋儿刚半拆，柳腰儿够一搦，羞答答不肯把头抬，只将鸳枕捱。（元《西厢记杂剧》）

（7）苦、苦！天、天！此愁何日免？镇日思量彀万千遍。（元《西厢记诸宫调》）

（8）不够几日，到了新安县。（元《堪皮靴单证二郎》）

（9）东老注目不瞬，看够多时。（明《二刻拍案惊奇》）

（10）素姐问道："这到那里够多少路呀？"狄周道："也够八九千里。"（清《醒世姻缘传》）

（11）原先也有百万家产，只因公公死了，不够四五年间，三四兄弟破荡得无片瓦根椽。（同上）

"一搦""万千遍""几日""多时""多少路""八九千里""四五年"都是表示不定量的数量（名）短语。

"够"也可用于表示时点的宾语前面：

（12）一看天不早啦，够做饭的时候了，于是进了厨房忙合做饭。（清《小姑毒》）

这里的"够"是"到"的意思，表示到了做饭的时候。

清末民初北京话动词"够"后面带宾语也主要是名词性的，包括名词和"动词＋的""形容词＋的"这样的名词性短语：

（13）那宗不够资格的人，就不必理他了。（清《小蝎子》）

（14）两个眼睛，东瞧西看，不够他使用的。（清《小姑毒》）

（15）关这个豆儿大的钱粮简直的不够喝凉水的。（清《小额》）

（16）他准知道小额这场儿官司厉害，一时半会儿够出来的。（同上）

（17）此公要活到如今不过四十多岁，死的那年整四十，生平的历史，小说真够叙二年的，不必砸浆对水，竟叙实事，就叙不清。（清《忠孝全》）

（18）岳魁磕头道谢，三老爷子长，三老爷子短，叫的震心，说侄儿不孝，（也够了孝的啦）罪该万死！（太谦）三叔一切分心，好在你们老哥儿俩，患难之交，

过的多，谁都救过谁，我也不说什么了。(同上)

例(18)中"够"的后面有动态助词"了"，所以"孝的"还是"的"字短语做宾语。这样的"动词/形容词+的"前的"够"最后发展成了程度副词。

(19)姑娘忙拦他道："算了，够酸的了！"(清《儿女英雄传》)

(20)跟前这样儿子，命也够甜的啦。(清《忠孝全》)

(21)很多地方不够妥当，幸亏堂上各大人研究斟酌，加以增减，才算合宜。(清《曾国藩家书》)

需要注意的是，清末民初时"够"带宾语有两种特殊的用法，一是"够"带宾语后还可以受"很"的修饰：

(22)从此断绝关系，岳魁犯了几天腿疼，也就好啦，在丈母娘家住了半年多，吃了个吐天哇地，人家且心里腻烦，虽然没说什么，神气也很够瞧的。(清《忠孝全》)

(23)张四说："现在倒有一个人，很够这个资格。"(同上)

二是宾语为"多么(们)A"构成"够多么(们)A"格式：

(24)伙计一瞧说："大清早起，和尚你够多讨人嫌，磕着鸡子叫掌柜的。"(清《济公全传》)

(25)一过门我这么一看，你看够多么堵心哪？(清《三侠剑》)

(26)金龙说道："大哥，二大爷从这儿总不叫你出院，前后门都锁着，那够多难受呀？"(同上)

(27)艾虎说："你够多么愣！"(清《小五义》)

(28)顶到现在闹的这个样子，别管真的假的吧，够多们难看。(清《小姑毒》)

(29)后来一打听，原来有一天他在衙门，某次长跟他说了几句话，且这儿就美起来了，居然不理凡人，您说够多们邪行！(清《小蝎子》)

(30)您瞧他这五样儿能耐够多们大德行，够多们有出洗。(清《小额》)

(31)竟给人家瞎尽义务，任什么好处，也落不着。还是躲不开，一天家吃自家饭，给别人办事，够多们冤哪。(清《京语会话》)

这些"够多么(们)A"格式中的"够"还是动词。这种用法在清末民初迅速增多，在老舍作品中还很常见。

(32)爸爸！真的，自己作一身行头，够多么好玩呀！是的，那够多么好玩呀！(老舍《四世同堂》)

(33)没有四世同堂的锁镣，他必会把他的那一点点血洒在最伟大的时代中，够多么体面呢？(同上)

(34)比如说，他将负责刺探华北的军事情形与消息，那够多么繁难，危险！(同上)

《新青年》中还有"彀怎样"和"彀多少"这样的用法：

（35）观念不清，竟至误送性命，<u>彀怎样的危险</u>啊！

（36）至于我对于这件事<u>彀多少</u>快活那是不用说了。

我们对清末以后的一些作品中"够多么（们）A"的用例做了统计，损公的《小姑毒》《小额》《小蝎子》《忠孝全》《曹二更》《裤缎眼》几部小说中共有 13 个用例，《京语会话》有 16 例，老舍作品中有 54 个用例。但在当代北京话中已经不用了，王朔作品中一个用例也没有。"够"直接用于形容词前的用法在现代汉语中才大量出现使用。

三 程度副词"够"的语法化机制

3.1 从"满足"到"达到"

"够"用作动词，可表数量上满足、足够（"不够""够用""吃够"），也可表达到某种条件或程度（"够条件""够长"），这中间经历了达到某一数量（"住够多日""不够几日""够八九千里"）。

从数量上的满足到达到数量是转喻的结果，数量上满足了就意味着达到了一定的数量，这其中足量准则（Q 原则）发挥了作用，足量准则是指（说话人为听话人省力着想）说的话要充足。在不过量的前提下，尽量多说些。利用这条准则，说话人在说出"P"时传递"最多 P"的隐涵义。例如，说出"老王有三个孩子"，传递"老王只有三个孩子"的隐涵义。这种隐涵义是否定性的（不多于 P），推导这种隐涵义不需要有特定的背景知识。数量上的满足以达到一定的数量为条件，说足够一定蕴含着达到了某一数量，隐含着不超过某一数量。

从达到某一数量到达到某一标准或程度是隐喻的结果。数量是条件的一种，程度是数量的抽象表现，标准和程度比数量抽象，也可以说，典型的条件和程度体现为数量。这里不过量准则（R 原则）发挥了作用。不过量准则是指（说话人为自己省力着想）只说必要说的话。在足量的前提下，不说过多的话。利用这条准则，说话人在说出"P"时传递"不止 P"的隐涵义。达到一定的数量隐含着达到某一标准或程度，在特定语境中，这一隐含义变成"够"的固有语义。

动词"够"的演化过程是：

数量上满足、足够→达到某一数量→达到某一标准、程度

这一语义的演变是在一定的语境中实现的，表示满足、足够的"够"单用或带一般的名词、动词宾语，而表示达到一定数量的"够"用于数量词前，表示达到某一标准、程度的"够"用于"格""长"等表示标准或程度的词语之前。

3.2 从"达到"到"超过"

从"达到"义到"超过"("程度高")义是基于 R 原则的语用推理的结果。即在说出"达到"时传递"不止达到(超过)"的寓意。"够"由动词虚化为副词是在形容词前的句法位置上实现的。在这里我们可以看到一系列的形式上的变化。

"够"可以直接带动词宾语,也可以带"动词+的"做宾语。

（37）凤姐儿笑道:"那么些还不够使?短一分儿也罢了,等不够了我再给你。"（清《红楼梦》）

（38）用不了这些,我留二十两就够使的了。（清《儿女英雄传》）

"够"用于形容词前面时,通常前面有否定副词"不",或者形容词后用"的"。

（39）《则何以哉》一篇,也清顺有法。只是词句不够圆足,笔力也平沓不超脱。（清《曾国藩家书》）

（40）孙儿这时糊涂,擅自开了一个单子,在分送的轻重方面,很多地方不够妥当,幸亏堂上各大人研究斟酌,加以增减,才算合宜。（清《曾国藩家书》）

（41）这个最合式的小姑儿,和两个最亲热外甥媳妇,眼前就要离别,也就够难过的了,自然不能相劝。（清《侠女奇缘》）

（42）艾虎说:"教给人拧人,真够阴的了。如此说来,你是阴二大爷。"（清《小五义》）

（43）今天看那杨家姑娘可真够可怜的,由此才知张郎能使她生病,而病人又愿为张郎而死。（民国《古今情海》）

（44）他想这个伙计说话够损的,把我打个狗吃屎?（民国《雍正剑侠图》）

（45）咱们两口子这些日子,也够寒苦的啦,再说,要过个年也得要钱,怎么上人家张大哥的家里去呀。（同上）

（46）喝!您说话可真够难听的。（同上）

用于否定结构或后面带"的",说明"够"还具有一定的动词性,"够 A（的）"是从动宾结构重新分析为偏正结构。"A 的"本来跟"V 的"一样是表示转指的"的"字词组,"阴的"指的是"阴的做法","可怜的"相当于"可怜的人","损的"相当于"损的话","寒苦的"是指"寒苦的日子","难听的"是指"难听的话"。由于"够"虚化为副词,"的"也就重新分析为语气词,表示说话人的主观认识。

也有一些形容词后面不用"的",但一般有语气词"了",这样的用例晚于带"的"的用例,且数量也不多。这可以看成是"够"副词用法的进一步扩展。

（47）他恃富欺贫,奸霸了我女儿,我不报仇就够他便宜了。（清《绿野仙踪》）

（48）公主苦笑道:"你还不知他的人,竟似铁石一般硬的心肠,我也够苦了,竟白费了许多好心。"（民国《隋代宫闱史》）

（49）只说那新洞房的摆设，已够奢侈了：什么七宝床、六安枕、金丝帐、银蒜钩、合欢云锦被、如意月华衾……（民国《宋代十八朝宫廷艳史》）

（50）过生日时，六品以上的官员，都穿上礼服到她家，向她行叩拜礼，可够体面了。（民国《古今情海》）

在同一时期，用的更多的是"够多么 A"格式，形容词前加"多么"是为了强化程度高义，现在不用"多么"则是"够"表示程度高隐涵义固化的结果。

从表"达到"（某种较高的程度）到表示程度高，"够"还吸收了"多么""多少"等的程度义，所以一方面是基于不过量准则的语用推理，另一方面也是语境吸收的结果。

四 其他程度副词的演变

4.1 "相当"

基于不过量准则的推理是很多虚词语法化之源，如"相当"也经历了同样的语法化过程。根据《现代汉语词典》（第7版）的解释，"相当"的三个义项分别对应于三种词性：①动（数量、价值、条件、情形等两方面差不多）配得上或能够相抵；②形适合，合适；③副表示程度高，但不到"很"的程度。

曹秀玲（2008）指出，"相当"先秦时期是动词性结构，表示两事物"相抵、相配"：

（51）此形名不相当，圣人之所察也，荩弘则审矣。（《吕氏春秋》）

（52）以百与六十为无穷者之虑，其情必不相当矣。以无穷为死者之虑，则得之矣。（同上）

唐代出现形容词性用法，为"合适、适合"义，表示与某标准相契合：

（53）今年选数恰相当，都由座主无文章。（《全唐诗》卷八百七十四）

（54）避暑最须从朴野，葛巾筠席更相当。（陆龟蒙《药名离合夏日即事三首》）

唐五代起，"相当"由谓语移至动前状语这个相对次要的句法位置：

（55）者个师僧相当去。（《古尊宿语录》）

根据我们的考察，清末民初，"相当"可用于表量度的名词前充当定语：

（56）至余父不报余姊妹名于内务府之故，则欲余等受相当之教育，惟是必不可令太后知之。（清《清宫禁二年记》）

（57）乃告余兄任于宫内择一相当之室，以为工作之处。并命太监一人，预备一切。（同上）

（58）有相当之赀财或艺能，足以自立者。（《清史稿》）

（59）哥哥，小弟这趟枪叫六合枪，实受高人的传授，小弟也确实下了<u>相当的功夫</u>，才练得不错了。（民国《雍正剑侠图》）

（60）人在世上，所争的就是这一口气，不要说张绣宝还有<u>相当的姿色</u>，便是再丑几倍，赌气争夺起来，也一般的不顾性命。（民国《留东外史续集》）

"相当"做定语时常构成"有+相当（的）+名/动/形"格式：

（61）他对高妈<u>有相当的佩服</u>，觉得这个女人比一般的男子还有心路与能力，她的话是抄着根儿来的。（老舍《骆驼祥子》）

（62）他对于虔敬同信仰<u>有相当的尊敬</u>。（梁遇春《谈"流浪汉"》）

（63）对臭虫，蚊子，苍蝇，他都<u>有相当的胆量</u>去扑杀。（老舍《火葬》）

"相当"修饰名词性成分，表示事物达到较大的数量和规模，其后只能出现"大量"义修饰语。即使修饰语不出现也可以补出，可见"相当"修饰大量义成分是无标记的。

"相当"单独修饰形容词做状语，从而虚化为程度副词。例如：

（64）某家有两个女郎，长得都<u>相当漂亮</u>，只是要价很高。（民国《古今情海》）

（65）两个人的迎招退招都<u>相当好看</u>。（民国《雍正剑侠图》）

由于"合适"本身存在程度问题，为"相当"进一步虚化为程度副词奠定了语义基础。而"相当"从谓语移至状语位置则是其虚化的句法条件。我们认为，"相当"从"合适"义发展出程度义与"相当"的大量义有密切的关系，这也是基于不过量准则推理的结果，说话人说出"合适的程度"，实际要表达的是"不止这一程度，可能会更高"这样的隐涵义，听话人根据招请推理做出了"表示较高的程度"这一推断，由于这样的推理反复进行，"相当"的程度义由隐涵义逐渐变成固有义，也就从形容词虚化为程度副词。

4.2 "至"和"穷"

"至"的本义是"到达"，《说文》："至，鸟飞从高下至地也。"可以引申为"到达终点"，名词"极点"，形容词"达到极点的、最高的"，动词"穷尽"等。《玉篇至部》："至，极也，通也，善也，达也，大也，到也。"

（66）岁二月，东巡守，至于岱宗，柴；望秩于山。（《今文尚书》）

（67）故我至于今，克受殷之命。（同上）

（68）忠信，所以进德也；修辞立其诚，所以居业也。知至至之可与几也，知终终之，可与存义也。（《周易》）

（69）君子黄中通理，正位居体；美在其中，而畅於四支，发於事业，美之至也。（同上）

（70）子曰：劳而不伐，有功而不德，厚之至也。语以其功下人者也。（同上）

（71）阳至而阴，阴至而阳；日困而还，月盈而匡。(《国语》)

（66）（67）中的"至"是动词"到达"的意思，（68）中的第一个"至"是名词"极点"的意思，第二个"至"是"到达"的意思，（69）（70）中的"至"是名词"极限"的意思，（71）中的"至"是形容词"达到极点的"的意思。

"至"由"到达极点"可引申出程度副词用法，表示程度达到最高点，"最""极""非常"的意思：

（72）坤，至柔而动也刚，至静而德方；后得主而有常，含万物而化光。(《周易》)

（73）非天下之至精，其孰能与于此？（同上）

还可表示行为或性状超出正常界限，"太""过于"的意思：

（74）卓王孙大怒曰："女至不材，我不忍杀，不分一钱也。"(《史记》)

（75）水至清则无鱼，人至察则无徒。(《文选》)

"至"从"到达终点"到"到达极点"再到程度高，这是隐喻的结果。

与"至"引申途径类似的还有"穷"。《说文》："穷，极也。""穷"的本义为"尽、完结"，动词，如《书微子之命》："作宾于王家，与国咸休，永世无穷。"孔传："为时王宾客与时皆美，长世无竟。"《列子汤问》："飞卫之矢先穷，纪昌遗一矢，既发，飞卫以棘刺之矢扞之，而无差焉。"张湛注："穷，尽也。"由"完结"可以引申为"到达极点"，名词"终极、终端"，形容词"贫苦、困窘"等。战国时期，"穷"由"到达极点"虚化为副词表程度最高，还可以表示情态的极力、彻底或范围的广泛、遍及等。

（76）故天子者，天下之穷贵也，天下之穷富也。(《墨子·天志上》)

"穷"用作程度副词用法受限，主要出现在四字格成语中，用例较少：

（77）昔唐尧至圣而四凶在朝，周成仁贤而四国作难，高后称制而诸吕窃命，孝昭幼冲而上官逆谋，皆冯世宠，藉履国权，穷凶极乱，社稷几危。(《三国志》)

（78）臣昔与车骑将军董承图谋讨操，机事不密，承见陷害，臣播越失据，忠义不果。遂得使操穷凶极逆，主后戮杀，皇子鸩害。(同上)

（79）天降丧乱，皇纲失叙，逆臣乘衅，劫夺国柄，始於董卓，终於曹操，穷凶极恶，以覆四海。(同上)

（80）况皓凶顽，肆行残暴，忠谏者诛，谗谀者进，虐用其民，穷淫极侈，宜腰首分离，以谢百姓。(同上)

其语法化路径是：

完结→到达终点/极点→程度最高

"至"和"穷"都有"达到极点"义，且其"极点"义比较显豁，而"够""相当"都有"达到某种程度"义，但其中的"大量"义则是隐含的，它们都引申出程度高义。

4.3 "过""越"和"超"

"够、相当、至、穷"从"达到"义到程度义中间隐含着"超过"的意义，而有些程度副词直接是由"超过"义发展而来的，如"过、越、超"。

"过"，最初是动词，表示"经过"，即从一个地点或时间移到另一个地点或时间，或经过某个空间或时间："秦师将袭郑，过周北门。"(《国语·周语》)现代汉语中"过桥、过年、过日子"中的"过"均为此义。后由"经过"发展出"超过"义，表示超过某个范围或限度："都城过百雉，国之害也。"(《左传·隐公元年》)现代汉语中"过期、过犹不及、树长得过了房顶"中的"过"即是此种用法。由动词"超过"发展出程度副词用法，表示"过于"，如"过热、用力过猛、时间过长"。

"越"最初是动词"度过""跨过"义："周君不入秦，秦必不敢越河而攻南阳。"(《战国策》)后发展出动词"经过"义："惟二月既望，越六日，乙未，王朝步自周，则至于丰。"(《尚书》)和动词"超过"义："师不越时。"(《汉书》)由"超过"义发展出程度副词用法，表示"更加"："侬是嶔崎可笑人，不妨开口笑时频。有人一笑座生春。歌欲颦时还浅笑，醉逢笑处却轻颦。宜颦宜笑越精神。"(辛弃疾《浣溪沙赠子文侍人名笑笑》)

程度副词"越"产生于宋代，《朱子语类》中用例较多：

（81）大处正不得，小处越难。(《朱子语类》)

同时期还产生了"越……越……"这样的倚变句式：

（82）若只看"仁"字，越看越不出。(《朱子语类》)

（83）故浙中不如福建，浙西又不如浙东，江东又不如江西。越近都处，越不好。(同上)

（84）当时越思量越烦恼，转恨这万员外。(南宋《万秀娘仇报山亭儿》)

（85）长老手里捻得紧，这些妖精一发滚得紧。越叫越滚，越滚越叫。(明《三宝太监西洋记》)

"超"本来是动词，表示"超过"：一连超了两辆车。在"超过"义基础上发展出程度副词用法，表示"非常、极"：超漂亮、超好、超有意思。

"过"和"越"表示的程度都有比较义，而"超"单纯表示程度高。

五 "有"的一些用法的再认识

5.1 "有 + 数量"

赵元任（1979）曾指出，表领有的"有"有一种特殊的引申用法，即表示从下往上达到一定的程度或数量。比如在表示形容词的比较等级时，"有"可以传达一种"企及"的比较义，表示 X 从低处往高处爬，爬到跟 Y 一样高：大车宽的有小车那么长。

金晶（2012）在此基础上考察了"有"用于数量词前面的用法，认为"有"具有主观凸显复数性特征，可以触发"现有数量已经超出说话人原有预期值"这一预设。

"领有"是领有者在领有权方面"从无到有"的获取过程，它关系到事物/事件在属性程度上"由低到高"或数量上"由少到多"的积累过程，"达到"是一种特殊的"领有"，即对总程度、总数量的"领有"。同时，"满足"也是一个量度的由低到高的过程，"达到"也是一种特殊的"满足"，即对数量、程度的满足。

5.2 "有 + 多么 A"

另外，"有"和"够"一样在清末民初也发展出了"有多么 A"这样的用法：

（86）房书安说："韩信哪，你小心着萧何罢。你有多么损！"张大连哈哈大笑，说："起来走罢。"（清《小五义》）

（87）你大概也不知道你小大师傅的少林拳有多么霸道。可别跑！（清《侠女奇缘》）

这样的用法至今仍在使用。"有"能否跟"够"一样发展出程度副词的用法，目前还不好判定。

5.3 "有 + N"

在现代汉语中，"有"还可以表示所领有的某种事物（常为抽象的）多或大。

有学问、有经验、有思想、有水平、有见地

有文化、有格调、有特点、有才华、有趣味

《现代汉语八百词》指出，"'有 + 名'可受'很、挺、最'等程度副词的修饰，表示评价。有些名词跟'有'结合，不用程度副词，也能有程度深的意思。"这里的"有"既表领有，也表达到（大量）。

5.4 "有的是"

有的是人才　　有的是机会

有的是钱　　　有的是时间

有的是书　　　有的是朋友

"有的是"强调有很多，其大量义也与其领有义密切相关。

总之，领有与主观大量有密切的关系，"有"参与构成的结构通常表示量大或程度深，其中的内在联系需要进一步探讨。

参考文献

曹秀玲　2008　《"相当"的虚化及相关问题》，《中国语文》第 4 期。
常　娜　2011　《关于副词"够"的两种构式》，《现代语文》第 11 期。

金　晶　2012　《"V了+有+数量短语+（NP）"中"有"的用法特点》,《汉语学习》第6期。
李佳琳　2009　《从比较到程度：程度副词"相当""比较"的语法分析》,北京语言大学硕士学位论文。
李杰群　1992　《上古汉语程度副词考辨》,《纪念王力先生九十诞辰文集》,山东教育出版社。
栗学英　2011　《中古汉语极度副词的考察分析》,《燕山大学学报》第3期。
吕雅贤　1992　《从先秦到西汉程度副词的发展》,《北京大学学报》第5期。
单韵鸣　2008　《再释广州话副词"够"》,《中国语文》第2期。
单韵鸣　2009　《广州话动词"够"的语法化和主观化》,《语言科学》第6期。
沈建华　2001　《由重音差异造成的两种"够+形容词"格式》,《世界汉语教学》第3期。
唐贤清　2005　《〈朱子语类〉副词研究》,湖南人民出版社。
王　静　2009　《绝对程度副词从近代汉语到现代汉语的发展演变》,河南大学硕士学位论文。
杨永龙　2001　《〈朱子语类〉完成体研究》,河南大学出版社。
姚振武　2005　《〈晏子春秋〉词类研究》,河南大学出版社。
殷国光　2008　《〈吕氏春秋〉词类研究》,商务印书馆。
张家合　2017　《汉语程度副词历史演变的多角度研究》,中国社会科学出版社。
赵立江　1998　《"够"的使用情况初步考察》,《汉语学习》第3期。
中国社会科学院语言研究所词典编辑室　2016　《现代汉语词典》（第7版）,商务印书馆。
中国社会科学院语言研究所古代汉语研究室　1999　《古代汉语虚词词典》,商务印书馆。
周小兵　1995　《"够+形容词"的句式》,《汉语学习》第6期。
Horn, Laurence R.　1996　Presupposition and implicature. In Shaolom Lappin (ed.) *The Handbook of Contemporary Semantic Theory*. 299–319. Oxford: Blackwell.
Levinson, S. C.　2000　*Presumptive Meanings: The Theory of Generalized Conversational Implicature*. Cambridge, MA: MIT Press, Bradford Book.

The Grammaticalization of the "*Gou* 够" Group in Degree Adverb
SHI Jinsheng　LI Ping

Abstract: "*gou* 够" "*xiangdang* 相当" "*zhi* 至" "*qiong* 穷" "*yue* 越" and "*chao* 超" all have the usage of degree adverbs. This paper mainly takes "*gou* 够" as a case to discuss the grammaticalization process of this kind of degree adverbs, and emphatically analysesthe grammaticalization mechanism from "reach" to "high degree", and also discusses some usages of "*you* 有" similar to "*gou* 够".

Key words: "*gou* 够" group in degree adverb, grammaticalization, mechanism

（史金生　李萍　首都师范大学文学院/中国语言智能研究中心　100089）

北京话"X+儿"结构构式化研究*

龙国富

提　要　北京话"X+儿"结构构式化表现在三个方面：(a)构式义从客观小量到主观小称量和名词量的特征；(b)语法功能从复合构词到屈折构词再到派生构词；(c)语音特征从两个独立音节到独立音节带轻声再到独立音节附带卷舌音。其形成是构式义、语法功能和语音特征三者互动的结果。"X+儿"结构构式化的特征有：语义句法互动、扩展创新驱动、主观移情、语音促发和语体作用。

关键词　北京话"X+儿"构式　构式化　构式语法　特征

一　引　言

北京话带"儿"在北京人的生活中使用极为普遍。对可爱、讨人喜欢的人和物称呼时常加儿化音，相反对可恶、讨厌、不受重视的人和物称呼时则不加儿化音。对不严肃、不重要、小的地名、山河、建筑、器物等多用儿化音，而对严肃、重要、大的地名、山河、建筑、器物等则不用儿化音。如石景山读石景山儿，而燕山、西山则不带儿化音。三里河、十里河均读三里河儿、十里河儿，而金水河、御河、长河则不读儿化音。东便门儿，西便门儿，广渠门儿，都要带儿化音，而永定门、广安门、天安门则不带儿化音。称呼人时，相对年龄大和年龄小而言，年轻人一般用儿化音，成年人则不用。比如说，刚入职的年轻人，叫小李儿、小刘儿、小肖儿，都可以带儿化音。而上了岁数了，则叫老李、老刘、老肖，否则就不成。北京话儿化音除了生活中有一些规律以外，在历史文献中其演变亦有一些演变规律需要我们探讨。

二　现代北京话"X+儿"结构的用法

北京话带"儿"是北京方言语法的重要特征，共时角度研究北京话词缀"儿"及其儿化的文章已经很多。语法语音方面，北京话有"儿"缀和儿化，即"儿"一部分

---

* 该文为我的老师曹广顺先生七十寿辰而作。基金项目：国家社科基金重大项目"近代汉语后期语法演变与现代汉语通语以及方言格局形成之关系研究"(19ZDA310)。

作词缀，一部分作儿化。当"儿"作词缀时，充当构词成分，读轻声音 [ər]；当"儿"作儿化时，与前面的韵母合成一个音节，读卷舌韵尾 [r]。根据林焘（1987）、周一民（1998）、王福堂（2002）、彭宗平（2005）和方梅（2007）等学者研究，北京话"X＋儿"结构主要有以下四类用法：

A. 表示客观小量。指小的人和事物。该用法表现为"小＋X＋儿"和"X＋儿"两种形式。如：小树儿、小车儿、小老虎儿；铁丝儿、口袋儿、丁点儿。

B. 表示主观小量。表达说话人的主观态度，包含喜爱、亲昵等感情色彩。如：宝贝儿、老伴儿、爱人儿、媳妇儿、金鱼儿、相声儿、面人儿。

C. 用于屈折构词。名词性成分带"儿"之后不改变词汇意义，产生新的结构形式。该用法包括"X"不能单用和"X"能单用两种形式，前者如：妞儿、分儿、帽儿、身儿；后者如：刀儿、鱼儿、洞儿、路儿、眼镜儿。此外，带词缀"子、头"的名词结构加"儿"，再构成名词的情况。如：铜子儿、瓜子儿、鸡子儿；派头儿、年头儿、水头儿。再如：逛头儿、听头儿、吃头儿。其中，"逛头儿"相当于"值得逛的"，"听头儿"相当于"值得听的"，"吃头儿"相当于"值得吃的"。

D. 用于派生构词。动词和形容词带"儿"转化为名词，转指与行为或属性相关的事物。带"儿"之后改变词汇意义，构成新词。如：吃—吃儿、托—托儿、蹭—蹭儿、拨—拨儿、摊—摊儿、张—张儿、约会—约会儿；空—空儿、沉重—沉重儿。有一些名词带"儿"之后，也能使其意义发生改变，派生构成新词。如：白面—白面儿（海洛因）、肉皮—肉皮儿（皮肤）、天桥—天桥儿（地名）、人头—人头儿（人的品质，含贬义）。

"儿"字的变化与前面所搭配的成分关系密切。本文试图从历时的角度，把北京话中"儿"字与前面所搭配的成分统一起来，看作一个整体，把"X＋儿"看作一个构式，从构式语法和构式化的角度研究北京话"X＋儿"构式的语法化。

三　北京话"X＋儿"构式历时演变

根据"X＋儿"构式中"儿"的语法化脉络，本文将"X＋儿"构式的历时演变分为以下四个时期，每个时期产生新的微观构式。

3.1　带小量的"X＋儿"构式产生

第一个时期魏晋南北朝时期，人的名和字带"儿"，表示人的小。如"苟儿"（《魏书·世祖纪》）、"羯儿"（《魏书·世祖纪》）、"虎儿"（《魏书·南安王列传》）、"豹儿"（《魏书·章武王列传》）。该时期出现新的"X＋儿$_{小}$"结构形式，意义表示人的小，"X＋儿$_{小}$"微观构式产生。"X＋儿$_{小}$"微观构式是"X＋儿"构式的初始期。此类用于人名和字之后的"儿"指"小"的意义，它是从小儿义发展起来的。这一类"儿"还不能看作词缀，因为它未脱离小儿的实际意义。（王力1958）当然"儿"字的语义已经开始虚化，正在向词缀发展。

3.2 带"儿"缀的"X+儿"构式诞生

第二个时期唐代及晚唐五代时期，"X"的使用范围扩大到动物，动物名词带"儿"，"X+儿"构式义分别指动物的小和泛指动物的类属。

A. 表示动物的小。如：

（1）安排竹栅与笆篱，养得新生鹅鸽儿。（花蕊夫人《宫词》）

（2）游归笋长齐童子，病起巢成露鹤儿。（李洞《赠三惠大师》）

B. 泛指动物的类属。如：

（3）雀儿语燕子："不由君事觜头。问君行坐处，元本住何州……"燕儿拍手笑："不由君事落荒（谎）……"（《敦煌变文集·燕子赋（一）》）

（4）芦笋穿荷叶，菱花胃雁儿。（王维《戏题示萧氏甥》）

（5）织成锦袖麒麟儿，刺绣裙腰鹦鹉子。（《游仙窟》）

例（3）—（5）中，"X+儿"构式泛指动物的类属，"儿"的语义虚化，作词缀。如例（3）中，"燕儿"与"燕子"同指，例（5）中，"麒麟儿"与"鹦鹉子"对举，"儿"与"子"都作词缀。带词缀的"X+儿$_{词缀}$"子构式正式诞生。

3.3 用于屈折构词、派生构词和主观小量的"X+儿"三类微观构式产生

北宋和辽金时期，"X"使用范围扩大到非生命体，用于指称事物。"儿"位于指事物的名词或语素之后，或表示事物的小，或参与构词。我们把表示人名和字、动物以及事物的小的用法合在一起，看作表示客观小量的"X+儿$_{客观小量}$"的微观构式。该时期"X+儿"构式主要有以下三种新的用法：

A. 屈折构词。非生命体名词加词缀"儿"构式新的名词，词汇意义不变，形式不同。"儿"产生新的功能——参与屈折构词。非生命体主要有自然现象、食物、用具器具等，个别的有建筑物。自然现象方面的屈折构词如：山儿、水儿、风儿、月儿等；食物方面如：豆儿、盐豆儿、蒸梨儿、枣儿、粮儿等；用具器具方面如：盏儿、架儿、棒槌儿、鼓儿、盒儿、伞儿、笠儿、笼儿、盆儿、斛儿、袋儿、锣儿、刀儿、球儿、帖儿、板儿、船儿、车儿等；建筑方面如：门儿、阁儿；还有个别的处所和方位名词也带"儿"，形成屈折构词。如：东便门儿、西便门儿、门洞儿、流水巷儿、边儿、沿儿。在处所后加"儿"时一般指在规模、建制、级别、大小等方面比较小或低的。这类结构出现新的形式，新的语法功能——屈折构词，表示屈折构词的"X+儿$_{屈折构词}$"的微观构式产生。

B. 派生构词。动词加词缀"儿"构成新的名词，派生出新词汇意义。"儿"产生新的功能——参与派生构词。如：贴儿、涉儿、担儿。如：

（6）一双春笋玉纖纖，贴儿里抠线，把绣针儿穿。（金·董解元《西厢记诸宫调》卷六）

（7）又有是刀镊手作，人长于此态，故谓之"涉儿"，取过水之意也。（《都城纪胜》）

（8）及小儿戏耍家事儿，如戏剧糖果之类：……线天戏耍孩儿，鸡头担儿、罐儿、碟儿……（《梦粱录》）

例（6）凌景埏校注："贴儿，放置绣线的夹子。"例（7）"涉儿"指伎艺人中帮闲的一种。例（8）"担儿"指行李或货物。也有个别的名词带词缀"儿"之后派生构词，如"家事儿"，指用具。这类结构出现新的词汇意义和新的形式，还有新的语法功能——派生构词，表示派生构词的"X＋儿$_{派生构词}$"的微观构式产生。该时期派生构词刚刚开始出现，数量有限。

该时期，之所以产生带屈折词缀的"X＋儿$_{屈折词缀}$"微观构式和带派生词缀的"X＋儿$_{派生词缀}$"微观构式，是由于非指小的非生命体名词进入"X＋儿"构式，产生新的名词。这表明"儿"的语义进一步淡化，新的构词功能产生，即参与屈折构词和派生构词，"儿"创造新词的范围进一步扩大。由此带来"X＋儿$_{屈折词缀}$"和"X＋儿$_{派生词缀}$"两类微观构式。这标志着"X＋儿"构式的发展进入成熟期。

C. 表示主观小量。名词加词缀"儿"构成新的名词，表示喜爱或亲昵的语义色彩，含有说话人对人或事物的主观态度或评价。如：金雀儿、马儿、促知儿、庞儿、龚婆儿、梅来儿（此二人为大人）、两口儿、妻儿、蒸梨儿、枣儿。如：

（9）您咱两口儿夫妻似鱼如水。（金《刘知远诸宫调》）

（10）又沿街叫卖小儿诸般食件：麻粽、锤子粽、鼓儿饧、铁麻糖、芝麻糠、小麻糖、破麻酥、沙团、箕豆、法豆、山黄、褐青豆、盐豆儿、豆儿黄糖、杨梅糖、荆芥糖、榧子、蒸梨儿、枣儿、米食羊儿、狗儿、蹄儿、茧儿……（《梦粱录》卷十三）

例（9）"两口儿"表达一种甜蜜的夫妻情缘，例（10）这一段描写与小孩儿有关的玩意儿、吃食儿的热闹场景，用"儿"表达作者的喜爱之情，显示出主观的小量。这一类表示主观小量的"X＋儿$_{主观小量}$"微观构式产生。

3.4 "X＋儿"构式进一步发展

第四个时期元明清时期，"X＋儿"构式的发展进入高峰。其中，元、明两代是"X＋儿"构式大繁荣大发展的时期，"X＋儿$_{客观小量}$"微观构式"X＋儿$_{主观小量}$"微观构式、"X＋儿$_{屈折词缀}$"微观构式和"X＋儿$_{派生词缀}$"微观构式进一步发展，主要表现为两个方面：第一，使用频率迅速增加。"X＋儿"构式在《关汉卿戏曲集》中796次，《马致远戏曲集》中136次，《王实甫西厢记》中276次，《元刊古今杂剧三十种》中845次、《元曲选》中6785次，《金瓶梅》中8346次。第二，使用范围迅速扩大。体现在生命体和非生命体两个方面：在生命体中，"X＋儿"构式可以用于人和动植物的各个方面，称人扩大到三个方面：a.表示人的全名和姓，如：郭念儿、赵盼儿、小张儿、小蔡儿等；b.表示人的特征和亲属称谓，如：村姑儿、老鸨儿、新妇儿、媳妇儿、婆婆儿、二哥儿等；c.表示人的身体部位，如：眼皮儿、舌尖儿、耳朵儿、脸儿等。在非生命事物中，"X＋儿"构式更广泛用于自然界现象、食物、生活用具、建筑物和抽象事物等。

下面从词类扩展的角度研究元明时期"X＋儿"构式的进一步发展，其发展主要有如下七个方面：

A. 名词进入"X＋儿"构式以后出现以下三个方面的变化：

a. 名词重叠开始进入"X＋儿"构式，有：般般儿、色色儿等，表示人和事物的个体。如：

（11）举眉动眼般般儿通透，安手下脚色色儿风流，出胎胞蓐草上早会藏阄。（刘时中《全元散曲·红绣鞋》）

此例中的"色色儿"，名词重叠，相当于"各式各样"，表示动作的状态。

b. 表达主观感情色彩。"X＋儿"构式表示喜爱、亲昵感情色彩的用法更加普遍。如：美脸儿、笑脸儿、小厮儿、眼角儿、花朵儿、泪点儿、小鹿儿、小样儿。有时候说话人的主观态度或评价所表现出来的语义色彩与语境有密切关系。看下面语境中的用法：

（12）〔唱〕我背地里祷神祇。〔带云：〕也不论是男是女。〔唱〕但得一个喂眼的。恰便似那心肝儿般知重你。（杨文奎《元曲选·两团圆》第一折）

这类用法出现在带有褒义的句法环境中，体现说话人的主观态度，具有喜爱或亲昵的感情色彩。

c. 出现新的语义。名词进入"X＋儿"构式以后，产生与"X"不同的新语义。如：

（13）为头儿对府尹说详细。只教他欠身的立起银交椅。（孙仲章《元曲选·勘头巾》第三折）

此例"头儿"指领导。名词带"儿"出现词汇意义变化，这是派生构词。

B. 动词性成分大量进入"X＋儿"构式，出现以下四种情况：

a. 动词进入"X＋儿"构式转化为名词，指向人和事物。有：包儿、担儿、咒儿、唾儿、套儿、招儿、拐儿、罩儿、坐儿等。

b. 动词进入"X＋儿"构式以后，作状语，表示动作的方式、状态、频数等。有：挂口儿、迎面儿、满口儿、尽心儿、一灵儿、连珠儿等。

c. 动词重叠进入"X+儿"构式，组成新词，意义功能不变。有：活活儿等。

d. 动词的拷贝结构进入"X+儿"构式，为"V一V儿"，表示动作的轻量。（太田辰夫1958）有：坐一坐儿、告一告儿。

C. 形容词重叠进入"X+儿"构式。表示动作的状态。如：光光儿。动词和形容词重叠时，多数在末尾添加"的"，如：饱饱儿的、光光儿的、紧紧儿的、平平儿的、活活儿的。

D. 副词进入"X+儿"构式，词类不变，表示动作、状态和动作的时间、程度等。有：尽情儿、尽兴儿、尽场儿。

E. 数量结构大量进入"X+儿"构式，形成名词性结构，表示人、事物和度量的量。主要有以下四种情况：

a. 个体数量结构进入"X+儿"构式，有：一本儿、一枝儿、一包儿、半壁儿、三板儿、几杯儿、三口儿、五株儿；几遍儿、一遭儿、一程儿、一觉儿、一回儿等。本来是名量结构"一包"直接修饰名词，而在中间加上"儿"。在句法中的"数量结构+儿"，有的作名词中心语的修饰成分，有的直接充当名词性成分，如"行一程儿"。这些数量结构带"儿"以后，使语言口语化表达深入到句子结构内部。

b. 表集体和不定数的数量结构进入"X+儿"构式，有：一团儿、两对儿、三双儿、几行儿、一套儿；半点儿、些儿等。

c. 度量衡单位词进入"X+儿"构式，有：三升儿、一斤儿、数尺儿、五里儿、数担儿等。

d. 临时借用数量结构进入"X+儿"构式，有：一盏儿、数杯儿、一壶儿、一瓶儿等。

数量结构加"儿"广泛使用，它的用法有两个特点：第一，数量结构没有名词化，仍然表示数量；第二，常见情况下后面跟名词作定语。有些情况下，"数量结构+儿"单独作主语和宾语，但是中心语仍然可以补出来。从以上用法可以看出，元明时期数量结构大量进入"X+儿"构式，表示数量，作定语。

F. "单音名词+子（头）"进入"X+儿"构式，有：褥子儿、身子儿、性子儿、林子儿、妹子儿、匣子儿；木头儿、馒头儿、簪头儿、意头儿等。这一类构式是带后缀的名词性结构与"儿"组成新的名词性成分，意义不变，"单音名词+子（头）"带"儿"以后，说话人的语言表达变得轻松，口语化程度更高。

G. 双音节词中间插用"儿"，形成新的结构。有：蜂儿蜜、盒儿里、口儿里、心儿里、马儿领、汉儿人、豆儿粥、庄儿头、脑儿酒、纸儿钱、鞋儿样、锅儿底等。"蜂蜜"本来在唐代已经成词，而"蜂蜜"中间又插用"儿"，构成三音节词"蜂儿蜜"。其他如，"心里"加上"儿"，变为新的形式"心儿里"；"口里"加上"儿"，变为新的形式"口儿里"。这类结构使语言表达更舒缓、更轻松，且增加了口语化的程度。

元明时期，儿化现象开始出现，儿化产生。① 如：

（14）〔做见店小二科，云：〕卖酒的，有干净阁子儿么？〔店小二云：〕官人、嫂子请坐，这间阁子干净。〔燕大云：〕大嫂，俺在这间阁子里坐。卖酒的，打二百钱酒来。（李文蔚《燕青博鱼》第二折）

（15）【寄生草】想着文章士，骑旅人；（他）脸儿清秀身儿俊，性儿温克情儿顺，（不由人）口儿里作念心儿里印。（学得来）一天星斗焕文章，（不枉了）十年窗下无人问。（王实甫《西厢记·夜听琴（第二本）》第一折）

这类构式中的"儿"，开始从儿缀演变为儿化。因为：

a. "儿"的语义弱化程度比"子"更深。

b. 构词能力上"儿"失去了独立性，而"子"还存在独立性。

c. 读音上"儿"失去了独立性，"子"还存在独立性。

如果"儿"是独立读音的话，单音名词加上"子"的双音节，再加上"儿"就是三音节，在句子中不符合节律要求，不符合汉语双音化要求。

清代，"X+儿"构式主要沿用北方方言的用法，但也产生有现代北京话特色的用法，主要体现在以下四个方面：

A. 用"时间语素+儿"表示时间，如：今儿、明儿、昨儿、前儿、后儿等。用"代词语素+儿"表示称代和指示，如：这儿、那儿、哪儿、什么儿。太田辰夫（1958）认为，"今儿"源自"今日"，"这儿"源自"这里"。本文于此不讨论这两种情况的形成。

B. 用"处所或方位语素+儿"表示处所或方位，如：井台儿、门口儿、账房儿、胡同儿、市口儿、角儿、处面儿、一边儿。

C. 音节上，广泛用于多音节成分后加"儿"，如：头一遭儿、没事人儿、珍贵物儿、铜火箸儿、单身人儿、窗户眼儿、三日两头。有成词的，有短语或松散的结构。

D. 有表示复数的"X们+儿"构式，如：孩子们儿、爷们儿、哥们儿。表示双数的"X+儿+两个"构式，元代有"娘儿两个""爷儿两个"，清代又有"哥儿两个""姐儿两个""主儿两个"。（太田辰夫 1958）

四　北京话"X+儿"构式语法化演变路径

综合上面的考察，北京话"X+儿"构式结构的儿化经历了不同层次的演变，分别产生了多个微观构式。其演变的路径有如下三个方面：

---

① 关于儿化现象产生的时间，目前学界存在不同的观点：如太田辰夫（1958/2003：90）认为在清初，李思敬（1986）认为在元末明初，董昭克（1998）认为在元代，王福堂（2002）认为在明清之间。本文根据元明戏曲材料，把元明时期看作儿化产生的时间。清人撰写的音韵学著作《西儒耳目资》中已经有反映儿化的记载。

4.1 构式义演变路径

A. 从客观小量演变为主观小量。

"儿",最早指小儿,《说文》:"儿,孺子也。从儿,象小儿头囟未合。"魏晋南北朝时期,"儿"可以加在表人名和字的名词后面,构成"X+儿"结构,表示"小儿"的意思,主要功能是指人的小。如"苟儿""虎儿""豹儿"。唐代,"X+儿"结构的用法进一步扩大,动物名词进入该结构,指动物的幼仔,表示动物的小。如例(1)—(3)的"鹁鸪儿""鹤儿""雀儿""燕儿"。宋代,"X+儿"结构又进一步扩大,一般事物名词进入该结构,指一般事物的小。如"树儿""袋儿""叶儿""板儿"。由此,"X+儿"结构获得泛指小的用法,它的演变是从人的名和字的小量到动物的小量,再到一般事物的小量,这是一种客观的小量。小称容易发展出爱称。(王力 1958/1980:229)宋代,"X+儿"结构出现爱称的用法,如《梦粱录》中的"架儿""戏儿""耍儿"。因为小的人或事物体现出小而可爱、可亲。在"X+儿"结构表示客观事物小量的过程中,说话人往往对事物存有主观态度或评价,一旦说话人把主观态度或评价融入到"X+儿"结构,就衍生出表示喜爱、亲昵等功能。由此,"X+儿"结构获得说话人所认定的主观小称的用法,这是一种主观的小量。它的演变从客观的小量发展到主观的小量,遵循事物发展的一般规律。

B. 从客观小量演变为名词"量"的特征。

宋代,表示客观小量的"X+儿"结构发展出主观小量用法的同时,由于"儿"字的虚化已经成熟,能进入"X+儿"结构的词迅速增加。一般不指小的名词可以带"儿",产生新的名词,表示名词量的特征。如"山儿""水儿""风儿""月儿"。动词也可以进入该结构,转化出新的名词,表示名词的量的特征。如"贴儿""涉儿""担儿"。表示主观小量也一部分发展为名词"量"的特征。泛指小的用法,它的演变是从人的名和字的小量到动物的小量,再到一般事物的小量,这是一种客观的小量。这种用法今天还保留在一些汉语方言之中,如吴语中的"鸡儿""凳儿"。方梅(2007)研究,现代北京话大量名词能带儿化,带儿化之后便表示一种新的名词,显示量的特征。动词和形容词也同样能带儿化,带上儿化之后变为名词,指称与行为或属性相关的事物,表示名词量的特征。如"托儿""吃儿""寒儿""冻儿""乐儿"。这些词能受数量成分修饰,如"这点儿乐儿""有点儿冻儿"。

由此可见,"X+儿"构式的构式义演变路径是从客观小量依次演变为主观小量和名词一般量的特征。

4.2 语法功能演变路径

A. 复合构词演变为屈折构词。

在南北朝时期,"X+儿"结构的复合构词有两种:一类是"X+儿$_人$"结构,语法功能表示某类属性的人，如"屠儿""吴儿"。另一类是"X+儿_小"结构，如上所述，语法功能表示人的小名小字。由复合构词中的小称演变为屈折构词。所谓屈折（inflection）构词，是指所构新词的词汇意义仍然不变，与词根一致，语法形式发生变化，与词根不同。唐代，本来，指小是名词"儿"的核心义素，但例（3）—（5）中的"儿"，都附在非小动物名词后，已不再指小。如"燕儿"的"儿"不是指雏燕，而是指称燕这一类。此时非小动物名词进入"X+儿"构式，引发"儿"的虚化，开始成为词缀。（王力 1958）该时期，一方面当构式义泛指动物的类属时，"儿"的小称意义虚化，作词缀，语义重心前移至"X"；另一方面，"X+儿"结构得到重新分析，由复合结构变为屈折结构，"儿"由中心语变为附缀。宋与金辽时期，由于"儿"虚化，一般事物名词语素与"儿"组合，构成新的"X_名词语素+儿_附着构词"微观构式，形成屈折构词。如：由"鼓"构成"鼓儿"、由"盒"构成"盒儿"、由"伞"构成"伞儿"、由"笠"构成"笠儿"。屈折构词产生的构式语义不变，结构形式不同，"儿"起附着构词作用。其后，还有一部分副词、数量结构、代词也带儿尾，造成屈折构词。

B. 屈折构词进一步演变为派生构词。

所谓派生（derivation）构词，是指改变词汇意义来构成新词。宋至元明时期，"X+儿"构式的用法进一步扩大，动词和形容词也开始进入"X+儿"构式，语义表示承受动作和性质状态的人和事物。"儿"产生新的转指功能，新的"X_动词（形容词）+儿_转指构词"微观构式产生，形成派生构词。如"唱儿""玩儿""空儿""弯儿"。如"唱"儿化后与"唱歌""唱戏"的"唱"不同，指曲子、曲艺、曲词。朱德熙（1983）研究发现，汉语动词和形容词带儿尾时，转化为名词性成分，基本上用于转指。转指是派生构词的特征，派生构词词类发生转化，"儿"起派生构词的作用。此时"X+儿"构式的发展进入成熟期。

4.3 语音特征演变路径

在"X+儿"构式义和语法功能发生演化的同时，语音也发生变化。首先是由两个独立音节演变为独立音节带轻音，然后是独立音节带轻音进一步演变为独立音节附着卷舌音。

A. 两个独立音节演变为独立音节带轻音。

南北朝时期，"X"带"儿"表示小称时，"儿"的语音独立，读[er]，有声调。到唐代，用于动物和一般名词后面表示小称时，"儿"还仍然自成独立音节。当"X"带"儿"表示一般事物，"儿"虚化为词缀时，"儿"的声韵虽然不变，但语音发生变化，失去语调，读轻声。

B. 独立音节带轻音进一步演变为独立音节附着卷舌音。

明代，"X"带"儿"的构式义表示名词量的特征，语法功能产生屈折构词和派生构词时,"儿"的语音进一步发生变化。自成音节的"儿"缀,开始向儿化韵演变。"儿"和前面一个语素韵母合音,由于语流音变的作用,已经轻音化的"儿"缀不是完全意义上的音节,和前面的语素构成一个半音节的语音单位,发生合音,产生儿化韵,读 [r]。(颜峰 2002,王福堂 2002)"儿"无独立音节,附着在韵母之后,作卷舌音。

由此,北京话"X+儿"构式语法化的构式义演变路径,可以用图显示为:

① X$_{人的小名(小动物)}$+儿$_{客观小量}$(南北朝和唐代)>② X$_{非小名词}$+儿$_{主观小量}$(宋金辽)

① X$_{人的小名(小动物)}$+儿$_{客观小量}$(南北朝和唐代)>② X$_{名词(动词、形容词)}$+儿$_{名词量的特征}$(宋金辽)

"X+儿"构式语法化的语法功能演变路径,用图显示为:

① X$_{人的小名(小动物)}$+儿$_{客观小量}$(南北朝和唐代)>② X$_{名词语素}$+儿$_{屈折构词}$和 X$_{动词(形容词)}$+儿$_{派生构词}$(宋金辽)

"X+儿"构式语法化的语音演变路径:

① X+儿 [ər]$_{有声调,字调独立音节}$(南北朝)>② X+儿 [ər]$_{无声调,轻声独立音节}$(唐宋)>③ X+儿 [r]$_{卷舌韵尾非独立音节}$(元明)

北京话"X+儿"构式的语法化是其构式义演化、语法功能变化与"儿"的语音语义变化互动的结果,主要表现在语音、语义和句法结构的共同变化。Himmelmann (2004)、Traugott & Trousdale(2013)认为,构式的形成是建立在特定的主体演变的基础之上的,而主体词的演变又与其所在的特定构式及词汇的语音变化密切相关。本文的研究表明,北京话"X+儿"构式的形成,是与主体词"X"和"儿"的演变分不开的,而主体词"X"的扩展和"儿"词缀的产生又离不开"X+儿"构式的演变,而"X+儿"构式的演变又离不开"儿"字语音一步步弱化,是主体词"X""儿"与其所在构式共同作用的结果。北京话"X+儿"构式的研究可以进一步丰富和发展有关主体词与构式关系的理论,可以进一步丰富和发展构式语法化关于语音、语义、句法、结构形式互动的理论。

五 北京话"X+儿"构式语法化的特征

通过对北京话"X+儿"构式各种用法、历史演变及其构式语法化过程考察,我们发现北京话"X+儿"构式语法化的特征,主要表现在以下五个方面:

5.1 语义句法互动

"X+儿"构式的形成特征主要是"儿"字由原来小儿义变为词缀,然后变为儿尾,其重要的特征之一就是语义句法互动。语义句法互动是指实词语义的抽象化与句法创新相互影响相互作用。语义变化包括实语素虚化,由实的语义变成虚的语义,以及词义的运用范围扩大。语义的这些变化引起词义结构的关系变化,导致词缀产生。"儿"本来是小儿，首先演变为表示小称，再演化为词缀，产生屈折构词和派生构词的语法功能。这是一个逐渐由语义触动到句法创新、句法创新再进一步语义演化的过程。

A. 表示小称。南北朝到唐代，"儿"与表示小名小字、小动植物、小事物的名词组合，这类结合引发"儿"开始专指小义，作小称。由于"儿"用以泛指小，此时一些不重要、不严肃、不大的事物进入结构式。

B. 构词构形。唐宋开始，比较大的事物名词进入"儿"字结构，就可以与表示非小的非生命体组合，如"船儿""桌儿"，引发"儿"语义虚化。"儿"的组合范围不断扩大，从生命体到非生命体，从小事到大事，语义进一步虚化，促发"儿"用于构词构形，语义完全虚化。

C. 标记词性。宋元时期，"儿"一旦虚化作词缀，理论上就可以与表示动作、性质的任何实词虚词组合。与动词、形容词组合的如"吃儿""好儿"。"儿"的组合范围进一步扩大，引起"儿"可进一步用于标记词类，成为功能词缀。

"儿"的语义句法互动是"X+儿"构式语法化的最重要的特征。"儿"由指小称名词之后进入非小称非生命体名词之后，与非指小的非生命体名词互动，语义虚化。"儿"从自由语素到曲折形式的演变，产生"X+儿"构式的语法化。接着，"儿"又在新的语境与动词、形容词互动，使原来作词缀的"儿"产生具有转化构词的语法功能，让"动词（形容词）+儿"转化成新的名词，"儿"起标记词性的作用。

5.2 扩展创新驱动

北京话"X+儿"构式是个宏观构式，其下面有多个微观构式，如"名词+儿"构式、"动词+儿"构式、"形容词+儿"构式等。这些微观构式的产生是因为"X+儿"构式的主体词、句法、语义语用得到了扩展创新：

A. 主体词扩展创新。"X+儿"在演变的过程中不断增加与"儿"搭配的主体词词类。先秦"儿"指小儿，与"儿"组合的主体词为表示小儿的名词，用于同义并列，如"孤儿""婴儿"（《史记》）。a.唐代以后，与"儿"组合的主体词开始为一般名词，用于构成新的名词。这些新词，有的词义不变，如"帽儿""眼儿"；有的词义发生变化，如"宝贝儿""肉皮儿"。同时，与"儿"组合的主体词可以为时间、处所名词，用于构成新的表示时间和处所的名词，如"今儿""里儿"。与"儿"组合的主体词还可以为表示复数和双数的名词成分，用于构成新的复数和双数名词，如"哥们儿""爷们儿""娘儿俩""爷儿俩"。b.与"儿"组合的主体词可以为动词、形容词，用于构成新的动词、形容词，这些新词，有的词义不变，如"脱滑儿""撒欢儿"；有的词义发生变化，如"玩儿""颠儿"。与"儿"组合的动词、形容词还可以转化词性，用于名词，如"唱儿""圈儿""尖儿""破烂儿"。c.与"儿"组合的还可以扩展为副词，用于构成新的副词，如"一般儿""尽兴儿"。d.与"儿"组合的还可以扩展为量词，用于数量结构，有的修饰中心语，如"三口儿""三升儿"；有的充当名词性成分，如"一对儿""一程儿"。e.与"儿"组合的还可以扩展为代词，用于称代和指示，如"怎么儿""哪儿""这儿""那儿"。大多数词类都能与"儿"搭配，大大地促发"X＋儿"构式的演变与发展创新。

B.句法扩展创新。随着越来越多的主体词词类与"儿"搭配使用，"X＋儿"引申到更多的句法环境中。唐宋，人名、动物名和非生命体名词与"儿"搭配使用，"X＋儿"用于主语、宾语等核心论元。元明，表示动作行为的动词和表示事物性质状态的形容词与"儿"搭配，"X＋儿"可以用于谓语、定语等论元。表示动作行为时间、范围、频率、方式等副词与"儿"搭配，"X＋儿"可以用于状语、补语等非核心论元。表示数量和分类的量词与"儿"搭配，"X＋儿"可以用于中心语的修饰成分，也可以独立作宾语等论元。

C.语义语用扩展创新。"X＋儿"在演变的过程中，由于"儿"的基本义指小，在语义或语用环境中发展出小称用法。小的东西往往是可爱的，在特定的语境中发展出爱称用法。同时，小的东西又往往是看不上眼的，在特定的语境中发展出蔑称用法。"X＋儿"构式这些多义现象产生的根源受说话人主观态度的影响。一般而言，对待亲近的熟悉的人和事物用"X＋儿"。

主体词、句法、语义语用的类型扩展创新既是"X＋儿"构式语法化的重要因素，又是"X＋儿"构式语法化的重要特征。正因为有这些类型扩展，才有可能促成"X＋儿"构式的语法化。

5.3 主观移情

主观移情（empathy）是指说话人为了表达对人或事物的立场观点和主观情感，或因为语用的需要，将自己视作所描述对象中的一个参与者。"X＋儿"构式中，原本，"儿"字因其有小或卑贱义，极易发展成喜爱或厌恶。喜爱或厌恶又是一种主观态度，而让人产生怜爱之心、亲切之感或讨厌之情。从表达功能看，鉴于说话人的主观态度，只要"X＋儿"所强调的是人、动物或事物，那么说话人就会极为情愿将自己视作他们的参与者，而且认为该参与者是可爱者或可恶者，并根据常理来判断这件事情是乐见其发生，亦或是不愿见其发生。如：

（16）布帘起处，摇摇摆摆走出那个妇人来。生得如何？但见：黑鬒发鬒儿，细弯弯眉儿，光溜溜眼儿，香喷喷口儿，直隆隆鼻儿，红乳乳腮儿，粉莹莹脸儿，轻袅袅身儿，玉纤纤手儿，一捻捻腰儿，软脓脓肚儿，翘尖尖脚儿，花簇簇鞋儿，肉奶奶胸儿，白生生腿儿。(《水浒传》第四十四回)

此例是《水浒传》第四十四回中有关潘巧云人物面貌的一段肖像描写，全是带

"儿"。她有一对"光溜溜眼儿",这是什么样的眼儿?李卓吾替作者批道:"就是淫妇了。"因为在作者的眼里,淫妇在偷汉子时常常是用一对光滑而活溜的眼儿,与对方眉来眼去。作者用"光溜溜眼儿"这样的"儿"尾形式把潘巧云这个淫妇的特点刻画得淋漓尽致,深刻地表达作者所要揭示的人物形象特征。事实上,下文就发生有关潘巧云与一个叫裴如海的老实和尚"眉来眼去,以目送情"的丑态。

当把口语化、俚俗化的"X+儿"构式用来描写人物、动物和事物时,总是含有说话人的主观情感,向读者传递喜爱或厌恶的感情。

5.4 语音促发

"X+儿"构式中的儿化结构,有一部分是小称语义虚化和扩展驱动的因素引起的,而还有一部分是语音的因素促发的。从元代开始,由于作为词缀的"儿"在读音上弱化,失去独立音节的地位,仅作为戏曲中的填词之用。这样,"儿"就可以突破前面词类的限制,可以在更广泛的词、短语的后面和中间出现。对比下面"X+儿"和"X"的用法:(引自董绍克1998)

(17a)〔做向古门问科,云:〕大哥,那里是那牢哩?〔内应云:〕<u>高墙儿矮门</u>,<u>棘针屯着</u>的便是。(高文秀《元曲选·双献功》第三折)

(17b)〔正末云:〕哦,<u>高墙儿矮门儿</u>,一周遭<u>棘针屯着</u>的便是。多谢了大哥。(同上)

(17c)〔正末云:〕叔待,你家里人一定不老实,可怎么<u>高墙矮门儿</u>,一周遭<u>棘针儿屯着</u>?〔牢子云:〕呆厮,跟的我来,这是牢里。(同上)

(17d)【七兄弟】〔正末唱〕阁不住两眼恓惶泪,俺哥哥<u>含冤负屈有谁知</u>?兀的不断送在<u>高墙厚壁矮门内</u>?(同上)

(17a)中"高墙儿矮门"与(17b)中"高墙儿矮门儿"都与"棘针屯着"对文,"儿"不发出独立音节;(17c)中"高墙矮门儿"与"棘针儿屯着"对文,虽然字数相同,但这两"儿"在读音上失去发音;(17d)中"高墙厚壁矮门内"与"含冤负屈有谁知"对文,都是实语素词,不用"儿"。正是由于"儿"字语音弱化,失去独立音节,"儿"可以在更广泛的场合使用。

表示人的姓氏和地名的词,有一部分能进入"X+儿"构式。人的姓氏和地名与"儿"搭配的时候,韵律性比较强,它们搭配的节律受到一些语音规则的限制。研究发现,主要是舌尖后辅音与"儿"结合,韵腹或韵尾与"儿"协同发音。一般舌位靠后的音倾向于带"儿",发腹元音韵母韵尾的音是后位的。如:o/e/u/ao/ou/iao/iu/uo/ang/uang/iang。(石锋2003,江海燕2010)正因为这些,"儿"经历了从自由语音到黏着音节的演变。元代开始的音变儿化,是语音条件促发的。因为句子中有的"儿"只作为衬字,读音与没有"儿"的语词一样。

5.5 语体作用

"X+儿"构式,在语义上具有小称、爱称、蔑称的作用,可以尽情地表达说话人心中的喜怒哀乐;在功能上帮助构词、创造新词、标记词性的作用,可以及时创造新词,准确描写人物、叙述故事;在语音上有韵律作用,可以使语言轻快悦耳,富有音乐美;在语体上具有口语性,能适应口语化、通俗化的文学形式。也就是说,"X+儿"构式适合用于带有口语性和市民性特色的通俗语体。正因为如此,"X+儿"构式历来深受"说话"艺人、书会行人和通俗小说作家的青睐。如王实甫《西厢记》(第一折)小生张君瑞初见红娘时的一段宾白和唱词,宾白云:"休说那模样儿,则那一对小脚儿,价值百镒之金。"唱词云:"且休题眼角儿留情处,则这脚踪儿将心事传。""小脚儿"反映红娘的姿态娇美,"眼角儿"反映红娘不仅外貌美,而且富有感情。表达出在张生眼中红娘的外貌和形态秀美动人。

唐代,民间流行的"说话"以及佛教徒宣传教义的"俗讲"(变文),都是说唱,这使得"X+儿"形式迅速发展。到了宋代,随着民间"说话"技艺发展,形成一种民间文学——话本。话本小说是宋代汉族民间文学的代表,作品中大量使用"X+儿"结构,这带动"X+儿"结构进一步发展。元代,在唐宋以来俗讲、话本、词曲等讲唱文学的基础上,在金院本和诸宫调的直接影响之下,加上各种戏曲艺术的积累和发展,形成杂剧曲艺这种新的文学形式。杂剧和曲艺的产生为"X+儿"结构的使用提供了更大的空间。明清,产生了直接取材于民间市民等社会下层阶级、以章回的形式表达人们喜怒哀乐的章回小说。章回小说的发展为"X+儿"结构的发展提供了更加深厚的土壤。在这些通俗作品中,几乎处处用"儿"字。正如清翟灏《通俗编》(三十三卷)"儿字"条所说:"载小儿戏耍事,鼓儿、板儿、锣儿、刀儿、枪儿、旗儿、马儿、闹杆儿、棒槌儿,盖无一物不助以'儿'者。"作家正是巧妙地运用"X+儿"构式,来描写人物、叙述事件、表达情感。

总之,为适应市民文化的需要,从唐代变文和传奇文学开始,到宋代艺场"瓦肆""瓦子"等地说唱等通俗文学兴起,再到元曲、元杂剧和明清章回小说的诞生和发展。它们通过"X+儿"形式反映下层人民的生活,讲述日常生活故事,描写人物性格。通俗语体文学的兴起和发展为"X+儿"结构提供了使用的土壤,推动了"X+儿"构式的迅速发展。

另外,汉语词汇在构词上是朝着双音化的方向发展的。从魏晋时期开始,汉语双音化进程就一直没有停止过。单音节词根加上"儿"正好构成双音节形式,它顺应双音化的发展要求。这一双音化的趋势也在促进"X+儿"构式的发展。

六 结论

北京话"X+儿"构式的构式化演变表现在意义、语法功能和语音三个方面：

a.意义上，构式义从魏晋南北朝时期客观小量，到宋元时期演变为主观小量和名词量特征的过程；

b.语法功能上，从南北朝时期并列的两个自由语素构词，到唐宋时期演变为前重后轻的屈折构词和派生构词的演化过程；

c.语音上，"儿"从魏晋南北朝时期的自由独立音节，到唐代弱化为轻声音，再到元明时期弱化为非自由音节的卷舌音的过程。

北京话"X+儿"构式的语法化演变有三个重要标志：

a.唐代"儿"核心义素虚化为词缀，是"X+儿"构式迅速发展的标志；

b.宋代"儿"附加在动词和形容词之后转指事物，是"X+儿"构式发展成熟的标志；

c.元明时期卷舌韵尾的产生和发展，它是凸显北京话特色的标志。从这一现象来看，元代可以算作北京话的初始阶段。

北京话"X+儿"构式的演化研究发现，它的演变是渐进的、连续的，存在新形式的产生、新旧形式的共存、旧形式被取代的演变过程；它的演变是一个构式化的过程，先是语法化，然后是词汇化，同时也伴随有主观化的存在。北京话"X+儿"构式的演变实际发生演化的是整个构式变化，而非单个具体的词汇项。把构式语法和构式化理论纳入汉语历时句法研究，可以进一步丰富和发展汉语语言研究。

参考文献

曹志耘　2001　《南部吴语的儿称》，《语言研究》第3期。
董绍克　1998　《试证元曲中的儿化音》，《中国语文》第3期。
董志翘　2008　《"儿"后缀的形成及其判定》，《语言研究》第1期。
方　梅　2007　《北京话儿化的形态句法功能》，《世界汉语教学》第2期。
侯精一　2001　《试论北京城区话的形成》，《中国语学》第248号。
贾采珠　1990　《北京话儿化词典》，语文出版社。
江海燕　2010　《北京话姓氏的儿化现象》，《中国语文》第2期。
李思敬　1986　《汉语"儿"音史研究》，商务印书馆。
林　焘　1987　《北京官话溯源》，《中国语文》第3期。
罗杰瑞　2004　《关于官话方言早期发展的一些想法》，梅祖麟译，《方言》第4期。
毛修敬　1984　《北京话儿化的表义功能》，《语言学论丛》第12辑，商务印书馆。
彭宗平　2005　《北京话儿化词研究》，中国传媒大学出版社。

平山久雄　2000　《北京话一种儿化变调的成因》,《中国语文》第5期。
石　锋　2003　《北京话儿化韵的声学表现》,《南开语言学刊》第2辑。
太田辰夫　1958/2003　《中国语历史文法》,蒋绍愚、徐昌华译,北京大学出版社。
王福堂　2002　《北京话儿化韵的产生过程》,《语言学论丛》第26辑,商务印书馆。
王　力　1958/1980　《汉语史稿》,中华书局。
王云路　1998　《说"儿"》,《杭州大学学报》第3期。
文　旭　2014　《语言的认知基础》,科学出版社。
颜　峰　2002　《略论汉语方言儿化韵的历史演变》,《语言研究》(特刊)。
郑张尚芳　1979　《温州方言的儿尾》,《方言》第3期。
周一民　1998　《北京口语语法(词法卷)》,语文出版社。
朱德熙　1983　《自指和转指——汉语名词化标记"的、者、所、之"的语法功能和意义》,《方言》第1期。
Heine, Bernd, Ulrike Claudi & Friederike Hünnemeyer　1991　*Grammaticalization: A Conceptual Framework*. Chicago: University of Chicago Press.
Himmelmann, Nikolaus P.　2004　Lexicalization and grammaticalization: opposite or orthogonal? In Bisang, Himmelmann & Wiemer (eds.) *What Makes Grammaticalization?* 21–44. Berlin & New York: Mouton de Gruyter.
Hopper, Paul J. & Elizabeth Closs Traugott　2003　*Gramaticalization*. Chicago: The University of Chicago Press.
Traugott, Elizabeth Closs & Graeme, Trousdale　2013　*Constructionalization and Constructional Change*. Oxford: Oxford University Press.

Constructionalization of "X+*er* 儿 suffix" Construction in Beijing Dialect
LONG Guofu

Abstract: The grammaticalization of "X+*er* 儿 suffix" construction in Beijing dialect is expressed in three aspects: (a) the meaning of the construction from the objective small quantifiers to the quantifiers of the subjective small and the noun respectively; (b) the grammatical function from the compound word to the inflection and the derivation; (c) phonetic features from two independent syllables to independent syllable with a soft voice to the dependent syllable with scroll tongue. Its evolution is the result of the interaction of the meaning of the construction, grammatical function and phonetic features. The features of grammaticalization of "X+*er* 儿 suffix" construction include semantic generalization, extended drive, subjective empathy, phonetic stimulation and stylistic function.

Key words: "X+*er* 儿 suffix" construction in Beijing dialect, constructionalization, construction grammar, features

(龙国富　中国人民大学文学院　100872)

东北官话表时间的"头"及其语法化考察

张明辉

提　要　东北官话表示时间顺序的手段之一是"头+X"，其中的X可以是时点词及时段词，也可以是动词性成分。据考察，"头"的这些用法是从表示"头部"的本义语法化而来的，从东北官话共时平面"头"的各种用法可以总结出"头"的语法化路径。可以看出，东北官话保留了汉语史发展过程中出现的表时间的全部用法，且从这些用法中，可以看出"头"由实到虚、由语义到功能的演变。

关键词　东北官话　"头"　时间　语法化

一　引言

任何语言或方言都有时间顺序范畴和相应的表示时间顺序的手段，正如普通话用"……之前"，经调查，东北官话常用"头"。据《中国语言地图集·汉语方言卷（第2版）》（2012），东北官话区共有198个方言点，分为吉沈片、哈阜片和黑松片，使用人口9802万。我们对上述三个方言片区中的37个方言点进行了调查，发现每个方言都用"头"表示时间，用法基本一致，只是使用频率略有不同。

我们将东北官话表示时间的"头"的用法总结如下：

（1）<u>头</u>两年他去过一次，今年不想去了。（两年之前他去过一次，今年不想去了。）（黑龙江鸡西市）

（2）<u>头</u>两年收成好，后两年不行了。（第一年第二年收成好，第三年和第四年不好了。）（吉林舒兰市）

（3）你<u>头</u>五点来。（你五点之前来。）（吉林白山市）

（4）<u>头</u>五点之前人家就到了。（五点之前人家就到了。）（沈阳市）

（5）<u>头</u>走之前把这些都修好。（走之前把这些都修好。）（哈尔滨市）

（6）<u>头</u>走来一趟。（走之前来一趟。）（长春市）

我们可以看到，东北官话中的"头"是一个时间词，且有进一步向时间标记词虚化的趋势。下面总结东北官话时间词"头"的用法。

二 东北官话时间词"头"的两种用法

我们将上述用法总结为两种:一种用于"头+时间词",另一种用于"头+动词"。经调查,东北官话普遍存在下面两种用法:

(一)头+时间词

这个结构中的时间词既可以是时段词,也可以是时点词。

1. 头+时段词

东北官话"头+时段词"是表示两种不同语法意义的同形结构。第一种表示"从开始往后数的那些时间","头三天"就是"从开始往后的第一天第二天第三天";第二种表示"从某个时间点往前数那些时间后到达的那个时间","头三天"就是"从某个时间点往前数三天所到达的那个时间点",即"三天之前"。例如:

(7a)头两天都还行,这几天不听话了。(从开始的第一天和第二天还行,这几天不听话了。)(辽宁锦州市)

(7b)你头两天才跟我说,有点晚了。(你两天之前才跟我说,有点晚了。)(内蒙古通辽市)

(8a)头一个月一直没人来,现在好了。(从开始的第一个月一直没人来,现在好了。)(黑龙江大庆市)

(8b)头一个月你就得说,要不就晚了。(一个月之前你就得说,要不就晚了。)(内蒙古满洲里市)

例(7a)是第一种用法,"头两天"表示这段时间(两天)之内,全句表示两天之内这一段时间都处于"听话"的状态。而(7b)是第二种用法,"头两天"表示以说话时为参照的"两天之前"的那个时间节点,这个时间点是"跟我说"发生的时间。例(8)内部的区别也是如此,(8a)中"头一个月"指"从前面开始数的一个月",(8b)中"头一个月"指"距离预期时间一个月之前的那个时间"。这类结构中的时间词一般为表时量的数量结构,常用的主要就是年、月、星期、天以及小时、分、秒与数(量)词构成的数量结构,如一年、三个月、五个星期、七天、九个小时、十一分钟、十三秒。此外,还有专门的时量词构词的数量短语,如"一阵子""一段时间",构成"头(一)阵子""头(一)段时间",其中的数词可以省略。这两种不同语法意义的同形结构在语音和句法方面存在不同:语音方面表示为焦点和重音的不同,如(7a)重音在"头","头"和"两天"之间结合紧密,都是焦点;(7b)焦点和重音都落在"两天"上,"头"不会重读,"头"和"两天"之间可以有明显的停顿。句法方面表现为共现副词的不同,如(7a)(8a)"头+时段词"的后面可以加"一直""都"等表示持续或总括类词语，（7b）（8b）"头+时段词"的后面可以加表示限定的副词"就""才"。虽然东北官话中"头+时段词"可以表示两种不同的语法意义，但在无上述重音及共现副词的条件下，多表示第二种语法意义，即表示"……之前"。例如：

（9）你头一天去，现去就晚了。（你在预期时间的一天之前就得去，到约定那天去就晚了。）（黑龙江伊春市）

（10）你头一周开始准备，肯定不赶趟儿。（你在预期时间的一周之前才开始准备，肯定不赶趟儿。）（辽宁铁岭市）

2. 头+时点词

在东北官话中，"头"还有一种用法，也可以用于时点词的前面，构成"头+时点词"结构。这些时点词不是一般的时间名词，主要指表示节日、节气及24小时内的具体时刻，如：

（11a）他家孩子头三十儿能回来。——（11b）他家孩子在三十儿之前能回来。（辽宁新民市）

（12a）头小年得把账算清。——（12b）小年之前得把账算清。（辽宁绥中县）

（13a）头正月剪头。——（13b）正月之前剪头。（辽宁绥中县）

（14a）头3点来就行。——（14b）3点之前来就行。（黑龙江佳木斯市）

这些结构仅表示上述第二种语法意义，即表示在某个时间点之前。这个语法意义在东北官话中用"头+时点词"来表示（如a类），在普通话中用"时点词+之前"来表示（如b类）。然而，在东北官话中，也有将上面两种表示方法结合起来综合运用的方式，即"头+时点词+之前"，例如：

（11c）他家孩子头三十儿之前能回来。（黑龙江佳木斯市）

（12c）头月底之前得把账算清。（辽宁辽阳市）

（13c）头正月之前剪头。（辽宁法库县）

（14c）头3点之前来就行。（吉林延吉市）

c类语法意义与a类、b类相同。

（二）头+动词

东北官话中，"头"还可以跟动词组合，表示"在这个动作发生之前"，例如：

（15a）头走说一声。（走之前告诉我一声。）（黑龙江齐齐哈尔市）

（16a）头吃饭把这个整利索。（吃饭之前把这个处理好。）（内蒙古呼伦贝尔市）

（17a）头来先吃了一口。（来之前先吃了一口。）（辽宁盘锦市）

这个结构所表示的语法意义与上面"头+时点词"（如上例11a—14a）表示的语法意义相同，正如"头+时点词"可以变换成"头+时点词+之前"结构，"头+动词"也可以变换成"头+动词+之前"，例如：

（15b）头走之前告诉我一声。（走之前告诉我一声。）（黑龙江讷河市）

（16b）头吃饭之前把这个整利索。（吃饭之前把这个整利索。）（辽宁本溪市）

（17b）头来之前先吃了一口。（来之前先吃了一口。）（辽宁抚顺市）

b 类语法意义与 a 类语法意义相同，两种说法都可以，b 类用法的使用也不排除是受到"头+时点词+之前"结构的影响。

综上所述，"头+时间词"结构无非表示两种语法意义，一种可以简称在某个时间之内，另一种可以称为某个时间之前。"头+时段词"可能表示第一种语法意义，而"头+时点词"和"头+动词"仅表示第二种语法意义。就第二种语法意义来说，整个"头+X"结构内部的语法意义完全相同，都表示某个时间之前，无论 X 是何种类型的词语，无论是东北官话内部的哪个方言点，内部都具有同一性。但其中"头"的性质并不完全相同，但仍是同一个"头"经历不同语法化阶段的共时结果。

三 东北官话时间词"头"的语法化分析

通过上文对东北官话"头"用法的分析，我们知道东北官话的"头"保留了时间词的用法，且具有词典没有收录的更加丰富的用法①。于是，我们将对东北官话中的"头"进行语法化分析，揭示其在东北官话中表时间义的共时语法化路径。

（一）从空间到次序的隐喻性语义演变

由于隐喻思维的存在，表示空间方位上下的认知域可以整体映射到表示次序的认知域。在空间关系中，头为"上端"，脚为"下端"，反映在语言层面，可以用"头"来表示"上端"的概念，用"脚"来表示"下端"的概念，如"山头""山脚"等。人体不仅可以站立，还可以平躺，如果以平躺方向为参照，即首尾关系，则头为"首端"，脚为"尾端"，反映在语言层面不仅有"首尾"并用的形式，如"首尾相连""首尾照应"；还有"头尾""头梢"并用的形式，如东北官话中的"有头有尾""船头船尾""炕头炕梢"等，其中的"头"即表示"首"的概念，"梢"表示"尾"的概念。东北官话中的"头"符合人类比较普遍的语法化路径：上端 > 首端。

"头"可以处于纵向和横向的空间序列中，可以作为一个空间序列的首端，表示这

---

① 《汉语大字典》(1990) 记录了"头"的 10 个义项，其中表时间的仅有 1 项：⑨方言。临到；接近。如：头吃饭要洗手；头五点就得动身。《汉语大词典》(1993) 记录了"头"的 13 个义项，其中表时间的有 2 项：④前，表示时间在先的。《儒林外史》第七回："直到第二日要发童生案，头一晚才想起来。"⑰从；临。表示时间接近某一点。金董解元《西厢记诸宫调》卷六："头西下控着马，东向驭坐车儿。"《醒世姻缘传》第十六回："头你们出来的两日前边，把我与晁凤叫到跟前。"黄肃秋校注："头，打、从、自、在。"《人民文学》1981 年第 8 期："头春节，人缓过来了，债也堆起来了。"

种概念的"头"一般用于"X+头"结构，义为"X的上端、首端"，见上文用例。此外，我们在元代的文献中还发现下面的用例：

（18）咱每做汉儿茶饭者。头一道细粉，第二道鱼汤，第三道鸡儿汤……（元《古本老乞大》）

例（18）中的"头"用于"头+X"结构，义为"开始（第一）的X"，"头一道"的"头一"显然为"第一"之义。不难看出，"头"由空间的"首端、上端"义隐喻出次序的"开端"义，"开端"即"第一"，"头"完成了从空间到序列的隐喻性映射。东北官话保留了相同的用法，不仅有表示动作序列的"头婚""头胎"，也有表示程度、等级序列的"头等""头名"，也有表示单位序列的"头回""头把"这样的用法。我们可以把这个语法化路径总结为：首端＞开端＞第一，东北官话"头"的共性用法也体现着这样的语法化过程。

（二）从次序到时间的隐喻性语义演变

客观世界和主观世界中的大量事物都存在于一定的序列中，具有一维属性的时间域更是一个典型的序列，时间词都处于某个序列中，因此，表示序列开端的"头"自然可以用于表示时间的开端。另一方面，"头+X"本身是一个能产性很强的结构，在类推的作用下，X还可以扩大到表示其他范畴的词语，包括时间词。因此，一方面是受认知思维中无处不在的隐喻思维的影响，另一方面受结构自身类推的影响，在两方面共同作用下，"头+时间词"的用法大量出现，例如：

（19）判官道："大舅，你有所不知，大凡人死之时，头一日，都在当方土地庙里聚齐。第二日，解到东岳庙里，见了天齐仁圣大帝，挂了号。第三日，才到我这酆都鬼国。"（明《三宝太监西洋记（四）》）

（20）今年老佛爷办万寿，头日挂上此灯，第二日不见灯影了。（清《三侠剑（中）》）

例（19）中的"头一日"是以"人死之时"为时间序列，表示这个时间的开端，后面有"第二日""第三日"；例（20）以"办万寿"所经历的时间为序列，表示开端。综上，我们称其中的"头"为"头$_1$"。

此外，我们在文献中又发现了下面的用法，我们称其中的"头"为"头$_2$"。例如：

（21）头年妻子又死去了，今年正是六十正寿，上他这里来祝寿的甚多。（清《小五义》）

（22）头年里还看见日头是红的，今年连日头也看不见了，行动都着人领着。（明末清初《醒世姻缘传》）

上述例句中，与"头年"相对的是"今年"，而不是"二年""次年"，"头年"表示的时间是"今年前面的那一年"，这个时间也是说话者所述时间序列的开端，在这句话中不会再述"头年"前面的时间。

如果说"头₁"表示的是某个客观时间序列的开端,则"头₂"表示的是以说话时为视角的时间序列,说话时一般用定指标记,即"头₂"表示的是先于说话时的跟此次话题相关的某个时间。若说话时为"今天",先于说话时的那一天则为"头₂天",若说话时为"今年",先于说话时的那一年则为"头₂年"。因此,"头"可以表示两个不同视角下的时间序列的开端,"头₁"引申为"(第)一","头₂"引申为"先前的"。

受到类推机制的影响,"头+时间词"进一步扩大使用范围,还可以用于没有明显时间序列的结构中,即单独使用"头日""头年",而表示后序时间点的词语"今日""今年"或"第二日""第二年"不出现,此时"头日""头年"中的"头"既可能表示"(第)一",也可能表示"先前的",只能根据语境来判断。在长期大量使用的历时发展过程中,一些单音节时间词与"头"已经词汇化为词库的成员,如"头天""头晚""头年"等,这些用法在东北官话中保留下来。

综上所述,我们将"头"在东北官话中的语法化路径总结如下:

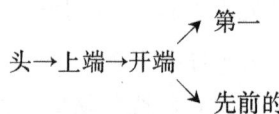

除了上述用法以外,东北官话的"头+时间词"还有其他用法,其中"头"的具体语义也发生了变化。东北官话的这种用法在近代就已经出现,下面我们从历时角度进一步分析"头"在表时间序列开端的基础上的语法化过程。

1. "头"由"先前的"演变为"在……之前"

据历时文献,"头+时间词"在使用中出现了以一段时间作为序列中的一点的用法:

（23）头三年来一道人,说是传给我儿的能为艺业。三年已过,我以为他传授了他弓刀石,谁知道今天他在外头一练,我一看原来跟我当年在朝为官的时候,所审问的大案贼一般不二。（清《大八义》）

（24）乔贞说:"他是我的岳父,头五年在贾家庄,咱们还同桌吃过一回饭。"（清《彭公案》）

很显然,从语境来判断,上述例（23）中的"头三年"不是由"头₁"表示的"第一个三年",而可能是由"头₂"表示的"先前的三年"。单独说"先前的三年"是一个较为模糊的时间概念,但在例（23）这样语境中,义为"先于说话时三年",即"在三年之前",如下图所示:

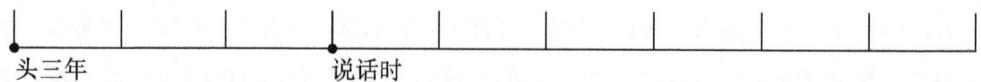

同样,例（24）表示"在五年之前",二者中的"头"都表示"在……之前"。这种用

法的"头"是由"头₂"引申而来的,"头₂"位于时点词之前,表示"先前的","头晚""头天""头年"就是以"(一)晚""(一)天""(一)年"为划分时间序列的标准,表示"在(这一)晚先前的晚""在(这一)天先前的天""在(一年)先前的年",如下图所示:

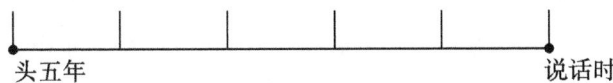

当"头"后面是时段词时,就以这个时段词作为划分时间序列的标准,上面例(23)就是以"三年"作为时间序列的划分标准,"头三年"就表示"在(这三)年先前的年",例(24)就是以"五年"作为时间序列的划分标准,"头五年"就表示"在(这五)年先前的年"。如下图所示:

```
|————————————————|
头五年            说话时
```

"头三年""头五年"都仍然表示的是一个时间序列的开端,其中的"头"准确地说都表示"在……之前"。因此,可以说由"头₂+时段词"结构向"头₂+时点词"结构发展的过程中,"头₂"的语义就可能由"先前的"演变为"在……之前"。

2. "头"由"第一"演变为"开始的"

此外,在现代东北官话中,"头+时段词"还有另外的用法,如上文的(7a),再如:

(25)头三年都还行,这三年不行了,后三年还不知道会咋样。(抚顺市)

(26)头三年都还行,第二个三年不行了,第三个三年又好了。(海城市)

例(25)这样理解:从开始的第一年、第二年和第三年还行,以说话时为中心的第四年、第五年、第六年不行了,后面的第七年、第八年、第九年不知道会怎么样。可以看出,其中的"头三年"并不是"三年之前",而是"开始的三年",其中的"三年"是一个时间段,如下图所示:

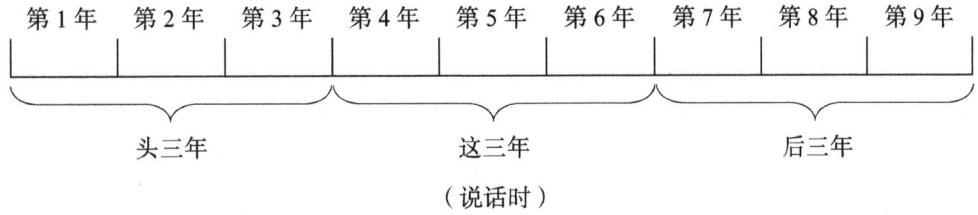

这句话是以说话者所陈述的某个时间序列为视角,"头三年"是这个时间序列的起点,是"这三年"序列中的成员,正如"头年"是"今年"序列中的成员一样。"头年"是"今年"前面的"年",那么,"头三年"就应该是"这三年"前面的"三年",即以

说话时为视角,"头三年"就是说话者所述时间序列的开端,只是这个开端较长,是一段时间。

例(26)这样理解:从开始的第一年、第二年和第三年还行,接下来的第四年、第五年、第六年不行了,再接下来的第七年、第八年、第九年又好了。可以看出,其中的"头三年"仍然表示"开始的三年",只是这句话的表述视角与例(25)不同,其是以某一个时间序列为视角,以这个时间序列的开端为陈述的起点,正如"头年"是"第二年"序列中的成员,"头三年"是"第二个三年"序列的开端,只是这个开端是一个时间段,如下图所示:

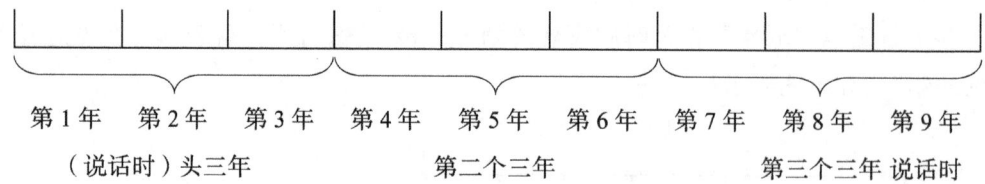

例(26)的说话时不是这个时间序列中的一点,而是在这个时间序列之前或之后,而例(25)的说话时是这个时间序列中的一点。

通过上文的分析,我们知道例(26)中的"头"为"头₁",即"第一",例(25)中的"头"虽然不能直接理解为"第一",但是语义与"第一"密切相关。"第一"虽然是一个较为具体的表量的序列,但同时也是一个序列的起点、开端,"头三年"就是"第一个三年",也是"开始的三年",在东北方言共时平面看,语义路径是"第一">"开始的",当然从历时看,也不能排除由"开端"直接引申出"开始",如岳飞《满江红》:"待从头,收拾旧山河。"

综上所述,我们进一步总结东北官话"头"的语法化路径:

```
                    ↗(第一)→ 开始的
头→上端→开端
                    ↘先前的 → 在……之前
```

3. "头 + 时段词"由"在……之前"演变为"开始的"

在上述演变路径的末端,"头"虽然引申出"开始的"和"在……之前"两个不同的语义,但是句法组合能力相同,都出现在"头 + 时段词"结构中,也就是说,在历时发展过程中,"头 + 时段词"可能经历了一个表义较为模糊的过渡阶段,由一种语义向另一种语义演变,即"A → A\B → B"。

汉语史的文献为这种演变提供了证据:从文献中可以看出,明代就出现了"头五更"这样的用法,通过上文可知,其义为"五更之前",如:

(27)道人头五更就挑了经担来,铺陈道场,悬挂佛像。(明《金瓶梅》)

此外，我们在清代的文献中还发现了这样的用例：

（28）申老伯去世的前头几年，记得那时候我只有十三岁。（清《官场现形记》）

（29）谁又见城隍爷有个甚么大灵应来着？我这里三年前头，忽然一天到了半夜里，听见那城隍庙里，就合那人马三齐笙吹细乐也似的。（清《儿女英雄传》）

（30）"头你们出来的两日前边，把我与晁凤叫到跟前。"（明末清初《醒世姻缘传》）

（31）"众位，不是我黄某说句大话，想当年我在绿林之中，并无遇见对手，头八年前我在德州镖打窦尔墩，我做买卖永远都是单人独骑，并不搭伴，绿林中像我这样的人也很少。"（清《彭公案》）

根据上下文语境，我们知道上例（28）—（31）中所有的由"头"构成的时间结构都可以表示"在……之前"，却用了三种不同的结构："时段词+前头""前头+时段词""头+时段词+前"。后两种结构与"头+时间段"相比，有两个特点：一是增加了一个表示时间的词语"前"，"头"与"前"共现；另一个是语序可以更加灵活。这三类不同结构的语法意义也并非完全相同，例（30）（31）中"头+时段词+前"结构十分明显地表达"在……之前"之义，与之相比，例（28）（29）的表义就较为模糊，特别是例（28），如果离开上下文语境，既可以表示"开始的几年"，也可以表示"在几年之前"；例（29）也可能表达两种语义，但更倾向于表达"在……之前"之义，因此，从以上四个例句中就可以看出清代共时平面"（头）+时段词+（前）"已经可以理解为不同的语义。一是更倾向于表"在……之前"之义，二是倾向于表"开始的"之义。

"头+时段词"语义逐渐出现分化的原因，我们可以作这样一个推论，"头+时段词"表"在……之前"义逐渐被"头+时间词+前"结构所代替，"头+时段词"主要表"开始的"之义，但其表"在……之前"义的用法仍然存在。在演变过程中，有两个因素是语法化的重要动因：一个是语序转移动因，即"前"由前向后的转移是语义演变的重要动因；另一个是语义转移动因，也是语义竞争的结果，即"前、之前"义主要由"前"承担，而"头"的词义逐渐弱化，处于"标记某一时间点"过程中，因此，也有人认为该结构中的"头"义为"从、临"，如《汉语大词典》（1993）。

总之，我们从共时平面确实可以看出东北官话"头"的语法化结果，但认为"头"仍处于语法化过程中，可以看成时间词。

既而，我们进一步总结东北官话"头"的语法化路径：

```
                    ↗（第一）→ 开始的
头→上端→开端              ↑
                    ↘ 先前的 → 在……之前
```

（三）从时间到时间标记的隐喻性语义演变

综上所述，"头+时段词"中的"头"仍然可以看成是词汇成分，具有表时间义。然而，东北官话还有"头+动词性成分"的用法，正如文章第一部分所述。

动词性成分表示一个动作过程或一个事件过程，"头+动词性成分"表示的是"在这个动作或事件发生之前"，该结构不排除是类推作用的结果，但其中"头"的组合关系发生了变化，将会引起"头"发生语法化演变。"头+动词性成分"结构通常跟另外一个主谓结构或谓词性结构同时使用，"头+动词性成分"整体表示后面事件发生的时间，起到时间状语或状语从句的作用。例如：

（32）头西下控着马，东向驭坐车儿。（金《西厢记诸宫调》）

（33）我头行路上许了些愿心，到腊月初一日宰猪羊祭赛天地。（明《金瓶梅》）

（34）他头进来的时候，程英才嘱咐他说："天下的事定不得……"（明末清初《醒世姻缘传》）

由于"头"后面动词性成分本身也表示一个事件，我们更倾向于将"头+动词性成分"看成状语从句，将"头"看成是来自时间词的半虚化的前置词。"头+动词性成分"作为时间状语从句表示主句动作发生的时间结点，主句动作事件发生在"头+动词性成分"之前，且两个动作发生的时间相邻。

四 结语

综上所述，我们再从总体上总结一下"头"的语法化的路径：

```
                    ↗（第一）→ 开始的
头→上端→开端                    ↑
                    ↘ 先前的 → 在……之前 → 前置词（标记时间）
```

以上语法化过程，路径清晰，有大量历史文献支撑。宋娜等（2019）认为保定方言中表示"之前"义的前置介词"tho^{22}"的本字为"投"。所在文献例证都为元代之前，故认为表之前义的"投"在元代没有用例，明代用例很少（有两个歧义例句），清代消亡。我们也由此认为，"投"的消亡与"头"的兴起可能是时间标记词的自然选择，从词义演变规律性看，二者都可能演变为时间词，都符合从身体到空间，从空间到次序，从次序到时间，从时间到时间标记的语义演变规律。

参考文献

高 航 严辰松 2007 《"头"的语法化考察》，《外语研究》第2期。

陆俭明 1991 《现代汉语时间词说略》,《语言教学与研究》第 1 期。
宋　娜　贝罗贝 2019 《保定方言时间前置介词"投"及其历时演变》,《中国语文》第 1 期。
赵　果 2017 《类型学视野下"头"的共词化分析》,《当代修辞学》第 3 期。

The Temporal Mark "*Tou* 头" and its Grammaticalization in Northeast Mandarin
ZHANG Minghui

Abstract: One of the syntactic structure to show the temporal order in Northeast Mandarin is "*tou* 头 + X", the constituent X in the structure can either be a time point word and a time section word, or a verbal phrase. According to our investigate, those uses of "*tou* 头" are grammaticalization results of its original semantic of "head", we conclude the grammaticalization path of "*tou* 头" from its uses on the synchronic level of Northeast Mandarin. It is observed that all those uses which show the temporal relationship in the development of Mandarin history are retained in Northeast Mandarin, we also observe the gramaticalization of "*tou* 头".

Key words: Northeast Mandarin, "*tou* 头", temporal, grammaticalization

（张明辉　辽宁师范大学文学院　116081）

从词汇的借用到语言的转用

——以东乡语为例*

敏春芳　付　乔

提　要　本文讨论的东乡语是受汉语影响最深的阿尔泰语系语言之一。由于长期处于汉藏语系包围之中，汉语借词比比皆是，随处可见，普遍的双语现象，最终导致了东乡民族局部的语言转用。一个民族逐渐放弃自己的母语而转用另一语言时，语言之间的借用、普遍的双语和语言转用是一个连续的阶梯。语言接触中，词汇的借用始于语言接触的初始阶段，继续发展，就导致双语现象。普遍的双语未必导致语言的混合，但可能会导致语言的转用。

关键词　东乡语　汉语借词　语言接触　双语　语言转用

一　东乡语借词概况

甘青河湟地区和河西走廊分布着诸多民族，东乡族、撒拉族、土族、裕固族、保安族五个民族是甘青河湟地区的特有民族，有自己的民族语言，没有文字。各民族言语异声，和睦共处。"各美其美，美美与共"！其中东乡语长期处于汉藏语系包围下，是受汉语影响最深的阿尔泰语系语言之一，汉语借词比比皆是，随处可见。

（一）东乡语借词范围

1. 根据之前学者们研究的数据，东乡语借词为45%左右[①]。我们从2009年到2013

---

* "西北地区的语言接触研究"是我在导师曹广顺先生的启发和鼓励下展开的，感谢先生多年来的关心、指点和无私帮助。谨以此文恭祝先生七秩华诞。项目来源：国家社科基金重大招标项目"西北民族地区回族话与回族经堂语、小儿经语言研究"（17ZDA311）。

① 据《临夏回族自治州概况》（1986）：东乡语言属阿尔泰语系蒙古语族，其中蒙古语成分约占60%，汉语成分约占20%，还有约20%的阿拉伯语和波斯语成分。阿·伊布拉黑麦（1988）认为，东乡语借词包括汉语、突厥语、阿拉伯语、波斯语等，借词在东乡语词汇中占百分之二十左右。马国良、刘照雄（1988）两位学者均指出：东乡语里借词较多，从汉语吸收的借词约占常用词的十分之四。Field（1997）统计：布和等编的《东乡语词汇》共4522条，汉语借词是1623，占36%；另，还有东乡语+汉语：161，占3%；汉语+东乡语：271，占6%；三项加起来占45%。钟进文（1997）指出，东乡语是一个受汉语影响较深的语言，东乡语中的汉语借词达45%。

年的几年时间，对《东乡语汉语词典》（1983年开始收集，2001年出版）的10800条词汇重新调查，结果显示汉语借词占到了58%，汉语借词在30年内增长了13%。东乡语和汉语的接触规律也是"词汇优先"，最容易吸收和受影响的部分是词汇，尤其是不同语言的文化词。东乡语中的文化借词有"jiənshi"（电视）、"ʂu"（书）、"zhiyen"（纸烟）、"hontun"（黄铜）、"ɕiəndʐan"（县长）、"qinzi"（裙子）、"izi"（胰子/香皂）、"heitang"（黑糖/红糖）[①]等，还有实词方面的借用，也有功能词方面的借用，还包括连词和各种起语法作用的小品词等。

2. 数词是基本词汇。东乡语保留一套完整的与蒙古语基本相同的数词系统。但与别的词类一样，东乡语的序数词、约数词和分数词的变化形式及其附加成分却都借自汉语，而与蒙古语的变化形式和附加成分完全不同。东乡语十以下的基数词使用的是固有词，十以上的基数词一律使用汉语借词。如"ʂɯ dʑiu（十九）""ɚ ʂɯ（二十）""bə（百）""tɕiɛn（千）""uan（万）"等。表示人或事物次第的序数词通常用汉语借词，读音上是将舌尖辅音读为舌面前辅音。例如：dʑi ɚ（第二）、dʑi san（第三）、dʑiyi giə（第一个）、dʑi u giə（第五个）等。

表示事物几分之几的分数词和百分之多少的百分数，也常用汉语借词。例如：
sanfəndʐɯ yi（三分之一），bəifəndʐɯ ba ʂɯ（百分之八十）

东乡语专用量词绝大多数借自汉语。如表示度量衡单位的：dʐaŋ 丈、tʂi 尺、sun 寸、fən 分、dʑin 斤、liaŋ 两、dəu 斗、ʂən 升、mu 亩、dan 石、li 里等。

表示货币单位的借词：kuai 元、dʑiau 角、fən 分。

表示计件单位的借词：dʐaŋ 张、tiau 条、ʂuaŋ 双、fu 副、baŋ 帮、dʐuŋ 种、jaŋ 样、dʑiaŋ 间等等。

表示动作次数的借词：fa 次、taŋ 趟、bian 遍等借词屡见不鲜，我们不再一一赘举。

3. 语言接触的一般规律是，当两种不同类型的语言深度接触后，还可以借入名词复数标记、构词词缀等。东乡语名词复数形式除了 -lɑ，有时还使用 -ɕiə[②]。-ɕiə 加在亲属称谓的专有名词后面，表示该词根所指的人具有两个以上的复数。如"gaji dʑiau+ɕiə → gaji dʑiauɕiə"哥哥和弟弟们，"-ɕiə"是借自汉语的"些"。敏春芳（2021）根据 Thomason（2001）的语言借用，词缀借用发生在第三级，为强度较高的接触（more

---

① 为记录东乡族语言，给《东乡语汉语词典》注音，1999年甘肃省少数民族语言文字工作办公室以《汉语拼音方案》为基础，制定了一套东乡语实用记音符号（《东乡语汉语词典》11页）。本文是根据《东乡语汉语词典》中的词条进行的调查，所以，引文用字一律按照原文的拼写习惯——按汉语拼音拼写，只有个别字的方言读音用国际音标标出。

② 布和（1986）指出，东乡语的数范畴有不定形式、复数形式和概称形式三种：不定形式是单数形式，由词根表示，不用附加成分，复数形式除了 -lɑ，有时还使用 -ɕiə。呼和巴尔（1988）也论证了东乡语的复数形式"-ɕiə"的使用范围和语法意义，认为与蒙古书面语复数附加成分"-sə"有同源关系。

intense contact）。第三级强度较高的接触中，需要更多双语者，可以借用更多功能词，派生词缀也可以借用了①。

东乡语概称有两种形式，一种形式用名词的词干重叠来表示，在重叠的末尾加"-dʑi"，"-dʑi"借自汉语的"的"（甘肃河州话"的"读为"[dʑi]"）。如 taʂi（石头）→ taʂi maʂi-dʑi（石头什么的）、bosi（布）→ bosi mosi-dʑi（布什么的）。另一种概称形式是"-tən"，"-tən"加在表示人的称谓、亲属称谓和人名的后面，表示以所指称的人为代表的一群人。如 ʂudʑi（书记）+tən → ʂudʑitən（书记等人）、gaga（哥哥）+ tən → gagatən（哥哥等人）。"-tən"也是借自汉语的"等"，是"等"的本族语化的拼写形式②。（敏春芳 2021）

（二）东乡语借词构成特点

东乡语作为黏着语，其构词法主要是派生法和复合法。派生法就是词根黏着构词附加成分派生新词，复合法即把两个或两个以上不同的单纯词组合在一起构成新词。东乡语根据固有的构词规律把借词有机地组织起来。如汉语借词后加东乡语构词词缀、汉语借词加东乡语词汇再加词缀、阿拉伯语词汇后加东乡语词汇再加词缀、突厥语加东乡语构词词缀等等，组成混合搭配的格式。

1. 汉语借词

东乡语是黏着语，有丰富的词形变化，汉语是孤立语，属于词根语言，两者语言结构完全不同。东乡语在吸收汉语借词的时候根据黏着语的构词特点要对借词进行改造和加工，以符合自己的构词法方式、语法结构和语序特征。例如：

pautɕʰi 宝器 + otɕiən 物件、东西 → pautɕʰi otɕiən 宝物

tʂʰatʂʰa 苍苍 + putui 不对 → tʂʰatʂʰaputui 情况不妙

paupəi 宝贝 + kiəta 疙瘩 → paupəikiəta 宝贝蛋（名词）

以上是加汉语借词组成新词，还有两个汉语借词后加"的"③的形式，如：

saxai 靸鞋 + tɑ 踏 + ji（的）→ saxai tɑji 穿拖鞋，OV 结构

---

① Thomason（2001）语言借用的层级有四级：第一级为偶然接触，借用者对源语言（source language）不需要流利使用并且在借用语言者之间很少双语者，只有非基本词汇借用，仅借用实词，而且经常是名词，没有结构上的借用。第二级为强度不高的接触，需要流利的双语者，但他们可能在借用语言者之间占少数，可以借入功能词，如连词和副词性小品词，可以借入非基本词汇，仅有少数结构借用。第三级为强度较高的接触，需要更多双语者，可以借用更多功能词，包括代词和较低的数，借用更多显著的结构特征，派生词缀也可以借用了，如东乡语借用汉语单音节动词后加 -ji[dʑi] 和 -yi[ji]（的），构成派生动词；借用汉语 gəi（给），构成双音节动词。第四级为高强度的接触，语言说话者有广泛的双语现象，倾向于借用各种词类和结构。

② 东乡语汉语借词不分前后鼻音，闭音节只有以"n"结尾的一种形式，没有后鼻音，这也是东乡语的音节结构特点之一。

③ 甘肃河州地区的舌面音读作舌尖中音，"的"读作 [tɕi]，"体"读作 [tɕʰi]。以下均同。

tɕʰi 棋 + ɕia 下 + ji（的）→ tɕʰi ɕiaji（棋下的）下棋，OV 结构

puʂi 不是 + rin 认 + tɕi（的）→ puʂirintɕi（不是认的）赔不是，OV 结构

这类是对汉语借词的直接意译，是东乡语与汉语接触初期的表现形式。另有意译加表示类名的固有成分，这类主要是针对汉语借词加东乡语构成新词。如：

qiənqi fugiə 天热：汉语借词"qiənqi 天气"+ 东乡语词汇"fugiə 热"

tʂuʐhə gudu 花蕾：东乡语词汇"tʂuʐhə 花"+ 汉语词汇"gudu 骨朵"

qichə sao 乘车：汉语借词"汽车 qichə"+ 东乡语词汇"sao 坐"

由汉语成分和固有成分共同构成的混合词，在这些混合词中固有成分和汉借成分的组合有两种语序，一种是 OV，一种是 VO。这是汉语借词同东乡语名词、动词屈折形式的混合搭配。针对汉语借词，主要采取的是借词加注释的复合方式。如果汉语借词和东乡语表达的意思基本相同，则同意并举构成新词。例如：

qiaoyi ɢura 淫雨：由汉语借词"qiaoyi 翘雨"+ 东乡语词汇"ɢura 雨"构成

2. 突厥语借词

突厥语和东乡语同属阿尔泰语系，是黏着语，语法意义主要由加在词根上的词缀来表示。因此突厥语借词也要和东乡语或者汉语组合成新词。例如：

东乡语 tʰanisaŋ（认）+ 突厥语 ana（母亲）→ tʰanisaŋ ana 干妈

突厥语 orəu（杏）+ 东乡语 muthuŋ（树）→ orəu muthuŋ 杏树

汉语 ɕʰitɕi（吸的）+ 突厥语 tʰaʂi（石头）→ ɕʰitɕi tʰaʂi 吸铁石，磁铁

突厥语 tʰaʂi（石头）+ 汉语 tʰaika（台阶）→ tʰaʂi tʰaika 石阶

3. 阿拉伯语、波斯语借词

阿拉伯语和波斯语是典型的曲折型语言，有丰富的词形变化。因此对阿拉伯语和波斯语借词在音译的基础上也要加东乡语或者汉语组合成新词。例如：

阿拉伯语 hali（本领）+ tu（形容词后缀）→ halitu 有能力的，有本领的

阿拉伯语 aməli（功课）+ 汉语借词 ganji（干的）→ aməli ganji 做功课

汉语借词 xuitɕui（悔罪）+ 阿拉伯语 towo（忏悔）→ xuitɕui towo 忏悔

阿拉伯语 buwa（阿訇/老师）+ 汉语借词 banyi（搬的）→ buwa banji 聘请老师

东乡语 niə（满/整个）+ 波斯语 asimaŋ（天空）→ niə asimaŋ 满天

波斯语 piəmar（疾病/差错）+ 东乡语 otʂira（见）→ piəmar otʂira 生病，得病

波斯语 maitsa（坟墓）+ 汉语 kutui（骨堆）→ maitsa kutui 坟堆，坟墓

东乡语属于蒙古语族，其中也有蒙古语所没有的突厥语词汇、波斯语和阿拉伯语，这说明东乡族的先民和突厥人有过比较密切的联系，这是东乡语保留下来的色目人固有的词汇，即东乡语在形成过程中受到了阿拉伯语、波斯语、突厥语等底层语言的影响。

综上所见，东乡语中借词不仅数量多，且来源语种较多，结构复杂，构词手段灵活

多样。东乡语与汉语接触初期的表现形式是直接意译外来词，当接触程度逐渐加深，演变为汉语构词语素参与构词，并与固有成分混合搭配，有东乡语词汇加汉语词汇、东乡语词汇和汉语语素、汉语词汇和东乡语词缀构成的混合格式。表现形式上，有的是"半音半译"，也有"意译加表示类名的固有成分"，还有借词加注释等方式。尤其是汉语和东乡语你中有我，我中有你，浑然一体。在语言接触的一般过程中，大部分借用的往往是词，也可以借用构词语素，只有双语流利者才会创造大量的合璧词。

（三）东乡语汉语借词的历时层次

东乡语在共时平面吸收汉语借词的历时层次有三种。第一种是对汉语借词进行加工和改良，使之本族语化。这类词汇约占总数的 31%。例如：

yapai gie（压迫）：由汉语 yapai（压迫）+ 东乡语动词词缀 gie 组成

zhonjia kun（农民）：由汉语 zhonjia（庄稼）+ 东乡语词汇 kun 组成

layesanshini xieji（除夕）：由汉语 layesanshi（腊月三十）+ 东乡语格标记 ni+ 东乡语词汇 xieji（晚上）组成

这是以汉语借词作为构词词根，缀加东乡语构词语素构成新词，以东乡语的构词方式组织汉语词素。

k^{h}ishun naizi（酸奶）：由东乡语词 k^{h}ishun（酸）+ 汉语词汇 naizi（奶子）组成

kielian fanyi（翻译）：由东乡语 kielian（说）+ 汉语词汇 fanyi（翻译）组成

"酸奶"和"翻译"是东乡语缀加汉语借词构成。东乡语中的汉语借词尽管不断渗透和扩散，但是要完全替代固有词还需要一个循序渐进的过程。在这个漫长的过程中，两种语言的词汇可能会在相当长的一段时期里处于并驾齐驱、势均力敌的抗衡阶段。

第二种，被改良了的汉语借词逐渐完成了词汇的蜕变，由原来的汉语加东乡语结构，逐渐变成纯汉语借词，这类词约占总数的 15%。例如：

kielian fanyi（翻译）：现在直接用汉语借词 fanji（翻的），取掉了东乡语词汇 kielian。

kon hougiin（脚后跟）：是由东乡词 kon（脚）+ 汉语 hougiin（后跟）组合而成；现在直接用汉语借词 hougenzi（后跟子），取消了东乡语词汇 kon。

hao guayi（挂号）：构词成分虽然都是汉语的，但结构是东乡语 OV 语序"haogua（号挂）+yi（的）"；现在变为汉语借词 guahao（挂号），VO 语序。语法手段逐渐丢失。

maiza gudui（坟堆，坟墓）：是波斯语 maiza（坟墓）和汉语 gudui（骨堆）的混合结构，现在直接用汉语借词 fenian 坟园（墓地），不再用波斯语词汇 maiza。

这是在汉语借词的基础上再进一步改造，去掉了东乡语的部分构词语素。

第三种是不需要任何加工和改造，直接借用，用汉语借词完全替代东乡语词汇，约占总数的 12%。这是东乡语借词质的飞跃。这类借词既有实词也有虚词，例如：jiənshi（电视）、zhiyen（纸烟）、yagao（牙膏）、dachan（大裳）、heitang（黑糖/红糖）、gonbo（广播）、taizhao（待诏/理发师）、iwan（一万）、izi（胰子/香皂）、iyi（雨衣）、jiuyejiu（九月九/重阳节）、jiajia（甲甲/马甲/坎肩/背心）、zhanguiji（掌柜的/丈夫）、hontun（黄铜）、qinzi（裙子）。

东乡语虚词中借用汉语的要比固有虚词多。例如：

  dagumu（大估摸/大概） igua（一挂/都） liangzhe（了者/即使）
  xibu（希不/及其） budei（不得/非常） bawai（把外/格外）
  chuaji（唰地/立即） daigo（待过/立刻） iaoli（要哩/的确）
  miinzhe（猛者/突然） suchang（素常/常常） busuanzhe（不算者/不仅）

这些虚词保持着它们在来源语汉语中原有的结构特征，但带有西北方言特别是临夏话的语音特点。

以上是东乡语在共时平面吸收汉语借词的三种方式：对汉语借词进行加工和改良、被加工了的汉语借词逐渐完成了蜕变、以及不需要任何加工和改造。换句话，较早的汉语借词需经历本族语化的过程，当接受语中的借词源源不断且频繁出现时，借词逐渐会融入本族语，最新的借词不再需要本族语化，直接复制以填补词汇空缺。这是接受语东乡语词汇系统包括构词法对来源语的一种调整和适应。①

二　东乡语构词法的变化

（一）东乡语构词成分的变化

1. 名词构词成分的变化

1）东乡语名词后加固有词缀 tʂɯ、-ʁuŋ、-laŋ/-liən、-ra、-s。我们各举一例予以说明。

  uiliə 劳动 + tʂɯ → uiliətʂɯ 劳动者

  kəwonni 儿子的 + ʁuŋ → kəwonnu-ʁuŋ 属于儿子的

  tɯɢa 鸡 + laŋ → tɯɢa-laŋ 凌晨鸡叫的时候

  qawa 鼻子 + ra → qawa-ra 爱流鼻涕的孩子

-tʂɯ 作为构成名词的附加成分，与蒙古语口语相应的构词附加成分 -tʃ 或 tʃin 同源。其加在名词性词素后面所构成的词常表示"……的人"。

---

① 我们把出现语码转换和干扰特征的语言称为接受语，东乡语就是接受语，把干扰特征所来自的语言称为来源语，汉语就是来源语。（下同）

-s 本来是复数附加成分，与蒙古书面语复数附加成分 -s 同源，但在某些名词后面能起构词作用。一般来讲，东乡语中在接加 -s 时，词干末尾的 n 常脱落。

kiəliən 语言、舌 → kiəliəs 消息

2）东乡语动词后加固有词缀 -dan、-sun、-n、-dun、wu/-ku 派生名词。例如：

giə- 做 + dan → giədan 做法

ɢada- 钉 + sun → ɢadasun 钉子

nadu- 玩 + n → nadun 玩具

kʰana- 咳嗽 + dun → kʰanadun 咳嗽病

ɕiniə- 笑 + dun → ɕiniədun 笑话

otʂɯ- 喝 + wu → otʂɯwu 饮料

nadu- 玩 + ku → naduku 玩具

上述两大类 10 组派生名词的附加成分，据我们 2013 年的统计，有几组已较少出现，如 -ɣun、-lan/-liən（用于名词后）、-dan、-wu/-ku、-s（用于动词后），说明东乡语构成名词的附加成分逐渐减少和丢失。东乡语在固有构词词缀逐渐丢失的同时，又增加了一些派生名词的新的构词成分。

3）汉语借词后加 -kun。"-kun"是东乡语表示"……人"，汉语借词加 -kun，组成汉语借词加固有词缀的混合格式，构成的派生名词常常表示"……人"，如 zhonjia-kun（庄稼人 / 农民）、minshintu-kun（有声望的人）、ɕiabiən-kun（下边人 / 南方人）。

4）汉语借词后加汉语词缀 -kəi。-kəi 是借自汉语的"客"，甘肃一些方言读作"-kəi"。如：

cha-kəi（茶客）、yəzi-kəi 野子客（胆量大的人）、fazikəi 筏子客（船夫）、maimaikəi 买卖客（商人，做买卖的人）、maoɕiənkəi 冒险客（冒险的人）、zalankəi 杂烂客（卖杂货的人）。

名词后加汉语词缀 -jia，如 gonzi-jia 馆子家（饭馆老板）。

名词后加汉语词缀 -bao（宝），所构成的词常表示与该物相联系的人具有该形容词的性质，如 loliən-bao 罗怜包（可怜虫）、ishi-bao 意实包（诚实的人）、chijia-bao 吃家包（好吃的人）、koshui-bao 瞌睡包（嗜睡的人）。

名词后加汉语词缀 -zi，如 jiənliu-zi 捡溜子（小偷 / 扒手）、ɕiwa-zi 戏娃子（演员）、dakanzi 大腔子（肚量大的人）、danbanzi 单帮子（指没有弟兄的人）。

加在汉语借词后的"-kəi（客）、-jia（家）、-bao（宝）、-zi（子）"似乎有点画蛇添足、多此一举，但对于黏着语的东乡语来说是必不可少的构词成分。东乡语名词后附加成分比较丰富和复杂，既有固有的附加成分，也有借自汉语的附加成分。

2. 形容词构词附加成分的变化

据《东乡语简志》及《东乡语和蒙古语》两部书面文献的记载，在 20 世纪七八十年代，东乡语中构成形容词的构词附加成分主要包括：

1）东乡语名词后加固有词缀 -tu、-rɑ、-ku、-du、-ɣun、-tʂɑ 等派生形容词。例如：

　　amin 生命→ amin-tu 有生命力的

　　ɕiəwun 学问→ ɕiəwuntu 有学问的

　　shəsun 尿→ shəsu-rɑ 老尿炕的

　　fuzhuɣudu 昨天→ fuzhuɣu-du 昨天的

　　jiərə 上面→ jiərə-du 上面的

　　soɣəi 左→ soɣəi-ɣun 左边的

　　kiəliən 话→ kiəliən-tʂɑ 多话的

2）东乡语动词后加固有词缀 -lɑn/-liən、-ɣu、-nggi 等派生形容词。例如：

　　-lɑn/-liən 与蒙古书面语相应的构词附加成分 -lang/-ləng 同源。

　　chudu- 饱→ chudu-lɑn 吃饱的

　　oliəsi- 饿→ oliəsi-liən 瘦的（指谷物）

　　-ʂɯdʐə- 羞→ ʂɯdʐəɣu 怕羞的

　　gonjiə- 冻→ gonjiənggi 冻结的

同样，据我们 2013 年的统计结果，上述两大类 9 组派生形容词的附加成分中，-ɣun/-ɣɑn/-ɣon、-lɑn/-liən、-ɣu、-nggi 等较少使用或选其一，保留了其中的 6 到 7 组，最常见的是 -tu。

3. 东乡语动词构词附加成分的变化

东乡语构成动词的构词附加成分主要包括下面几种：

1）东乡语名词后加固有词缀 -lɑ、-liə、-dɑ、-ʂi 派生动词。例如：

　　sɑn 梳子→ sɑn-lɑ 梳

　　piɕiə 带子→ piɕiə-liə 系带

　　minɑ 鞭子→ minɑ-dɑ 鞭打

　　ɢurɑ 雨→ ɢurɑ-ʂi 雨水多起来

　　turɑ 土→ turɑ-ʂi 尘土飞扬

2）东乡语形容词后加固有词缀 -lɑ、-dɑ/-do、-shi、-tu、-rɑ/-rə/-ro、-sɑ、-zhə 派生动词。例如：

　　kʰɑrɑ 黑→ kʰɑrɑ-lɑ- 变黑

　　ɢolo 远→ ɢolo-do- 离远

　　uitɑng 狭窄→ uitɑ-shi 变窄

  chada 近→ chada-tu 靠近/接近
  sula 松弛→ sula-ra 变松弛
  ninkiə 薄→ ninkiə-rə 变薄
  noɣon 绿→ noɣo-ro 变绿
  undu 高→ undu-sa- 显得太高
  bayang 富裕→ baya-zhə 变富

  据我们 2013 年的统计，上述 11 组派生动词的附加成分中，4 组已经较少出现，如 -liə、-rə/-ro、-sa、-zhə。常见的附加成分主要有 -la、-ra、-da、-shi 等几组，说明东乡语构成动词的附加成分也在逐渐减少。同时，东乡语又增加了一些派生动词的构词成分，如 -dʑi/-ji 和 -giə，其中 -dʑi/-ji 是借自汉语的"的"①，加在单音节借词动词后，汉语双音节借词动词后需加固有成分"-giə"。

  单音节汉语借词动词后加 -dʑi 或 -ji。例如：
    amin ho-ji 卖命的/拼命/豁出去→东乡语 amin（命）+ 汉语 ho（豁）+ 的
    bushi rin-dʑi 认错/赔不是→汉语 bushi rin（不是认）+ 的
两者都是东乡语的"宾 + 动"格式。

  双音节汉语借词动词后加 -giə，-giə 为东乡语助动词②。例如：
    banligiə 办理→汉语 banli（办理）+ giə（双音节构词词缀）
    baonan + giə 报案→汉语 baonan（报案）+ giə（双音节构词词缀）
    lindao + giə 领导→汉语 lindao（领导）+ giə（双音节构词词缀）

  汉语借词加上东乡语语素合成新词，借用成分创新了一些新的构词法。外来成分和固有成分浑然天成、融为一体。看来，要识"庐山真面目"还需"身在此山中"。

（二）语言接触引发的语法变化

  东乡语中因语言接触而引发的语言影响，涉及一些构词成分的减少，也涉及一些构词成分的增加和替代。

  1. 固有的构词成分逐渐减少。东乡语由于语言接触而减少了固有的特征。如派生名词、动词和形容词的附加成分有不同程度的减少和丢失，其中减少最多的是名词。像附加成分 -ɣun、-lan/-liən（用于名词后）、-dan、-wu/-ku、-s（用于动词后）逐渐减少甚至消失，丢失率达 40% 左右。派生动词的附加成分中，有 4 组已经不出现或偶见，动词的附加成分也在逐渐减少，丢失率达 35% 左右，仅次于名词。另外，东乡语

---

  ① dʑi 用于鼻音 n 和 ŋ 结尾的词干，ji 用于元音结尾的词干。（布和 1986：263）
  ② 刘照雄（2009）：双音节借词作为动词使用时，要借助于助动词 -giə"做"。布和（1988）《东乡语词汇初探》：近期借入的双音节汉语词当做动词时，汉语借词与本语言固有的动词 -giə"做"组成宾述结构复合词。

借入了大量的汉语复元音词汇，使得东乡语元音系统繁化，音节类型重组，最终导致东乡语元音和谐趋于解体。马国良、刘照雄（1988）曾指出，东乡语元音既不分松紧（阴、阳），也没有长短的对立，音节末尾的辅音大部分脱落，东乡语闭音节只有 n 结尾的形式等。

2. 新成分逐渐增加。东乡语通过与汉语的密切接触引发了语言演变，增加了新的构词特征。东乡语中的汉语借词层出不穷，甚至概称形式"-dʑi"（的）和"-tən"（等）以及复数附加成分"-ɕiə"（些）均借自汉语。同时，东乡语还增加了一些派生词缀，如借自汉语的名词词缀 -kəi（客）、-jiɑ（家）、-bɑo（宝）、-zi（子），派生动词的派生词缀 -dʑi/-ji（的），增加了接受语中不匹配的构词词缀。词缀具有能产性和类推性，是形态语言重要的构词手段。

以上我们探讨的是东乡语中构词成分在语言接触中的保存和消失情况。无论是固有名词的附加成分，还是构成动词的附加成分，这些成分在东乡语中有不同程度的减少和丢失，同时又增加了汉语借词的构词成分，即东乡语在借用汉语借词的同时，也移植了汉语的构词成分。

三　东乡语的借用机制

将汉语借词带入到东乡语里的人，绝大多数是以东乡语为母语的人，并且是能说流利汉语的双语使用者，因为他们至少要理解所借用的汉语词汇的意义和特征。因此，在借用干扰过程中起重要作用的是**语码转换**和**语码交替**。Thomason（2011）认为"语码转换"是指在同一次对话或交谈中使用两种或者更多的语言。在语码转换过程中，如果一个汉语与东乡语的双语使用者，用东乡语跟另一个双语人进行交流时，在表达某些名词术语，特别是有关经济、文化和教育的，他们首先选用的是汉语借词，有时把这个词直接移植到自己母语的句子里，甚至可以插入语法结构。例如[①]：

（1）ganbu ʂəjən-la uliə dajingiənə. 干部、社员们不答应。
　　　干部　社员_复数　不　　答应
（2）ənə kun gansan mali wo. 这个人干净、利落。
　　　这　人　干撒　麻利_助动词
（3）dʐuŋuo guntʂandan (ʂɯ) uidagoŋjin dʐuŋtɕiə-ni dan wo.
　　　中国　共产党　是　伟大光荣　正确_领格　党_助动词
中国共产党是伟大、光荣、正确的党。

---

① 以下三例引自刘照雄（2009：164）。

例（1）在汉语借词"干部""社员"后加东乡语复数标记"-la"，"答应"是汉语借词加东乡语双音节动词词缀"-giə"，这个句子是汉语的 VO 语序。例（2）中的主语"这人"是东乡语，谓语"干撒"和"麻利"却是汉语借词，整个句子是 OV 型的判断句，句末有东乡语判断助动词"wo"。例（3）中除了"dʐɯntɕiə-ni（正确）"后加的领格标记"-ni"和句尾的判断助动词"wo"是东乡语外，全是汉语借词。主语"中国共产党"，谓语"伟大、光荣、正确"均为汉语借词，主谓之间既有汉语的判断系词"ʂɯ"，句末还有东乡语判断助动词"wo"，组成 VO+OV 的混合结构。

语码交替（code alternation）和语码转换一样，是流利的双语人之间的一种交际模式。语码交替是同一个说话人对两种或多种语言的使用。与语码转换不同的是，语码交替不是出现在同一个说话人的同一次交谈中，而是由双语人在某种特定语境下使用其中一种语言，在另一种截然不同的语境下使用另一种语言。由于语言接触的广度和深度不同，语码交替的程度也各不相同。例如：

（4）tʂɯ **dziu** mini kiəliəsənni mutun giə! 你就象我说的那样做！①
　　　你　就　我　说　同样　做

（5）tʂɯni irəsənni bi **sai**　mədziə wo. 我刚刚知道你来了。
　　　你领格　来　我 才　知道 助动词

（6）dunɕian kunni tʂan idziəkuni (ʂɯ) ianji wo. 东乡人常吃的是洋芋。
　　　东乡　人　常　吃　的　是　洋芋 助动词

例（4）中的汉语借词的"dziu"（就）、例（5）中的"sai"（才）、例（6）的 dunɕian（东乡）、tʂan（常）、ʂɯ（是）、ianji（洋芋）等，在语码进行交替时，自然而然插入到东乡语中，而不影响交际效果。

面对外来的"异质"成分，出于语言的本能，就会保全自己的语言格局。这时候"协商"（Negotiation）机制就会发挥积极作用，东乡语对借入的成分进行适当调整和改造，使外来借词本族语化。如母语已有一个和借词语义相近或相同的词，借词就要跟原有的词互相协商，借词和固有词两种形式往往并存，共同作用。诸如汉语借词"ioutiau"（油条）和固有词"ioubudan"（"iou"油＋固有词"budan"饭）并存使用，当前人们习惯采用经济适用的汉语借词来进行交际。如，东乡语"晚饭"一词，不用"晚"（ujieshi）加"饭"（budan）构成，而用汉语借词"heifan"（黑饭）；同样，东乡语既有"nogvon"（绿）和"puzha"（豆），绿豆一词借用的是汉语"ludou"（绿豆）；既有"大""fugied"、也有"门""uijien"，但是"大门"一词不用"fugied+uijien"的

---

① （4）（5）（6）三例引自刘照雄（2009：169）。

构词方式,而是直接借用汉语的"damen"(大门);"dahun"(大红)也是直接借用汉语词汇等,例多不再举。

汉语借词尽管不断渗透和扩散,但要完全替代固有词还是一个渐进的过程,在这个过程中两种语言的词汇可能会在相当长的一段时期里处于势均力敌的抗衡阶段。如东乡语中有些最基本的核心词已被汉语借词完全替代,有的基本语序(如支配结构)也受到汉语的影响而发生变化,致使变化后的东乡语语音结构与同语系的蒙古书面语有了明显的区别。尤其是在结构方面,如上讨论的,东乡语名词后附加成分比较复杂,既有固有的附加成分,也有汉语的附加成分,施受语序比较灵活,东乡语具有了一些混合语言的特征。

四　东乡语的性质

(一)东乡语的词汇系统是混合的

东乡民族是元代从中亚地区迁徙而来的色目人、蒙古人和当地的不同民族华化而成。元代通用的蒙古语使得这些外来的色目人和当地的蒙古人以及一些其他民族逐渐成为一个语言实体。东乡语属于阿尔泰语系蒙古语族,除了借用一些突厥语词汇外,还有一部分词来自不同于蒙古语和突厥语的波斯语和阿拉伯语,这是东乡语保留下来的色目人的词汇,即东乡语在形成过程中受到了阿拉伯语、波斯语、突厥语等底层语言的影响。

甘肃省东乡族自治县距离兰州约 90 公里,距离临夏仅 27 公里,北面连接兰州市的永靖县,东面和南面处于临夏州的临夏县、积石山县、广河县、和政县的包围之中等,周围全是临夏话的使用者。东乡语处于我国甘青河湟方言的包围之中,是受汉语影响最深的语言之一。东乡语有 58% 的汉语借词,包括非基本词汇、基本词汇和派生词缀等,外来的成分和固有成分融为一体。东乡语的构词方式,既有固有的构词方式,以东乡语的构词方式组织汉语词素,也有东乡语和汉语纵横交错的构词方式,这种吸收和改造,创新了语言的构词手段,增强了语言的表现力。

(二)东乡语的结构也有混合的

东乡语和蒙古语一样,具有复杂的形态变化,如名词、代词有数和格的变化,动词有体、态、式,基本语序是宾语加动词的 OV 型。随着东乡语中的一些固有形式逐渐消失或被汉语所替代,出现了一些 SVO 句式以及混合判断句等。东乡语双语教材中有"不进位加法(jinwi ulie gieku jiafa)"和"不退位减法(ulie tuiwi gieku jienfa)",其中的"不进位""不退位"既可以说成东乡语 OV 语序的"jinwi ulie"(进位不),也可以按照汉语语序 VO 说成"不退位"(ulie tuiwi),两种语序并存。试再分析以下判断句:

（7）sonan gunʂəni ʂudzi ʂɯ dunɕian kun wo. 锁南公社书记是东乡人。

  锁南　公社　书记　是　东乡人_{助动词}　（刘照雄2009：161）

（8）ənə ʂɯ dzian irəsən daibiao wo. 这是刚才来的代表。

  这　是　刚　来　代表_{助动词}　（刘照雄2009：163）

（9）ənə xulanni ʂɯ tʂusun wo ba? 这红的是血吧？

  这　红_{领格}　是　血_{助动词}吧　（刘照雄2009：164）

上述三个句子中不仅引入了汉语的判断词"是"，同时也将汉语的语序特点带进了东乡语，汉语系词"是"和固有的判断助动词"wo"前后呼应，构成SOV和SVO的混合句式。

需要说明的是，东乡语的连词大部分是汉语借词，与蒙古语族的同源词较少，借用大量虚词替代固有的黏着后缀。例如：

（10）uŋniə xo guŋniə hantu fadzaŋ giənə. 农业和工业将共同发展。

  农业　和　工业　共同　发展　（布和1986：197）

表示并列连接的"xo"（和）替代了东乡语的伴随格"-lə"。

（11）dai kidʑiə sə dʑiu huntura wo. 刚躺下就入睡了。

  带躺下_{助动词}就　睡_{助动词}　（布和1986：189）

表示顺承的"dai（带）"和假设副动词"-sə"以及汉语的"dʑiu（就）"前后呼应，混合搭配。

表示假设连词"jauʂi（要是，假如）"用在假定副动词充当的从句谓语前，起连接作用。例如：

（12）jauʂi tsowu bisə idʑiŋ jau gaidzəŋ giənə. 要是有了错误，一定要改正。

  要是　错误　有　一定要　改正　（布和1986：197）

表示递进关系的"jə...jə（越……越）"，在前一个"-jə"后面的动词常常用假定副动词"-sə"形式，也是相互呼应。例如：

（13）ənə uiliəni jə baiji (sə) jə minda wo. 这件事情越搁越清楚了。

  这　事情　越摆的_{副动词}　越清楚_{助动词}　（布和1986：197）

表示转折连接的"danʂi"（但是）借自于汉语。例如：

（14）tərə nasuŋ fugiədadzi wo danʂi dʑiŋsən gau xəŋ wo.

  他　年龄　大_{副动词}_{助动词}但是　精神　好　很_{助动词}

  他虽然年迈，但是精神很好。　（布和1986：197）

黄行（2005）指出，东乡语处在甘青河湟方言包围之中，受其影响出现一种混合倾向，格标志独立成为一个黏附词位，一般不参加与词根融合的变化，判断句出现SVOV这种句式，借用大量汉语虚词取代原有的词缀形态。

语言混合不同于"语码转换"（code switching）。语码转换中出现的两种或几种语码分属不同的语言或方言系统，只是在特定使用环境下被临时组合在一起，语言结构没有稳定，还没有形成固定的语言系统。而语言混合则是两种不同语言的语码融合成一种固定的新语言系统，具有一个独立语言的所有特质和全部功能。其二，语码转换中的语码在组合时仍保持其原系统中的形式，在混合语中，被混合使用的两种语言中的语码则被改造和重组，即使把两种语码剥离出来，也已不再是它们各自系统的原样，所有混合语都具有其所构成的那些语法子系统的特性，而这些语法子系统基本上都不能追溯到某一个单一的源语（source language）。

阿错在《倒话研究》（2004）中，从结构和功能两个方面对混合语的界定提出四条基本标准：首先来源语言必须各自都是独立的语言，不能互为对方的方言，这是一个基本的前提；其次，结构上是深度的结构异源。倒话保存强势语的词汇和弱势语言的语法；保存强势语言的语音结构，但是语音要素却是弱势语言的；第三，功能上必须是一个语言社团的母语或者母语性的语言；第四，从结构功能上，混合语拥有一个独立语言的所有特质和全部功能。阿错又提出，一种拥有母语地位而没有单一历史发生来源的语言，就是混合语。简言之，狭义的"语言接触"就是试图凭借一种语言去觉知或表现另一种语言（所传达的信息内容），接触方向的特点是"有阶分布"与"显著倾向"[①]。

综上所见，东乡语不是一种混合语，但具有一些混合特征，不管是词汇还是语法都具有明显的混合特征。结构上，东乡语的汉语借词有较多的"异源异质"成分，在共时层面反映的是汉语借词、少量的阿拉伯语、波斯语和东乡语的交错混合；结构功能上，东乡语是一个语言社团的母语或者母语性的语言，拥有一个独立语言的所有特质和全部功能。

（三）东乡语的局部转用

语言接触除在语言结构上带来变化外，还会导致在使用功能上的变化，这就是语言的兼用和语言转用。东乡语从来源与构成看，具有一些混合特征，但从词汇基础、对话状态以及演变方向看，出现了局部的语言转用。

语言转用（language shift）指的是一个民族或一个民族的部分人放弃使用母语而转用其他语言的现象。一种语言通过相互影响、接触，吸收其他语言的某些成分来丰富、完善自己的表达能力，有时逐渐放弃自己的语言而转换用与之接触最频繁、文化科学更为先进的语言。正如我们上文所讨论的，甘青河湟地区是多民族杂居的地区，语言分布

---

① 意西微萨·阿错 2021 年 12 月 16 日晚为兰州大学文学院作"语言接触与混合机制"的报告时指出。

交错纵横。我们从蒙古语得以保留的东乡族、保安族、土族、东部裕固族等民族分布格局来说，他们都分布在藏文化圈和汉文化圈的边缘地带，这几个看似孤立的民族实际上组成了汉藏两大文化圈的一个缓冲地带，形成一个不规则的语言走廊，中心地带就在河湟地区。这里的语言的使用情况较复杂，语言转用的现象也较突出。东乡民族就处在这个语言走廊上。东乡县共有一个镇和二十四个乡，据我们几年的调查，东乡族四分之一的人口已经基本转用汉语，属于"局部转用型"。如东乡县的河滩镇、百和乡、东塬乡、关卜乡、果园乡已基本转用汉语，使用的是东乡汉语；柳树乡、达坂镇、那勒寺、赵家乡、春台乡、北岭乡、董岭乡、车家湾等乡镇使用的是汉语和东乡语双语；在东乡县中部和腹部地带的锁南镇、坪庄乡、达板乡、那勒寺、免古池、风山乡、龙泉乡、考勒乡等地区仍使用东乡语。另外，在东乡县边界地带及东乡县以外如临夏县、和政县、康乐县、积石山县等地的东乡族也普遍使用当地方言。从发生语言转用地区的地域分布看，河滩乡、百合乡、东源乡、关卜乡西接临夏市的临夏县和和政县，董岭乡北接永靖县。而临夏县、和政县和永靖县使用的都是汉语方言。由此看来，东乡县发生语言转用的乡镇，与当地的回族、保安族或比邻而居，或杂居而处，主要集中在临夏县、积石山县、和政县以及广河县的包围之中。我们可以清楚地看出，杂居区比聚居区容易出现语言转用，城镇交通发达的地区比山区农村、交通不便的地区容易出现语言转用，即便是在族群内部的不同地区，同其他语言接触的亲疏关系也是不均衡的，本族语的使用程度也存在相应的差别。

　　语言转用是语言使用功能的一种变化，它是由语言接触引起的、并与语言影响、语言兼用存在密切关系。根据语言之间的影响程度，语言接触归纳为**语言渗透、语言融合**和**语言混合**等几种类型。其中语言渗透的直接原因是由借用造成的，借词是语言接触的起点，也是语言转用和语言混合的关键。因为大多数语言都从其他民族语言中借用有用的成分来丰富自己的语言。词汇的借入始于语言接触的初始阶段，继续发展，就导致双语现象，甚至会发生语言的转用。由借用对方的语言成分到直接使用对方的语言就是语言的融合。语言融合经过了普遍的双语制，直到最终放弃本族语而完全使用对方的语言，所以，普遍的双语未必带来混合语，但可能导致语言的转用。

　　一个民族逐渐放弃自己的母语而转用另一个民族语言时，语言之间的借用、普遍的双语和语言转用是一个连续的阶梯。

参考文献

阿·伊布拉黑麦　1988　《东乡语的构词法》，《东乡语论集》，甘肃民族出版社。
布　和　1986　《东乡语和蒙古语》，内蒙古人民出版社。

布　和　刘照雄　2009　《保安语简志》（修订本），《中国少数民族语言简志丛书》（修订本·卷六），民族出版社。

曹广顺　2014　《近代汉语助词》，商务印书馆。

曹广顺　遇笑容　2014　《变与不变——汉语史中语言接触引发语法改变的一些问题》，《历史语言学研究》（第八辑），商务印书馆。

陈乃雄　清格尔泰　1987　《保安语和蒙古语》，内蒙古人民出版社。

道　布　2009　《蒙古语简志》（修订本），《中国少数民族语言简志丛书》（修订本·卷六），民族出版社。

黄　行　2005　《语言接触与语言区域性特征》，《民族语文》第3期。

蒋绍愚　曹广顺　2005　《近代汉语语法研究综述》，商务印书馆。

刘照雄　2009　《东乡语简志》（修订本），《中国少数民族语言简志丛书》（修订本·卷六），民族出版社。

马国良　刘照雄　1988　《东乡语研究》，《东乡语论集》，甘肃民族出版社。

敏春芳　2018　《语言接触与语言演变——东乡语与东乡汉语研究》，中国社会科学出版社。

敏春芳　2021　《语言接触中的干扰和转用——以东乡语"ɕiə"和东乡汉语的"些"为例》，《兰州大学学报》（社会科学版）第4期。

清格尔泰　1991　《蒙古语语法》，内蒙古人民出版社。

清格尔泰　李克郁　1988　《土族语和蒙古语》，内蒙古人民出版社。

杨永龙　2019　《甘青河湟话的混合性特征及其产生途径》，《民族语文》第2期。

意西微萨·阿错　2004　《倒话研究》，民族出版社。

意西微萨·阿错　2011　《藏汉混合语"倒话"述略》，《语言研究》第3期。

遇笑容　曹广顺　祖生利　主编　2010　《汉语史中的语言接触问题研究》，语文出版社。

照那斯图　2009　《东部裕固语简志》（修订本），《中国少数民族语言简志丛书》（修订本·卷六），民族出版社。

照那斯图　2009　《土族语简志》（修订本），《中国少数民族语言简志丛书》（修订本·卷六），民族出版社。

钟进文　1997　《甘青地区独有民族的语言文化特征》，《西北民族研究》第2期。

Field, Kenneth L.　1997　*A Grammatical Overview of Santa Mongolian*. PhD dissertation, University of California, Santa Barbara.

Sarah G.Thomason　2001　*Language Contact: An Introduction*，Edinburgh University Press.

Sarah G.Thomason　2014　《语言接触导论》，世界图书出版公司。

From Vocabulary Borrowing to Language Transfer
——Take Dongxiang Language as an Example

MIN Chunfang　FU Qiao

Abstract: The paper discusses that Dongxiang language is one of the Altaic languages which most deeply influenced by Chinese. Due to the long-term encirclement of the Sino Tibetan language family, Chinese loanwords can be seen everywhere, and the bilingual phenomenon everywhere eventually led to the local language conversion of the Dongxiang nationality.

When a nation gradually abandons its mother tongue and switches to another language, language borrowing, common bilingual phenomenon and language conversion are a continuous ladder. In language contact, vocabulary borrowing starts from the initial stage of language contact. If it continues to develop, it will lead to bilingualism. The common bilingual phenomenon does not necessarily lead to language mixing, but it may lead to language conversion.

Key words: Dongxiang language, Chinese loan words, language contact, bilingualism, language transfer

（敏春芳　付乔　兰州大学文学院　730000）

中古汉语第三人称代词"伊"的来源试析*

卢玉亮

提　要　前辈学者大多承认或暗示中古汉语第三人称代词"伊"可能来自先秦的指示代词"伊",但同时认为其演变过程无从考证,理由主要是两者存在从《诗经》时代到《世说新语》时代的空白期。本文从《诗经》中"伊"已有指示代词和指代人的用例、指示代词"伊"在《诗经》以后并未完全中断(既有引《诗》用例,也有非引《诗》用例)、指示代词兼作或发展为第三人称代词的演变路径在汉语史、现代汉语方言、世界其他语言中屡见不鲜等角度论证中古汉语第三人称代词"伊"确实来自上古汉语指示代词"伊",其演变过程是可以考证的。

关键词　中古汉语　伊　第三人称代词　指示代词　演变过程

一　中古汉语第三人称代词"伊"的相关情况

据太田辰夫(1958/2003:99)、周法高(1959/1990:143—145)、吕叔湘(1985/2017:18—21)、王力(1989/2014:60)、郭锡良(1980/2005:11—12)、柳士镇(1992/2019:178)、吴福祥(1996:23—25)、冯春田(2000:54—56)、魏培泉(2004:28)、汪维辉、秋谷裕幸(2017:38—39)等学者考察,第三人称代词"伊"最早见于南朝宋刘义庆的《世说新语》,①共14次(做主语8次、宾语4次、定语1次、兼语1次),后来在南朝梁陶弘景著的《周氏冥通记》中共出现6次,均做主语。例如:

(1)于时谢尚书求其小女婚,恢乃云:"羊、邓是世婚,江家我顾伊,庾家伊顾我,不能复与谢衷儿婚。"(《世说新语·方正》)("伊"分别做宾语和主语)

---

*　本文为中国社会科学院博士后创新项目"汉语指示代词和人称代词关系研究"(ZBH20191004)和中国博士后科学基金第66批面上资助项目"上古汉语指示代词的来源和演变研究"(2019M660922)的阶段性成果,论文修改过程中承蒙匿名审稿专家和洪波教授提供宝贵修改意见,在此谨致谢忱。文中如有错误,概由笔者负责。

①　王力(1989/2014:60)认为"伊"字"大约起源于4世纪到5世纪",这大概是就《世说新语》的成书时代(南朝·宋)或作者生卒年(刘义庆[403—444])来说的。吕叔湘(1985/2017:18)认为"在魏晋之际……伊字已经是个盛行的代词",这大概是依据《世说新语》中"伊"字的实际说话人的生卒年来确定的。据汪维辉、秋谷裕幸(2017:43)考察,《世说新语》中"伊"字的说话人总共有10个,时代最早的是山涛(205—283),最迟的是谢玄(343—388),正当魏晋时期。

（2）石崇每要客燕集，常令美人行酒，客饮酒不尽者，使黄门交斩美人。……每至大将军，固不饮以观其变，已斩三人，颜色如故，尚不肯饮。丞相让之，大将军曰："自杀伊家人，何预卿事！"（《世说新语·汰侈》）（"伊"做定语）

（3）小庾临终，自表以子园客为代。朝廷虑其不从命，未知所遣，乃共议用桓温。刘尹曰："使伊去，必能克定西楚，然恐不可复制。"（《世说新语·识鉴》）（"伊"做兼语）

唐以前用例不多，据汪维辉、秋谷裕幸（2017）的穷尽性考察，他书用例还有六朝道经《洞真太上八素真经占候入定妙诀》1次、《南史》2次、《北史》《隋书》《启颜录》各1次，共6次。《隋书》《启颜录》的2次"伊"做宾语，其余4次"伊"均做主语。①

我们逐一核对南北朝至隋代全部26次第三人称代词"伊"的用例，发现这些"伊"全部指代人，而且都是指代听说双方之外的确定的第三方（第三人称），句法上可以做主语、宾语、兼语、定语，是名副其实的第三人称代词。

二 第三人称代词"伊"的来源

以往的研究大多承认或暗示第三人称代词"伊"可能来自先秦指示代词"伊"，但同时认为其演变过程无从考证，理由主要是"伊"作为指示代词即便在先秦汉语中也很罕见，仅见于《诗经》，从春秋中期（《诗经》写作的截止时间）直到南朝刘宋时期（《世说新语》写作时代），历经一千多年，几乎未见指示代词"伊"的任何踪迹，"伊"为何能在中古近代汉语中突然转变成"盛行一时的第三人称代词"，令人费解，"对此做种种推测都是徒劳的"（参看太田辰夫 1958/2003：99；周法高 1959/1990：143—145；郭锡良 1980/2005：12；吕叔湘 1985/2017：18；柳士镇 1992/2019：178；吴福祥 1996：23；魏培泉 2004：27；冯春田 2000：54；汪维辉、秋谷裕幸 2017：38）。

我们认为中古汉语第三人称代词"伊"明显来自指示代词"伊"②，且其演变过程可以考证，理由主要有以下五点：

（一）指示代词"伊"在《诗经》中集中出现，不仅有指别和指代用法，还有指代

---

① 《世说新语》以外各书的用例详见汪维辉、秋谷裕幸（2017：38—39）。
② 关于指示代词"伊"的性质，学界有近指、远指、既可指近也可指远三种说法，暂无定论，详参张玉金（2006：286）。从注疏材料来看，南宋以前都是用近指代词"此""是"对译"伊"，将"伊"解作远指代词始于南宋朱熹的《诗集传》（"伊人，犹言彼人也"）。从出现语境看，《诗经》中回指用法（如下文例8—10）的"伊"无所谓远近，直指用法的"伊"有不同情况："所谓伊人，在水一方 / 在水之湄 / 在水之涘 / 于焉逍遥 / 于焉嘉客"的"伊"（5次）有远指的强烈倾向，但"伊阻""伊戚""伊祜"的"伊"（3次）也可作近指理解，例（4b）"伊人"与"彼鸟"对举，"伊"当为近指。"伊"是远指、近指还是既可指近也可指远，跟它能否演变为第三人称代词没有必然联系。本文除引用外一律称为指示代词"伊"，不勉强作远近定性。

人的用例，后者是中古第三人称代词"伊"的直接来源。

根据我们的穷尽性统计和归纳分析，《诗经》"伊"共出现42次，除专名"伊威"（虫名）1次外，其余41次"伊"主要有指示代词（13次）、句首助词（8次）和句中助词/语气副词（20次）三种用法，助词"伊"由指示代词"伊"进一步虚化而来。

《诗经》指示代词"伊"既可表示指别（单纯指示，做定语，9次），也可表示指代（指示兼称代，做主语，4次）。典型的指别用例包括"伊人"的"伊"6次，"伊阻""伊威""伊祜"的"伊"各1次，例如：

（4）a. 所谓**伊**人，在水一方。（《秦风·蒹葭》）①

郑玄笺："伊当作繄。繄犹**是**也。所谓**是**知周礼之贤人，乃在大水之一边。"

朱熹《诗集传》："伊人，犹言**彼**人也。"陈奂《诗毛氏传疏》："伊人犹言**是人**也。"

b. 相彼鸟矣，犹求友声。矧**伊**人矣，不求友生？（《小雅·伐木》）

郑玄笺："鸟尚知居高木呼其友，况**是人**乎，可不求之？""彼鸟"和"伊人"相对，"彼""伊"都是指示代词（这里"彼""伊"都是类指标记，指示和区别鸟和人这两个类别）②。

（5）我之怀矣，自诒**伊**阻。（《邶风·雄雉》）

郑玄笺："伊当作繄。繄犹**是**也……此自遗以**是患难**。"③

（6）心之忧矣，自诒**伊**戚。（《小雅·小明》）

郑玄笺："诒，遗也。我冒乱世而仕，自遗**此忧**。"

（7）靡有不孝，自求**伊**祜。（《鲁颂·泮水》）

郑玄笺："祜：福也。"孔颖达疏："鲁国之民，无有不为孝者，皆庶几庶行孝，自求**此维多福禄**。"高亨（2018：340）："伊，犹**此**也。"

用于指代的"伊"共4次，有指代物或事的，如：

（8）彼有不获稚，此有不敛穧；彼有遗秉，此有滞穗：**伊**寡妇之利。（《小雅·大田》）

"伊寡妇之利"，孔颖达疏："**此**皆主不暇取，维是寡妇之所利。""伊"是指示代词

---

① 《诗经》"所谓伊人"共出现5次，其中《秦风·蒹葭》3次，《小雅·白驹》2次。用法完全相同。"伊人"（"伊人"指作者意念中某个特定的人）的"伊"是指示代词（"所谓伊人"≠"所谓人"），学界并无异议。

② 类指的"伊"有所虚化，但此处"伊人"用于句中且和"彼鸟"相对出现，指别意义很明显。

③ 目前所有的《诗经》词典，包括向熹（2014：621）、杨合鸣（2012：214）、万祥祯（1989：318）和《十三经辞典·毛诗卷》（2002：25）都一致认为此例"伊"是指示代词，下二例同。杨树达（1930/1984：150）、周法高（1959/1990：144）、张玉金（2006：285）、向熹（2010：93）也都认为"伊阻/伊威/伊祜"中的"伊"是指示代词。"伊阻"特指这种别离相思之苦，"伊戚"特指这行役途中的忧愁，"伊祜"特指这种因孝敬先祖而获得的福报。并非泛指任何"阻（苦难）"、任何"戚（忧愁）"和任何"祜（福）"。

做判断句主语（参看洪波 1986：61），回指上文提及的"不获稚""不敛穧""遗秉"和"滞穗"。先秦判断句大多直接使用名词性成分做谓语。

（9）伊威在室，蟏蛸在户。町畽鹿场，熠耀宵行。不可畏也，伊可怀也。（《豳风·东山》）

郑玄笺："伊当作繄。繄犹是也。"洪波（1986：61）和向熹（2014：621）都举了此例并认为"伊"是指示代词做主语。"伊"回指上文描述的作者想象中的家室田园的荒凉情景。也有指代人的，如：

（10）彼都人士，垂带而厉。彼君子女，卷发如虿。我不见兮，言从之迈。匪伊垂之，带则有余。匪伊卷之，发则有旟。（《小雅·都人士》）

此例两个"伊"字，传统看法是助词（郑玄笺："伊，辞也。"万祥祯1989：318）或语气词（王力 2000：20），我们认为是指代人的指示代词。两个"伊"分别回指上文的名词短语"彼都人士"和"彼君子女"，仍有明显的指代作用。郑玄《毛诗传笺》虽然将此例"伊"注为"辞也"，但却将"匪伊垂之，带则有余；匪伊卷之，发则有旟"释为"此言士非故垂此带也，带于礼自当有余也。女非故卷此发也，发于礼自当有旟也"，实际上是将两个"伊"分别对应上文的"士"和"女"（即称代性回指）。此外，也有学者明确提出这种解读，如洪波（1986：61）认为该例两个"伊"字都是远指代词，做主语，称代人；"中研院"上古汉语标记语料库也将这两个"伊"标记为NH，即代词（指代词）。此外，先秦"匪伊+VP"（"伊"指代人）还有"非彼+VP"（"彼"指代人）的平行用例，例如：

（11）臣老矣，有子二人，皆与师行。比其反也，非彼死，则臣必死矣，是故哭。（《吕氏春秋·先识览》）

（12）鲁子曰："我贰者，非彼然，我然也。"（《公羊传·庄公二十三年》）

由上可知，《诗经》指示代词"伊"不仅用于指别，还可用于指代，甚至出现了指代人的用例，指代人的"伊"是中古第三人称代词"伊"的直接来源。

（二）《诗经》是中国古典文献中最重要的经典之一，一直被文人奉为圭臬，《诗经》中的指示代词"伊"也一直植根于古今文人的潜意识深处，一方面表现在直接引用《诗经》中带"伊"的诗句，例如：

（13）a. 诗云："彼有遗秉，此有不敛穧，伊寡妇之利。"（《礼记·坊记》，又见《春秋繁露》卷八）

b. 诗曰/云："彼有遗秉，此有滞穗，伊寡妇之利。"（《韩诗外传》卷四，又见《盐铁论》卷一）

（14）a.《诗》曰"自诒伊戚"（《左传·僖公二十四年》）

b.《诗》曰："我之怀矣，自诒伊戚。"（《左传·宣公二年》）

c. 盾曰:"呜呼!我之怀矣,自诒伊戚,其我之谓乎!"(《孔子家语·正论解第四十一》)

(15)诗曰:"自求伊祜。"(《韩诗外传·卷八》)

另一方面表现在大量沿用《诗经》中的"伊人""伊戚""伊阻""伊祜"等词语,据我们对"北大语料库"古代汉语范围内这4个词的统计,"伊人"共出现140次(含《诗经》6次),"伊戚"102次(含《诗经》1次),"伊阻"11次(含《诗经》1次),"伊祜"6次(含《诗经》1次),例如:

(16)永念伊人,思深情倍。(北大语料库\06六朝\全刘宋文)

(17)倘恐自嫌已为恶逆所见染污,不敢倡言,永怀伊戚。(北大语料库\06六朝\史书\三国志(裴松之注))

(18)轻以独见憿尊神之训,恐或自贻伊阻也。(北大语料库\06六朝\全刘宋文)

(19)岂朕一人独享伊祜,思与亿兆幸兹更始。(北大语料库\二十五史\05晋书)

(三)除了直接引用或沿用《诗经》中已有的含"伊"的诗句和词语外,指示代词"伊"也偶见于《诗经》以后的相关文献,并非全无踪迹,例如:

(20)《诗》曰:"瞻彼日月,悠悠我思。道之云远,曷云能来!"子曰:"伊稽首,不其有来乎?"(《荀子·宥坐》)稽首:稽道,(与民)同道。"他与民同道,人民不就来了么"洪波(1986:61)认为此例"伊"是远指代词做主语,虚指人。"中研院"上古汉语标记语料库也将此例"伊"标记为NH,即代词(指代词)

(21)a.伊年暮春,将瘗后土,礼灵祇,谒汾阴于东郊。(《汉书·杨雄传》)
　　颜师古注:"伊,是也,谓是祠甘泉之年也。"
　　b.嘉承天和,伊乐厥福。(《汉书·礼乐志》)颜师古注:"伊,是也。"

(22)万一不合意,永为世笑之。伊怀难具道,为君作此诗。(晋·陶潜《拟古》诗之六)《汉语大词典》(第1卷,1215页)将例(21a)和(22)的"伊"列入义项"是,此",即都是起指别作用的指示代词。

《说文》:"伊,殷圣人阿衡,尹治天下者。从人从尹。"桂馥《说文解字义证》引《尚书·君奭》郑玄注:"伊尹名挚,汤以为阿衡。"即认为"伊"的本义是"伊尹"。林义光《文源》:"一人之名,无专制字之理。伊尹生于伊川空桑,本以伊水为姓。伊为姓,故从人,犹姬姜之字从女也。"[①] 即认为"伊"的本义是"伊姓"。我们认为"伊"字从人从尹(《说文》:"尹,治也。"甲骨文"尹"(📜)字像用手持杖形),"伊"的造字义当是"尹治天下者"(手握权柄之人),不过据徐中舒《甲骨文字典》(2006:881),"伊"在甲骨文中主要用于"伊尹(或称伊、伊示)"和"伊奭"(伊尹的配偶)这两个

---

① 转引自《汉语大字典(第二版)》(第1卷,159页)和汤可敬(1997:1069)。

姓名中。殷商甲骨、两周金文和中古译经中的"伊"基本上都是专名用字，没有指示代词和助词用法①。《诗经》中首次出现的指示代词"伊"和"伊"字的本义无关，是个假借字。我们统计了西周到东汉时期最典型的25部传世文献（今文《尚书》《诗经》《国语》《左传》《论语》《老子》《孟子》《庄子》《墨子》《战国策》《荀子》《楚辞》《韩非子》《晏子春秋》《吕氏春秋》《公羊传》《谷梁传》《管子》《仪礼》《周礼》《礼记》《韩诗外传》《史记》《汉书》《论衡》）"伊"，发现"伊"字共出现410次，有以下4种用法：（1）专名用字（348次，主要包括水名、姓名、地名、动物名、官名、书名等用字）；（2）指示代词（21次，其中《诗经》13次、《左传》2次、《荀子》1次、《礼记》1次、《韩诗外传》2次、《汉书》2次）；（3）句首助词（12次，其中《诗经》8次、《史记》1次、《汉书》3次）；（4）句中助词/语气副词（29次，其中今文《尚书》1次、《诗经》20次、《楚辞》1次、《仪礼》1次、《韩诗外传》5次、《汉书》1次）。所有指示代词"伊"的用例均见上文。由此可见，"伊"的指示代词用法及由此直接虚化而来的助词用法在《诗经》以后虽然并不常见，但从未中断。

（四）指示代词"伊"和第三人称代词"伊"在北方方言区一脉相承

汪维辉、秋谷裕幸（2017：43—44）认为中古（唐以前）第三人称代词"伊""最初可能是一个北方方言词"，中古26个"伊"的用例"都具有北方方言背景"，说话者都是属于中原旧族的"南渡北人"或"具有北方生活经历"的南方人以及"一些附庸风雅的南方本地士族"。据我们调查，《诗经》中指示代词"伊"都出自北方方言区（秦晋、宋卫郑、齐鲁方言）②，可以表示指别（单纯指示），也可以表示指代（指示兼称代），表示指代的"伊"既可以指代物或事，也可以指代人，指代人的"伊"可以认为是以远指代词身份兼表第三人称范畴（也叫"兼职第三人称代词"）。《诗经》以后指示代词"伊"在书面文献中虽然少见，但并非没有，如上例（13）—（22）。如果汪维辉、秋谷裕幸（2017）的论证不误的话，则"伊"原本是北方方言区的指示代词，魏晋南北朝时期被中原旧族的"南渡北人"带到"江左"（古吴语区），出现在南朝部分书面文献的人物对话或作者叙述语中，专门指代听说双方以外被谈及的确定的第三方，成为专职

---

① 我们对"先秦甲骨金文简牍词汇资料库"（http://inscription.asdc.sinica.edu.tw/c_index.php，含《甲骨文合集》等六部甲骨文文献、《殷周金文集成》等两部金文文献、《楚帛书甲乙丙本》等11部简牍文献资料）中"伊"进行全面检索和分析，发现甲骨文、金文和简牍文献"伊"字各有147次、9次和7次，除少数残文无法分析外，基本上都是专名（特别是人名、地名、水名等）用字。此外，我们检索了《大正藏》中古（东汉—隋）译经中"伊"的用法，发现"伊"也都是专名用字，没有代词和助词用法。

② 《诗经》13次指示代词"伊"分别出现于《小雅》（7次）、《秦风》（3次）、《豳风》（1次）、《邶风》（1次）、《鲁颂》（1次），据刘志成（2004：388—393），《小雅》《秦风》《豳风》属秦晋方言区文献，《邶风》属宋卫郑方言区文献，《鲁颂》属齐鲁方言区文献。西周春秋时期秦晋、宋卫郑和齐鲁方言属于北方方言，跟南方方言（楚吴越方言）相对。

的第三人称代词，唐宋以后在南方方言文献中沿用。

（五）指示代词兼表第三人称范畴或指示代词演变为第三人称代词的现象在汉语史上反复出现，"伊"并非特例。例如：

1）**上古汉语指示代词"厥""其""之""彼""夫"兼表第三人称范畴**（参看吕叔湘1942—1944/1982：154，1985/2017：198；郭锡良1980/2005：1—9），例如：

（23）a. 凡厥庶民，有猷有为有守，汝则念之。(《尚书·周书·洪范》) 厥：指示代词，指别，那

b. 尔惟自鞠自苦，若乘舟，汝弗济，臭厥载。(《尚书·商书·盘庚中》) 孔安国传："言不徙之害，如舟在水中流不渡，臭败其所载物" 厥：指示代词，指代物（"舟"）

c. 今商王受，惟妇言是用，昏弃厥肆祀，弗答；昏弃厥遗王父母弟，不迪。(《尚书·周书·牧誓》) 厥：指示代词兼表第三人称，指代人（"商王受"）

（24）a. 亦言其人有德，乃言曰，载采采。(《尚书·虞书·皋陶谟》) 其：指示代词，指别，那

b. 夫子至于是邦也，必闻其政。(《论语·学而》) 其：指示代词，指代处所（"是邦"）

c. 武王既丧，管叔及其群弟乃流言于国……(《尚书·周书·金滕》) 其：指示代词兼表第三人称，指代人（"管叔"）

（25）a. 之子于归，宜其室家。(《诗经·周南·桃夭》) 之：指示代词，指别，这

b. 姜氏欲之，焉辟害？(《左传·隐公元年》) 之：指示代词，指代动作行为或性状，如此

c. 客果有能也，吾负之。(《战国策·齐策》) 之：指示代词兼表第三人称，指代人（"客"）

（26）a. 彼人是哉！子曰何其？(《诗经·魏风·园有桃》) 彼：指示代词，指别，那

b. 彼有不获稚，此有不敛穧；彼有遗秉，此有滞穗：伊寡妇之利。(《诗经·小雅·大田》) 彼：指示代词，指代处所（"那里"）

c. 奢之子材，若在吴，必忧楚国，盍以免其父召之。彼仁，必来。(《左传·昭公二十年》) 彼：指示代词兼表第三人称，指代人（"奢之子"）

（27）a. 若去蔑与行父，是大弃鲁国，而罪寡君也。若犹不弃，而惠徼周公之福，使寡君得事晋君，则夫二人者，鲁国社稷之臣也。(《左传·成公十六年》) 夫：指示代词，指别，那

  b. 立，则见其参于前也；在舆，则见其倚于衡也，夫然后行。(《论语·卫灵公》) 夫：指示代词，指代性状，如此

  c. 初，范氏之臣王生恶张柳朔，言诸昭子，使为柏人。昭子曰："夫非而雠乎？"(《左传·哀公五年》) 夫：指示代词兼表第三人称，指代人（"张柳朔"）

2) 上古/中古汉语指示代词"其""渠" > 中古汉语第三人称代词"其""渠"（参看吕叔湘 1985/2017：16；郭锡良 1980/2005：12；柳士镇 1992/2019：173—178；汪维辉、秋谷裕幸 2017：30—34），例如：

  (28) a. 武王既丧，管叔及其群弟乃流言于国……(《尚书·周书·金縢》) "其"做领属性定语，指示代词兼表第三人称，指代人（"管叔"），做定语

  b. 其若见问，当作依违答之。(《宋书·列传第五十九·二凶》) 第三人称代词"其"做主语

  c. 苻坚游魂近境，谢太傅谓子敬曰："可将当轴，了其此处。"(《世说新语·雅量》) 第三人称代词"其"做宾语

  (29) a. 虽与府吏要，渠会永无缘。(《汉乐府·焦仲卿妻》) 渠：指示代词，指别，那

  b. 女婿昨来，必是渠所窃。(《三国志·吴志·赵达传》) 第三人称代词"渠"做主语，指代人

3) 上古中古汉语旁指/无定代词"他" > 近代汉语第三人称代词"他"（参看郭锡良 1980/2005：14—26；吕叔湘 1985/2017：6—11；汪维辉、秋谷裕幸 2017：29），例如：

  (30) a. 他人有心，予忖度之。(《诗经·小雅·巧言》) 他：旁指/无定代词，指别，别的

  b. 如彼愚人，被他打头，不知避去，乃至伤破，反谓他痴。(《百喻经》) 他：旁指/无定代词，指代，别人

  c. 曲岸深潭一山叟，驻眼看钩不移手。世人欲得知姓名，良久问他不开口。(高适《渔父歌》) 第三人称代词"他"

三　指示代词和第三人称代词关系的跨语言（方言）考察

  指示代词兼表第三人称范畴（兼作第三人称代词）或指示代词演变为第三人称代词并非只有古代汉语如此，这种演变路径具有较强的语言共性，世界上大多数语言、中国境内少数民族语言和现代汉语方言都有类似的演变路径。

(一) 世界各语言指示代词和第三人称代词的同形或派生情况

Bhat(2005)调查了世界上225种语言第三人称代词和指示词之间的关系,从他的调查中可以得出三个结论:一是第三人称代词和指示词有关的语言(125种)多于两者无关的语言(100种);二是两者有关的语言中关系类型最多的是有同形关系的语言(60种,占比48%),然后依次是有派生关系的语言(24种,占比19.2%)、在性标记上相关的语言(24种,占比19.2%)、在非指人用法上相关的语言(17种,占比13.6%);三是仅就两者具有同形或派生关系的语言(84种)而言,第三人称代词与所有的指示词(all demonstratives,包括近指/远指或近指/中指/远指等各种类型)都相关的语言占绝大多数(52种,占比61.9%),然后依次是只与远指指示词相关的语言(18种,占比21.4%)、只与广义的"中指指示词"(即三分系统中居中的指示词)相关的语言(10种,占比11.9%)、只与近指指示词相关的语言(4种,占比4.8%)。最后一点尤为重要,Heine & Song(2011:595—596)特别指出在"指示词>第三人称代词"的演变路径中,"尽管涉及远指指示词的演变实例多于近指指示词,但相对空间距离(relative spatial distance)似乎并不是演变过程中的决定性因素"。

(二) 中国境内少数民族语言第三人称代词和指示代词的同形(同源)情况

曹广衢(1989)通过抽样调查发现有13种中国少数民族语言(布依语、壮语等)存在第三人称代词和(远指/中指/近指等)指示代词同形的情况。唐正大(2005)指出第三人称代词和远指代词同形的类型特点集中分布在阿尔泰语系语言。张惠英(2001:199)在指出我国少数民族的布依语、现代满语远指代词和单数第三人称代词同形后认为"第三人称和指示词的密切关系可以看作是汉藏语系的一个特点"。参考以上学者有关少数民族语言第三人称代词和指示代词关系的研究成果,我们逐一检索《中国的语言》(2007)和《中国少数民族语言简志丛书(修订本,第1—6卷)》(简称《简志》,2008)等提供的中国境内语言代词(人称代词和指示代词)描写资料对中国境内少数民族语言第三人称代词和指示代词具有同形或派生关系的情况进行了系统梳理,从我们的梳理结果来看,中国境内少数民族语言指示代词和第三人称代词具有同形或派生关系的现象,在阿尔泰语系诸语言分布最为集中,但其他语系语言也有一些,详下表1—3:

表1 中国境内阿尔泰语系语言单数第三人称代词和指示代词的关系

语言	单数第三人称代词		指示代词			
	借用指示代词	专门形式	远指	近指	中指	旁指
哈萨克语	ol		ol			
乌孜别克语	ⓤ		ⓤ			
塔塔尔语	ol		ol			

续表

语言						
撒拉语	u		u			
西部裕固语	gol（在场的） ol（不在场的） ɑ（较远的）		gol（眼前的） ol（别处的） ɑ（较远的）			
图瓦语	ol		ol			
达斡尔语	tər	iin	tər			
东乡语	tərə、hə		tərə、hə			
保安语	tər	ndzaŋ	tər			
满语	tərə	i	tərə			
赫哲语	ti	niani	ti			
朝鲜语	kɯ		kɯ			
土族语	te, rgen		te			rgen
蒙古语	tər, ən		tər	ən		
东部裕固语	tere, ene		tere	ene		
康家语	te, enə, ŋgɔ	ʉrʉ	te	enə		ŋgɔ
锡伯语	tər, ər		tər	ər		
鄂温克语	tarɪ、tajja、əjjə		tarɪ、tajja	əjjə		
鄂伦春语	tarɪ、ərə	nʊganɪn	tarɪ	ərə		
维吾尔语	u				u	
柯尔克孜语		al	tigil、tee tigil	bul、uʃul	oʃol	
土尔克语	暂未见代词调查资料					

由表1可知，中国境内阿尔泰语系22种语言除土尔克语未见代词调查资料（暂不可知）外，仅柯尔克孜语不借用指示代词表示第三人称代词[①]，其余20种语言第三人称代词都是借用的指示代词（其中有6种语言还另有专门第三人称代词形式），借用形式包括5种情况：只借用远指代词的语言有12种，只借用中指代词的语言有1种（维吾尔语），同时借用远指和近指代词的语言有5种，同时借用远指和旁指代词的语言有1种（土族语），同时借用远指、近指和旁指代词的语言有1种（康家语）。

---

① 此据《中国的语言》（2008：1682）。据唐正大（2005）所列表二，柯尔克孜语单数第三人称代词也和单数远指代词同形，都是 al，从该文参考文献可知，这条数据来自《柯尔克孜语简志》（胡振华，民族出版社，1986）。我们核对了《柯尔克孜语简志》（1986：55，57），该书数据跟《中国的语言》基本一致，第三人称代词（al）和指示代词（bul、uʃul、oʃol、tigil、tetigi、tee tetigil）并不同形。

表 2 中国境内汉藏语系语言第三人称代词和指示代词有关系的（15 种）

语言	单数第三人称代词	指示代词		
		远指	近指	中指
基诺语	khə⁴	khə⁴		
纳西语	thɯ³³	thɯ³³		
桑孔语	thaŋ³³	thaŋ³³		
纳木依语	tɕʻi⁵³	tɕʻi⁵³		
扎坝语	tʊ³¹zə⁵⁵	tʊ³¹zə⁵⁵		
布依语	te¹	te¹		
北部壮语	te¹	te¹		
佤语阿佤方言①	ʔuah	ʔuah		
木雅语	wɐ²⁴tsə³³、ɐ⁵³tsə³³	wɐ²⁴tsə³³	ɐ⁵³tsə³³	
拉坞戎语	ə⁵⁵te、cçə⁵³	ə⁵⁵te	cçə⁵³	
尔苏语	thɛ⁵⁵		thɛ⁵⁵	
彝语	tʂʰʅ³³		tʂʰʅ⁴⁴	
苗语	nen⁵⁵			nen³⁵
羌语	tha⁵⁵lə⁵⁵、tsa⁵⁵lə⁵⁵	tha³³	tsa³³	
苏龙语	va·⁵⁵	wa·⁵⁵		

由表 2 可知，中国境内汉藏语系语言（共 76 种）中有 11 种语言（方言）的单数第三人称代词直接借用指示代词（两者同形），包括 3 种情况：第三人称代词只借用远指代词的语言有 8 种，只借用近指代词的语言有 1 种（尔苏语），同时借用近指和远指代词的语言有 2 种（木雅语、拉坞戎语）。另有 4 种语言单数第三人称代词和指示代词有派生关系：彝语、苗语的第三人称代词源自近指或中指代词的声调屈折变化，羌语的单数第三人称代词源自远指和近指代词的声调屈折后再加量词后缀（lə⁵⁵），苏龙语的单数第三人称代词源自远指代词的声母屈折变化。

表 3 中国境内南岛语、南亚语、印欧语、混合语单数第三人称代词和指示代词有关系的（7 种）

语言	单数第三人称代词	指示代词	
		远指	近指
布农语	saitia（视线内）、sia（视线外）	saitia（视线内）、sia（视线外）	
巴则海语	imisiw（视线内）、isia（视线外）	imisiw（视线内）、isia（视线外）	
鲁凯语	kuani（近指）、kuaɖa（远指）	kuani（视线内）、kuaɖa（视线外）	
赛德克语	hiya	hiya（不可见的）	
塔吉克语	jɯ	jɯ	
唐汪话	nə	nə	
莽语	ʔa³¹ʔin³¹	ʔa³¹ʔy⁵¹（那、那些）	ʔa³¹ta³¹（这个）

---

① 《中国的语言》《简志》描写的佤语以岩帅话为标准方言，岩帅话的第三人称代词和远指代词并不同形，但阿佤方言的第三人称代词和远指代词普遍同形，都是 ʔuah（参看周植志、颜其香、陈国庆 2004：160—161）。

由表 3 可知，中国境内南岛语、南亚语、印欧语、混合语（共 31 种语言）中有 6 种语言的第三人称代词直接借用远指代词（两者同形），此外，莽语的单数第三人称代词和远指、近指代词都有派生关系。

（三）现代汉语方言第三人称代词和指示代词的同形（同源）情况

据《汉语方言地图集·语法卷》"003 他姓张"地图、汪维辉、秋谷裕幸（2017）、唐正大（2005）、林素娥（2006）、汪化云（2013，2016）等的研究，现代汉语方言第三人称代词，北方方言大多用"他"，南方方言大多用"渠"（含"渠""渠农""是渠"）和"伊"，西北方言既有远指代词（包括远指代词"兀""那"和"'兀''那'+后缀'家''个'"）兼作第三人称代词的现象，也有近指和远指代词（"'这''兀''那'+后缀'家'"）都能构成第三人称代词的现象①。追溯其来源，"渠""伊""他"基本上是中古近代汉语的第三人称代词"渠""伊""他"在各地方言的遗留，而中古近代汉语第三人称代词"渠""伊""他"都是由上古或中古汉语指示代词（远指代词"其""渠""伊"和旁指代词"他"）演化而来（详上）。至于用"那[+X]"②或"兀[+X]"③兼作第三人称代词的方言，则属于用远指代词或"远指语素+后缀'个''家'"兼表第三人称范畴（或兼作第三人称代词）的类型。综上可见，汉语史和现代汉语方言的第三人称代词要么直接借用指示代词，如上古汉语的"厥、其、之、彼、夫"等和现代汉语方言"那[+X]"或"兀[+X]"；要么就是由指示代词演化而来，共时平面上已是真正（专职）的第三人称代词，发展成熟后不再或极少用作指示代词④，如中古汉语的"渠""伊"，近代汉语的"他"，现代汉语方言的"渠""伊""他"。

---

① 汪化云（2013，2016）把存在指示代词兼作第三人称代词现象的"晋语及其周边部分区域的中原官话、兰银官话"称作"西北方言"，这些方言使用远指代词"兀""那"兼作第三人称代词，或者使用"兀""那"跟后缀"家""个"的组合式"兀家"或合音式"那家合音""那个合音"构成第三人称代词，主要涉及山西、陕西、甘肃和宁夏四省。山西境内的晋语区还有少数方言（例如文水、交城、离石、汾阳等方言）存在近指代词（"这"）和远指代词（"兀"或"那"）都能加后缀（主要是"家"）构成第三人称代词（"这家""兀家""那家"）的现象，一般是"这家"有标记（表示近指或带有褒贬感情色彩），"兀家"或"那家"无标记（与"这家"对举时表远指，单用时则不论远近，也不带褒贬感情色彩）。

② 如晋语区吕梁片柳林、临县，上党片长子、屯留，中原官话区汾河片古县、临汾、洪洞，甘肃兰州、安西、金塔、玉门的兰银官话和镇原的中原官话用远指代词"那"；晋语区吕梁片兴县、离石、汾阳、岚县和甘肃省中原官话的东乡用"那家"或"那家合音"，兴县、石楼用"那个合音"，陕北晋语区五台片神木方言用"那（个）"（参看邢向东 2001；雒鹏 2006；史秀菊 2010；汪化云 2013；汪维辉、秋谷裕幸 2017：26—27）。

③ 如晋语区吕梁片中阳、交口，宁夏固原、泾源、隆德、中卫及其周边的中原官话和兰银官话，陕西关中的永寿、西安、耀县、渭南等中原官话用远指代词"兀"；晋语区并州片清徐、祁县、平遥、太谷、孝义、文水，吕梁片岚县，属于中原官话甘肃省临夏的汉民话用"兀家"（参看唐正大 2005；史秀菊 2010；汪化云 2013；汪维辉、秋谷裕幸 2017：26—27）。

④ 即使有少量指示代词用法，也主要是存古的文言用法，如近现代汉语的"他物""他人""他乡"。

四　同形第三人称代词和指示代词的源流演变关系研究

有关同形的第三人称代词和指示代词的源流演变关系的研究基本上都认为第三人称代词由指示代词演变而来，而不是相反（参看 W.Bang 1893[①]；郭锡良 1980；吕叔湘 1985/2017：198；徐丹 1989；洪波 1986：151，2021：138；张敏 1998：144；Diessel 1999：119—120；Heine & Song 2010，2011；Kuteva et al. 2019：142—144）。张敏（1998：144）从认知语言学角度指出人称代词系统里缺乏第三人称代词，而由指示代词临时充任，这在世界各语言里是非常自然的现象，是语言象似性（iconicity）的反映，即"第三人称代词语缀或第三人称代词本身的'缺席'象似性地反映了概念领域里不参与交谈的第三者的缺席"，他进而提出一条可能具有普遍意义的假设，即"在任何一种语言里，其人称代词系统若存在'三缺一'的现象，所缺的一定是第三人称代词，并认为这个假设能得到很多语言事实的支持，如日语、朝鲜语和蒙古语的第三人称代词也来自指示代词，并至今仍与后者同形（郭锡良 1980），法语、俄语的第三人称代词及英语第三人称代词的复数形式也都是来源于指示代词（徐丹 1989）。"Diessel（1999：119—120）从语法化角度指出很多语言中的第三人称代词历史上都是来源于指示代词，他引用 Givon（1984：353—360）和 Lehmann（1995：39—42）的研究成果，认为指示代词到第三人称代词的演变过程是"指示代词（DEM PRO）＞第三人称代词（third person PRO）＞附着代词（clitic PRO）＞动词一致标记（verb agreement）"这一完整斜坡（语法化链）的一部分。Heine & Song（2011：595—600）从跨语言角度指出第三人称代词的来源主要有空间指示语（指示词）[Spatial deixis(demonstratives)]、名词性概念（nominal concepts）、加强词（intensifiers）和"其他的""别的"（the others）4个，而"第三人称代词最常见的来源是空间指示语（markers of spatial deixis），更确切地说是指示代词（demonstrative pronouns）"。Kuteva et al.（2019：142—144）据此专设一条语法化路径即"指示词（demonstrative）＞第三人称代词（pers-pron，third）"来概括这种语法演变过程，并举了很多语言或方言的例证，如东亚地区的上古汉语、中原官话永寿方言、西部裕固语、朝鲜语，欧洲地区的罗马尼语、拉丁语、法语、Skolt Saami 语、莱

[①] W. Bang（1893）的观点（转引自 Jespersen 1924：214）是"无可辩，人的头脑在有'我（I）''你（thou）'这两个概念之前先有'这里（here）''那里（there）'这两个概念。因此可以建立两类代词：一类表示'这里（here）''我（I）''现在（now）'，另一类表示'不是我（not-I）''那里（there）'，后者又分成两小类：（a）最靠近的人、那里、你、不久前、马上；（b）最远离的人、（比那里远些的）那边、他、从前、以后"（译文参考了奥托·叶斯柏森 2009：320）。吕叔湘（1985/2017：198）概括为"初民先有指示的概念，后有三身的概念。第一身往往跟近指代词同源；远指代词又分较近较远两类，前者大多跟第二身相关，后者大多跟第三身相关"。

兹金语、土耳其语，非洲地区的埃及语，以及作为混合语的早期东澳大利亚皮钦英语、苏里南克里奥尔英语等。

根据 Diessel（1999）、Heine & Song（2010，2011）和 Kuteva et al.（2019：143）等的研究，空间指示语（spatial deixis）是第三人称代词最重要的来源之一，通常涉及"直指的指示词（deictic demonstrative）> 回指的指示词（anaphoric demonstrative）> 第三人称代词（third person pronoun）"这条演变路径：在演变的初始阶段（initial stage），指示词和人称代词之间的功能在许多语境中都是模糊的（normally ambiguity），两者很难区分。比如，犹他—阿兹特克语系的科拉语（The Uto-Aztecan language Cora）"所有的第三人称自由代词都是由指示词兼任，指示词在句中用作代词，充当主语、直接宾语和后置词的宾语"，古埃及语近指代词 pw "这"也被用作第三人称代词（"他""她""它""他们"），早期的朝鲜语指示词 i "这"（靠近说话人）、geu "那"（靠近听话人）和 jeo "那"（远离说话人/听话人）也都可以用作第三人称代词。在演变的高级阶段（At a more advanced stage），指示词和人称代词成为不同的功能范畴，因为后者通过丧失空间指示意义而逐渐去语义化（意义内容的丧失）、去范畴化（逐渐丧失原有的形态句法属性）和销蚀（语音实体的磨损）。我们认为《诗经》中起指代作用（特别是指代人的）4 次"伊"（包括先秦文献用于指代人的"厥""其""之""彼""夫"）仍处于指示代词向第三人称代词演变的初始阶段，而《世说新语》《周氏冥通记》等中古文献中的"伊"已经处于演变的高级阶段，丧失了空间指示意义而成为真正（专职）的第三人称代词。

五　结语

指示代词（特别是远指代词）兼表第三人称范畴或演变为第三人称代词在古代汉语、现代汉语方言、中国境内少数民族语言和世界其他语言中屡见不鲜，指示代词是第三人称代词最常见的来源，第三人称代词"伊"也不例外。"伊"最初是指示代词，经常起指别（单纯指示）作用，最常见的是"伊人"（那人），"伊人"在汉语史语料中屡见不鲜，在经济原则的驱动和指示代词"彼""夫"由指别到指代（指示兼称代）人的类推下，"伊"发展出单独指代人的用法并不奇怪，而且早在《诗经》中就有了单独指代人的用例，但仍处于指示代词向第三人称代词演变的初始阶段。指示代词"伊"虽然在《诗经》以后的上古文献中没有得到广泛应用，但并未完全中断（既有引《诗》用例，也有非引《诗》用例）。从魏晋开始才由"南渡北人"从北方带到南方，用于指代时专门指代人，成为真正的第三人称代词，从而在南方方言（早先是古吴语区，后来扩展到今天的闽语区）中推行开来，并沿用于近现代汉语部分南方方言。

参考文献

奥托·叶斯柏森　2009　《语法哲学》（中译本，廖旭东主持翻译并审定），商务印书馆。
曹广衢　1989　《我国少数民族语言中人称代词兼为指示代词的情况》，《贵州民族研究》第 1 期。
曹志耘　2008　《汉语方言地图集》，商务印书馆。
高　亨　2018　《诗经今注》，上海古籍出版社。
郭锡良　1980/2005　《汉语第三人称代词的起源和发展》，《汉语史论集》（增补本），商务印书馆。
汉语大字典编辑委员会　2010　《汉语大字典》（第 2 版），崇文书局；四川辞书出版社。
黄盛璋　1983　《先秦古汉语指示词研究》，《语言研究》第 2 期。
洪　波　1986　《先秦指代词研究》，南开大学硕士论文。
洪　波　2021　《古代汉语》，高等教育出版社。
林素娥　2006　《汉语人称代词与指示代词同形类型及其动因初探》，《语言科学》第 5 期。
刘志成　2004　《汉语音韵学研究导论——传统语言学研究导论卷》，巴蜀书社。
柳士镇　1992/2019　《魏晋南北朝历史语法》，商务印书馆。
罗竹风　主编　1986—1993　《汉语大词典》，汉语大词典出版社。
雒　鹏　2006　《甘肃方言第三人称代词》，《西北师大学报》（社会科学版）第 1 期。
吕叔湘　1942—1944/1982　《中国文法要略》，商务印书馆。
吕叔湘　1953/2006　《语法学习》，复旦大学出版社。
吕叔湘　1985/2017　《近代汉语指代词》，商务印书馆。
史秀菊　2010　《山西晋语区与官话区人称代词之比较》，《晋中学院学报》第 4 期。
孙宏开　胡增益　黄　行　主编　2007　《中国的语言》，商务印书馆。
太田辰夫　1958/2003　《中国语历史文法》（修订译本，蒋绍愚、徐昌华译），北京大学出版社。
汤可敬　1997　《说文解字今释》，岳麓书社。
唐正大　2005　《关中方言第三人称指称形式的类型学研究》，《方言》第 2 期。
万祥祯　1989　《诗经词典》，山东教育出版社。
汪化云　2013　《西北方言指代词兼第三代词现象的再探讨》，《语言科学》第 1 期。
汪化云　2016　《汉语方言三身代词与指代词关系研究》，Journal of Chinese Linguistics 第 1 期。
汪维辉　秋谷裕幸　2017　《汉语第三人称代词的现状和历史》，《汉语史学报》第 17 辑。
王　力　2000　《王力古汉语字典》，中华书局。
王　力　1989/2014　《汉语语法史》，中华书局。
魏培泉　2004　《汉魏六朝称代词研究》，"中研院"语言学研究所。
吴福祥　1996　《敦煌变文语法研究》，岳麓书社。
向　熹　2010　《简明汉语史》（修订本，下册），商务印书馆。
向　熹　2014　《诗经词典》（修订本），商务印书馆。
邢向东　2001　《神木方言的代词》，《方言》第 4 期。
徐　丹　1989　《第三人称代词的特点》，《中国语文》第 4 期。
徐中舒　主编　2006　《甲骨文字典》，四川辞书出版社。
杨合鸣　2012　《诗经词典》，崇文书局。
杨树达　1930/1984　《高等国文法》，商务印书馆。

张惠英　2001　《汉语方言代词研究》，语文出版社。
张　敏　1998　《认知语言学与汉语名词短语》，中国社会科学出版社。
张玉金　2006　《西周汉语代词研究》，中华书局。
《中国少数民族语言简志丛书》编委会　《中国少数民族语言简志丛书》修订本编委会　2008　《中国少数民族语言简志丛书》（修订本，第1—6卷），民族出版社。
中国社会科学院语言研究所古代汉语研究室　1999　《古代汉语虚词词典》，商务印书馆。
周法高　1959/1990　《中国古代语法·称代编》（全二册），中华书局。
周植志　颜其香　陈国庆　2004　《佤语方言研究》，民族出版社。
Bhat, D.N.S.　2005　Third-person pronouns and demonstratives, in M. Haspelmath (eds.) *The World Atlas of Language Structure*. Oxford: Oxford University Press.
Diessel, Holger　1999　*Demonstratives: Form, Function, and Grammaticalization*. Amsterdam and Philadelphia: John Benjamins.
Givón, T.　1984　*Syntax. A Functional-Typological Introduction,* vol. 1. Amsterdam: John Benjamins.
Heine, Bernd & Kyung-An Song　2010　On the genesis of personal pronouns: Some conceptual sources. *Language and Cognition* 2. 1: 117–148.
Heine, Bernd & Kyung-An Song　2011　On the grammaticalization of personal pronouns. *Journal of Linguistics* 47: 587–630.
Jespersen, Otto　1924　*The Philosophy of Grammar*. London: George Allen & Unwin Ltd.
Lehmann, C.　1995　*Thoughts on Grammaticalization*. Munich: Lincom Europa.

On the Source of the Third Person Pronoun "*Yi* 伊" in Middle Chinese
LU Yuliang

Abstract: Most of the previous scholars have recognized or implied that the third person pronoun "*yi* 伊" in Middle Chinese may come from the demonstrative pronoun "*yi* 伊" in the pre-Qin period, but they also believed that the evolution process cannot be verified, because there is a blank period between the two items from the era of the *Book of Songs* to the era of *Shi Shuo Xin Yu*. This paper proved that the third-person pronoun "*yi* 伊" in Middle Chinese really comes from the demonstrative pronoun "*yi* 伊" in Archaic Chinese, and its evolution process can also be verified, based on the following arguments: The demonstrative pronoun "*yi* 伊" has been used to referring to humans in the *Book of Songs*, and it has not been completely discontinued after the Book of Songs (either citing the *Book of Songs* or not citing the *Book of Songs*), The evolution path from demonstrative pronouns to third person pronouns is common in the history of Chinese, modern Chinese dialects and other languages in the world.

Key words: Middle Chinese, "*yi* 伊", third person pronoun, demonstrative pronoun, evolution process

（卢玉亮　中国社会科学院语言研究所　100732）

数理统计视角下的五言诗早期声律特征

——以宋齐五言诗为样本*

程 悦

提 要 本文讨论并优化了数理统计法在诗歌声律研究中的具体应用，提出应当用诗歌字频数计算四声字的理论概率，且应当用"排序概率"作为声调格式的理论概率。本文用优化的数理统计方法，分析了宋齐五言诗中每字位上四声字使用倾向和声调格式使用倾向。四声字使用倾向方面，宋齐五言诗中平声字和仄声字的使用倾向呈现出明显的互补分布，第一、第四字位有出现平声字的偏好，第二、第三字位有出现仄声字的偏好。声调格式使用偏好方面，刘宋到南齐五言诗声调格式规律性逐渐增强。高频四声格式倾向于集中在特定几类平仄格式中，存在使用偏好的平仄格式中符合近体诗律的格式增加。这种使用倾向为诗律理论的形成与发展提供了实践基础。

关键词 五言诗 四声 平仄 数理统计法

一 引言

诗律的发展是渐进的。在律诗形成前出现的合律诗句，固然不能据此认为律诗已经出现，但是能够提供观察律诗演进过程的视角；在平仄概念提出前形成的声调平仄二分趋势，固然不能据此认为平仄概念已经存在，但是能够一定程度解释为何是平仄而非舒促或其他要素占据这一重要地位。近体诗律最早成熟于五言诗中，研究早期五言诗中四声字和声调格式的使用倾向，能够为更细致深入地刻画诗律形成的原因提供线索和方向。

诗律规则存在多种备选可能，最终确立的规则应当符合人们的语感和听感。佶屈聱牙的声律体式——如叠韵诗和双声诗——难以成为公认的声律范式。考察早期五言诗中的自发形成声律特点，能够为研究声律的自然基础提供条件。

传统研究一般用合律格式的频数判断诗律的形成情况，容易产生主观性的差异。数理统计法能相对客观地描述四声字和声调格式在使用上的特点，降低主观性的影响。

---

* 本研究得到教育部人文社会科学重点研究基地项目"基于上古汉语语义知识库的历史语法与词汇研究"（18JJD740002）与中国社会科学院语言研究所博士后创新项目"中古五言诗词汇、句法与韵律的互动"的支持。文章蒙多位先生及匿名审稿人提宝贵意见和建议，特此致谢。文中谬误概由笔者负责。

二 数理统计方法应用于诗歌声律研究的讨论与优化

2.1 运用数理统计方法研究诗歌声律的前提条件

计算声调格式使用倾向的前提是明确四声字的使用倾向。四声字的自身使用倾向对各声调格式的频率有干扰,最好能够排除。这在以往的研究中没有得到足够的重视。

用声调格式的使用倾向研究声律的理想前提,是五言诗各类声调格式的频率主要受声调组合类别影响。实际上,词汇、句法、感情色彩和内容等要素都会影响声调格式的出现类型和频率。不过,由于汉语中存在丰富的同义表达,诗人在表意时有相当的自由,因此影响各声调格式使用倾向的主要因素还是声调组合的类别。

2.2 既往研究中数理统计法在诗歌声律方面的应用

数理统计法能够检验某一事件的实际频率是否符合理论概率,因此适合客观描述诗歌中各类声调格式的使用倾向。既有研究如张洪明、李雯静(2011),李雯静(2015)和宋晨清、张洪明(2015)等。

运用数理统计法需要首先明确研究对象符合何种统计模型。我们同意张洪明、李雯静(2011)把某一声调格式的出现与否简化为掷硬币模型的做法:考察范围内的总诗句数为投掷次数,特定格式出现则视为"成功",特定格式不出现则视为"失败",二者必有其一发生,则二者发生的概率之和为1,每次投掷各结果的概率都是相同的。因此,这一模型符合二项分布。与掷硬币模型不同的是,特定格式出现的概率往往明显低于它不出现的概率,因此必须保证投掷次数足够多,二项分布无限趋近正态分布,方能应用正态分布的检验公式。

二项式分布是否趋近正态分布可以通过实验次数 n 和理论概率 p 进行判断。一般认为 $np \geq 5$ 且 $n(1-p) \geq 5$ 时,概率近似服从正态分布,二项分布的概率可用正态分布的概率作为近似值。

当研究对象总体为正态分布时,在样本量足够大的情况下($n \geq 50$),可采用 z 检验考察实际频率是否符合理论概率。z 检验公式可写作[①]:

$$z = \frac{x - np}{\sqrt{np(1-p)}}$$

样本容量 n 为统计范围内所有诗句数,当 n 足够大时($n \geq 50$),实验次数 n 和理论

[①] 为行文简明,此处的 z 检验公式是已经代入观测实际频数、总体均值和总体标准差的转换式。从二项分布基本定义到 z 检验应用更为详细的推导与解释,可参考张洪明、李雯静(2011)。

概率 p 可以描述二项分布的平均值和标准差,其中总体均值为 np,标准差为 $\sqrt{np(1-p)}$。从五言诗材料中归纳出特定格式的实际频数 x,就可以计算声调格式实际频率对应的 z 值,进而与显著性对应的 z 值进行比较。

由于实际频率可能显著高于或显著低于理论概率,需要选择双侧检验,即不仅检验其偏好,也检验其回避倾向。显著性取 0.05 时,查询标准正态分布表[①],对应的 z 值置信区间在(-1.96, 1.96),即若计算出的 z 值在这一区间内,则无法拒绝原假设;若计算出的 z 值在(-∞, -1.96)∪(1.96, +∞)区间中,则处于拒绝域中,那么可以有 95% 的把握拒绝原假设。

引入数理统计法判定声调格式是否存在使用倾向,一定程度上可以避免以往判定的主观性问题,能够回答有多大把握认为某一声调格式存在偏好或者回避的倾向,使研究更为客观。

不过,应用数理统计法研究五言诗声律方面,仍旧存在计算数据的意义与计算目标不相匹配等问题。我们在以往研究的基础上,对四声字理论概率和声调格式理论概率的计算进行了优化。

2.3　数理统计法研究五言诗声律的优化

2.3.1 理论概率中总字数的确定:韵书与诗歌用字总数

应用统计法需要充分考虑观察对象的特征以选择合适的统计模型,确保实际数据与统计模型参数的合理对应。以句式 AABCD 为例(A、B、C、D 代表不同的声调),要了解某一时期的诗歌中,该句式是否存在使用偏好,需要知道的基本参数有:

　　①某句式的理论概率 p

　　②某句式在这一时期诗歌中的实际频率 q

q 根据实际数据得出:

$$q = AABCD \text{ 出现频次} / \text{总句数}$$

p 应该是:

$$p = AABCD \text{ 的理论出现频次} / \text{总句数}$$

每个句式的理论概率无法直接得知,需要通过近似的计算得出。目前,一般采用的计算方法是:

AABCD 理论概率 =A 调字的理论概率 * A 调字的理论概率 * B 调字的理论概率 * C 调字的理论概率 * D 调字的理论概率

各调字的理论概率需要估算得出,常见方法是用韵书中各调字的总数与韵书中收录的所有字头数的比值估算,如张洪明、李雯静(2011)和李雯静(2015)、史星平

---

① 统计学教材后均附有此表。本文参考韦来生(2015)所附表。

（2014）等。张洪明、李雯静（2011）和李雯静（2015）均采用了沈建民（2000）对《广韵》各声调字的数据，史星平（2014）采用了鲁国尧（2008）中的《切韵》字数统计表。二者平、上、去、入四调字各自的理论概率为：

表1　《广韵》《切韵》四声字理论概率表

	平声	上声	去声	入声	总计
张洪明、李雯静（2011）[①] 李雯静（2015）	39.819%	19.176%	21.777%	19.228%	100%
史星平（2014）	46.06%	17.02%	19.18%	21.56%	100%

上述各家的四声字理论概率有所不同，但从高到低顺序都是平、入、去、上。

这种估算的不足在于，韵书中并非每一个字都能够用于诗歌创作，因此韵书中出现的字数不等于诗歌创作中能够用到的字数。另外，每个字的字频存在差异，因此字头数与实际使用中的总字数并不等同。因此，上述估算方法在准确性和细致程度上存在不足。

庄思璐（2015）已经对统计方法有所完善，用诗歌两汉到初唐平声韵五言诗的用字数量替代韵书字数作为四声用字总数，统计结果如下：

表2　庄思璐（2015）两汉至初唐五言诗四声字数及理论概率表

	平声	上声	去声	入声	总计
出现字数	2522	1047	1324	918	5811
所占百分比	43.4%	18.0%	22.8%	15.8%	100%

庄思璐（2015）估算出的平声、上声理论概率介于张洪明、李雯静（2011）和史星平（2014）统计的百分比之间，去声字百分比略高于两家，而入声字百分比明显低于两家，按照频率高低排序，依次是平、去、上、入。

用诗歌使用的字数计算理论概率体现了进步。不过庄思璐（2015）没有说明所统计的诗歌字数指的是字类（type）数量即字头数，还是字的样例（token）数量即字频数。由于从两汉至初唐诗歌文本量很大，应当不止几千字，我们推断这里统计的仍旧是字头数而非字频数。

上述各家采用的四声字和总字数的数据来源不同，估算结果存在明显差异，说明估算方法对结论的影响不容忽视。这些估算方法最主要的问题在于，无论是用韵书中的字类数，还是用诗歌作品中的字类数，在性质和意义上和统计目标"当时进入使用的所有字的总体"存在截然的差异。上述统计中所用到的韵书或诗歌作品中的字数，是字类（type）的数量。字类的数量不等同于使用中的总字数。在使用中的总字数 N 应当是字

[①]　原文为小数，表中转为百分数以便比较。

例（token）之和，即每个字类和其一般使用频率 f 之积的和，由于每个字类数都是 1，使用中的总字数实际上等于各字类的使用频率之和：

$$N=\sum_{i}^{n} fi$$

上式中，N 是总字数，n 是字类的总数，fi 是第 i 个字类的一般使用频率。

韵书只提供字类数，不能提供共时的字频数。用字类数计算理论概率，默认前提是所有字类在诗句中的自然概率是一致的，但实际上并非如此。因此，统计四声字总数应当统计字例数。另外，用韵书字类数作为总字数，还可能存在时代不相匹配的问题。

获得特定时期使用中总字数最理想的方法，是建立该时期全面注音的平衡语料库，用以统计总字数和四声字数。但此类语料库目前尚不可得。可行的解决方法是以考察范围内的诗歌总体的字数作为总字数，诗歌总体中各声调字的数量与总字数的比值作为各声调字的理论概率，这样能够充分考虑到字频对数据库中每个字类的加权影响。

选择这种估算方法有三个优点。首先，对总字数的估计来自于字例而非字类，在意义上与研究目的更符合，在结果上进一步降低单纯的用字频率对声调格式频率的影响，使计算出的倾向性更客观。

其次，时代一致。用目标诗歌所在时期所有的总字数作为样本容量，其时代性和目标诗歌自然是一致的。

第三，操作可行。目标时期的诗歌数据库的体量，远小于同一个时期的注音平衡语料库，操作更有可行性。

总体上，在考虑字频的条件下估算总字数并计算理论概率，能避免文体和用字频数带来的偏差，凸显由声律自身造成的声调格式使用倾向。

2.3.2 排序概率与非排序概率

计算声调格式理论概率，存在"非排序概率"和"排序概率"的差异，既有研究一般采用非排序概率，而我们认为更好的方案是采用排序概率计算理论概率。

声调格式的非排序概率等于其中各声调字理论概率的乘积，不考虑四声字在每一字位上的分布差异。以"平平上去入"为例，其理论概率 P 如下：

$$P_{平平上去入}=P_{平}*P_{平}*P_{上}*P_{去}*P_{入}$$

非排序概率默认四声调字在诗句任一字位出现的意义相同。如上的计算方法会使得"平平上去入"和"平上去入平"等格式的理论概率必然相同，因为相乘的因子除了顺序之外毫无变化。但在统计中，"平平上去入"和"平上去入平"实际上是两个截然不同的个体，即序列对于分辨作为个体的声调格式是有意义的。既然如此，就不应当用非排序概率的乘积作为理论概率。非排序概率与声调格式理论概率不仅性质不同，表示的个体数量不同[①]，对应的样本空间大小不同，而且基本模型也存在差异。因此，使用非排序概率作为理论概率，与研究实际不符。

为了使计算出的五言诗概率与意义相符，同时排除单纯用字倾向的影响，我们提出"排序概率"的概念。排序概率认为第一、二、三、四、五字位上四声字出现的理论概率是不同的，因此需要分字位计算四声字的频率，以之作为特定字位上四声字的理论概率，进而计算声调格式的理论概率。以"平平上去入"格式为例，其排序概率计算方法如下：

$$P_{平平上去入} = P_{第一字位平} * P_{第二字位平} * P_{第三字位上} * P_{第四字位去} * P_{第五字位入}$$

区分排序概率和非排序概率，可能会面对的质疑是：这二者可能在具体数值上的差别不太大，是否有必要为了意义更精确而选用计算流程更复杂的非排序概率？

这个问题的答案是肯定的。数理统计的意义需要和统计对象实质保持一致。另外，四声字的排序概率有可能不符合四声字非排序概率的概率分布，后文有具体论述。

2.4 运用数理统计方法研究宋齐五言诗的文献基础

逯钦立编纂的《先秦汉魏晋南北朝诗》（下称"逯编"）收诗全面，并有校勘考证。不过限于成书条件，尚有未尽善之处。我们以其中宋齐五言诗作为材料范围，吸收了已有的勘误成果，进行了声调标注。存在异文的诗句排除了显误，其余以逯编正文为准。

声调标注采用机器和人工相结合的方法。诗歌文本先用机器初标，声调数据库以杜晓勤等研发的"中国古典诗歌声律分析系统"中的《广韵》字音为基础，该底本的《广韵》音主要来源为李珍华、周长楫《汉字古今音表》的中古音部分。人工标注诗歌中的异读字。异读字的读音参考《广韵》的注音，《广韵》未及者则采《集韵》，同时参考魏晋南北朝的押韵材料和韵部研究成果（罗常培、周祖谟 1958/2007，Ting 1975，周祖谟 1996 等）。其中，字义明确且音义配合清楚的，据义取音。字义不明确或者异读不别义的字，在诗句中没有其他信息能够确定其声调的情况下，结合该字魏晋南北朝时期的常见押韵与旧注读音，优先考虑《玉篇》首音，确定出该字最常见的声调并为之标注。

[①] 统计的个体种类数量是五言诗理论上能够出现所有声调格式的数量，每一字位上有 4 种可能的声调，所有可能的声调格式是 1024（4^5）种，各声调字数量一样但排序不同的格式计作两个不同的格式，如"平平上去入"和"上去入平平"分别为不同格式。非排序概率实际上把各声调字数量一样但排序不同的格式计作同一个格式，个体种类数量变为 56 种，比起 1024 种而言大大减少，计算方法的意义和研究所针对的问题不相匹配。非排序概率个体种类数量的计算可以通过枚举或有放回的组合公式 C_{n+k-1}^{k} 得到（n 为可抽取的类别数，k 为抽取次数，此处 n=4，为声调数；k=5，为字位数，每个字位视为一次抽取）。枚举法计算可先按照平仄声调数量分类，再计算每种含有仄声的格式中上、去、入三声的组合数量，得到四声非排序格式数量为：全为平声的格式 1 种，4 平 1 仄的格式 3 种，3 平 2 仄的格式 6 种，2 平 3 仄的格式 10 种，1 平 4 仄的格式 15 种，5 仄的格式 21 种，共计 56 种。

三 宋齐五言诗四声字的使用倾向

3.1 刘宋五言诗的用字倾向

3.1.1 刘宋五言诗的基本情况

逯编收录刘宋时期（420—479）四句及以上的押韵五言诗共 578 首，诗句 6568 行，涉及作者 50 位，代表作者有谢灵运（90 首）、鲍照（164 首）等。

刘宋五言诗中，平声韵诗歌有 343 首，4044 行，其中首句入韵诗 39 首；上声韵诗歌 76 首，718 行，首句入韵诗 1 首；去声韵诗歌 51 首，448 行，首句入韵诗 2 首；入声韵诗 97 首，1072 行，首句入韵诗 4 首。平声韵诗歌最多，首句入韵例也最多，去声韵诗歌最少。另有换韵诗 11 首，共 278 行，包括首句入韵 17 例。其中平声韵 164 行，包括首句入韵 8 例；上声韵 44 行，包括首句入韵 4 例；去声韵 14 行，包括首句入韵 1 例；入声韵 56 行，包括首句入韵 4 例。换韵诗中的诗行每一次换韵计 1 首，有平声韵诗 21 首，上声诗 3 首，去声韵诗 2 首，入声韵诗 8 首。

3.1.2 刘宋五言诗四声字频率与《切韵》《广韵》[①] 的比较

总体上，刘宋五言诗四声字的百分比与《切韵》《广韵》相比，频率高低关系一致，但平声字占比明显更多，将近 50%。入声字占比更少，不到总体的 15%。四声字频率的详细对比如下表[②]：

表 3

	平声	上声	去声	入声
《切韵》	46.05%	17.02%	19.18%	17.73%
《广韵》	39.82%	19.18%	21.78%	19.23%
刘宋五言诗	49.56%	17.60%	18.09%	14.74%

3.1.3 刘宋五言诗四声字在各字位上的频率分布

赵团员（2012）指出，《诗经》国风中句脚字声调的对立已经达到了 80%，刘宋之后五言诗句脚字声调对立开始达到 80% 以上。五言诗倾向于使用平声韵，非押韵位置句脚字倾向于声调与押韵对立，这两种倾向深刻影响了句脚字位置上的四声字比例，其规则明显优先于对声调格式的选择。以下主要分析非句脚字位置上四声字的分布。

从分布来看，平声字在各字位上的频数都是最多，但所占比例不同。第四字位上平声字占比最多，其次是第一字位。平声字在第三字位上占比最少，其次是第二字位。仄

[①] 这里《切韵》数据根据史星平（2014），《广韵》数据根据张洪明、李雯静（2011）。下同。

[②] 计算结果百分数保留两位小数，非百分数保留四位小数，下同。

声字方面，上声字在第五字位占比最低，在第三字位占比最高，其次是第四字位，在第五字位占比最低。去声字在第三字位占比最高，其次是第二字位，在第四字位上占比最低。入声字在第五字位占比最高，其次是第二字位，在第四字位上占比最低。

具体情况如下：

表 4

	平声	上声	去声	入声	总计
第一字	54.25%	16.79%	15.04%	13.92%	100%
第二字	44.17%	17.75%	21.89%	16.18%	100%
第三字	40.38%	20.17%	24.15%	15.30%	100%
第四字	58.13%	17.89%	13.70%	10.28%	100%
第五字	50.88%	15.41%	15.67%	18.04%	100%

3.1.4 刘宋五言诗中各字位上用四声字的倾向

检验发现，平声字和去声字在每一字位上都存在使用倾向，且二者的使用倾向恰恰相反。第一、四字位上对平声字存在偏好，对去声字存在回避倾向；第二、三字位对去声字存在偏好，对平声字存在回避倾向。上声字、入声字只在部分字位上明确存在使用倾向，第二字位对入声字存在偏好，第三字位对上声字存在偏好，此位置同样有偏好去声字而回避平声字的倾向；第四字位对入声字存在回避倾向，此位置同样有偏好平声字而回避去声字的倾向。

整体上，非句脚字位置上四声字偏好与回避的倾向大体形成了平声与仄声互补的局面。各字位对四声字的使用倾向具体如下：

表 5

字位	句数 x	四声理论概率	总句数 n	z 值	是否拒绝 H_0	意义
平 1	3563	49.56%	6568	7.5987	是	偏好
平 2	2901	49.56%	6568	−8.7389	是	回避
平 3	2652	49.56%	6568	−14.8840	是	回避
平 4	3818	49.56%	6568	13.8919	是	偏好
平 5	3342	49.56%	6568	2.1446	是	偏好
上 1	1103	17.60%	6568	−1.7162	否	不显示倾向
上 2	1166	17.60%	6568	0.3251	否	不显示倾向
上 3	1325	17.60%	6568	5.4769	是	偏好
上 4	1175	17.60%	6568	0.6167	否	不显示倾向
上 5	1012	17.60%	6568	−4.6648	是	回避
去 1	988	18.09%	6568	−6.4158	是	回避
去 2	1438	18.09%	6568	8.0089	是	偏好

续表

去 3	1586	18.09%	6568	12.7530	是	偏好
去 4	900	18.09%	6568	−9.2367	是	回避
去 5	1029	18.09%	6568	−5.1016	是	回避
入 1	914	14.74%	6568	−1.8838	否	不显示倾向
入 2	1063	14.74%	6568	3.3023	是	偏好
入 3	1005	14.74%	6568	1.2836	否	不显示倾向
入 4	675	14.74%	6568	−10.2026	是	回避
入 5	1185	14.74%	6568	7.5488	是	偏好

如表所示，五言诗前四个字位体现出第一、四字位偏好平声字，第二、三字位偏好非平声字的趋势。

有的诗歌在诗句第一字位置频繁使用平声字，能够直观反映平声字在第一字位上的出现倾向，如下例每一句第一字都是平声[①]：

（1）条繁林弥蔚，波清源愈浚。华宗诞吾秀，之子绍前胤。绸缪结风徽，烟煴吐芳讯。鸿渐随事变，云台与年峻。（谢瞻《于安城答灵运诗》章一）

第四字位也有同诗内部密集使用平声字的用例，如颜延之《秋胡行》第三章除倒数第 2 句外每句第四字均为平声，谢庄《侍东耕诗》全诗每句第四字均用平声。又如：

（2）落日下遥城，浮云蔼层阙。玉宇来清风，罗帐延秋月。结思想伊人，沈忧怀明发。谁为客行久，屡见流芳歇。河广川无梁，山高路难越。（刘铄《拟明月何皎皎诗》）

每一字位对仄声字的偏好是整体存在的，在同诗内部的密集使用并不明显，不过有一些例子仍可窥见一二。

上声字在第三字位的用例如：

（3）夕坐苦多虑，行歌践闱中。房栊引倾月，步檐结春风。（谢惠连《诗》）

去声字在第二字位的用例如：

（4）民庆来苏日，国颂熏风诗。天步或蹔艰，列蕃扇迷愆。（虞龢《明君大雅》，3—6 句）

去声字在第三字位的用例如：

（5）柏梁冠南山，桂宫燿北泉。晨风拂幨幌，朝日照闱轩。美人卧屏席，怀兰秀瑶璠。（谢灵运《日出东南隅行》，1—6 句）

入声字在第二字位的用例如：

[①] 平声字在第一、四字位上的集中使用，在平声韵和仄声韵的诗歌中均有丰富用例。限于篇幅，以下每种类型仅举一例。

（6）衔协旷古愿,斟酌高代贤。逸迹俱浮海,采药共还山。(鲍照《和王丞诗》,5—8句）

整体上,平声字的使用偏好直观表现更为明显。仄声字的使用偏好直观上不明显,但大体与平声字呈现偏好与回避倾向互补的格局。

3.2 南齐五言诗的用字倾向

3.2.1 南齐五言诗的基本情况

逯编收录南齐时期（479—502）四句及以上押韵五言诗共315首,诗句2980行。涉及作者37位,主要作者有谢朓（144首）、王融（85首）,都是永明体创作的代表诗人。

南齐五言诗中,平声韵诗歌有179首,1648行;上声韵诗歌有36首,344行;去声韵诗歌有37首,414行;入声韵诗歌有63首,574行。平声韵诗歌最多,上声韵诗歌最少。首句押韵有22例,其中平声6例,上声3例,去声5例,入声7例。首句入韵和换韵数量少,影响可以忽略。

3.2.2 南齐五言诗四声字频率与《切韵》《广韵》的比较

南齐五言诗整体中,平声字比例在一半以上,上声字和去声字比例接近,入声字比例最少,如下:

表6

	平声	上声	去声	入声
《切韵》	46.05%	17.02%	19.18%	17.73%
《广韵》	39.82%	19.18%	21.78%	19.23%
南齐五言诗	51.16%	17.21%	17.40%	14.23%

其中平声字的比例要比刘宋时期稍高,其他三声字的比例相对略低一点。

3.2.3 南齐五言诗四声字在各字位上的频率分布

南齐五言诗中,平声字在第四字位上占比最高,其次是第一字位。第二字位上平声字比例较低,第三字位上平声字比例最低。上声字在第二字位占比最高,其次是第三字位,在第一字位占比最低,其次是第四字位,但第四字位上声字的比例要高于去声字和入声字。去声字在第三字位占比最高,其次是第五字位和第二字位,在第四字位上占比最低,其次是第一字位。入声字在第五字位占比最高,其次是第三字位和第一字位,在第四字位上占比最低,其次是第二字位。具体比例如下:

表7

	平声	上声	去声	入声	总计
第一字	59.41%	12.52%	13.92%	14.15%	100%
第二字	49.30%	18.93%	17.89%	13.89%	100%

续表

第三字	43.83%	18.72%	22.90%	14.55%	100%
第四字	59.61%	17.49%	13.38%	9.51%	100%
第五字	44.06%	17.96%	18.93%	19.06%	100%

3.2.4 南齐五言诗中各字位上用四声字的倾向

南齐五言诗各字位上使用四声字的倾向，基本继承了刘宋五言诗平仄互补的局面。平声字的使用倾向最为明显。非句脚字位置上，平声字在第一、四字位上存在偏好，二、三字位上存在回避倾向。上去入三声只在部分字位上存在使用倾向。上声字在第二和第三字位存在偏好，第一字位上则存在回避倾向。去声字在第三字位上存在偏好，在第一、第四字位上存在回避倾向。入声字在第四字位上存在回避倾向。具体检验结果如下：

表 8

字位四声	出现句数 x	四声理论概率	总句数 n	z 值	是否拒绝 H_0	意义
平 1	1780	51.24%	2996	8.9476	是	偏好
平 2	1477	51.24%	2996	−2.1272	是	回避
平 3	1313	51.24%	2996	−8.1215	是	回避
平 4	1786	51.24%	2996	9.1669	是	偏好
平 5	1320	51.24%	2996	−7.8657	是	回避
上 1	375	17.12%	2996	−6.6927	是	回避
上 2	567	17.12%	2996	2.6189	是	偏好
上 3	561	17.12%	2996	2.3279	是	偏好
上 4	524	17.12%	2996	0.5335	否	不显示倾向
上 5	538	17.12%	2996	1.2125	否	不显示倾向
去 1	417	17.40%	2996	−5.0308	是	回避
去 2	536	17.40%	2996	0.7035	否	不显示倾向
去 3	686	17.40%	2996	7.9316	是	偏好
去 4	401	17.40%	2996	−5.8018	是	回避
去 5	567	17.40%	2996	2.1973	是	偏好
入 1	424	14.23%	2996	−0.1255	否	不显示倾向
入 2	416	14.23%	2996	−0.5438	否	不显示倾向
入 3	436	14.23%	2996	0.5020	否	不显示倾向
入 4	285	14.23%	2996	−7.3940	是	回避
入 5	571	14.23%	2996	7.5613	是	偏好

同一诗歌内第一字位上平声字的集中使用，能够直观反映出平声字的使用偏好，反映这一现象的诗歌如：

（7）连漪映余雪，严城限深雾。清寒起洞门，东风急池树。神居望已肃，徘徊举冲趣。栖迟如归咏，丘山不可屡。（谢朓《奉和随王殿下诗》其十六）

第四字位上平声字也有一些集中使用的例子，如：

（8）平原数千里，飞观郁岧岧。清月同将曙，浩露零中宵。转叶度沙海，别羽自冰辽。四面通寒色，左右竟严飙。崤渑多榛梗，京索久尘苗。逝将凭神武，奋剑荡遗妖。（王融《清楚引》）

上声字在第二字位相对集中使用的例子如：

（9）云端楚山见，林表吴岫微。试与征徒望，乡泪尽沾衣。赖此盈樽酌，含景望芳菲。问我劳何事，沾沭仰青徽。（谢朓《休沐重还丹阳道中诗》，11—18句）

上声字在第三字位相对集中使用的例子如：

（10）照烂虹霓杂，交错锦绣陈。差池若燕羽，嶬岁似龙鳞。却瞻了非向，前观已复新。翠微上亏景，青莎下拂津。（刘绘《入琵琶峡望积布矶呈玄晖诗》，5—12句）

去声字在第三字位相对集中使用的例子如：

（11）东限琅琊台，西距孟诸陆。阡眠起杂树，檀栾荫修竹。日隐涧疑空，云聚岫如复。出没眺楼雉，远近送春目。（谢朓《和王著作融八公山诗》，5—12句）

整体上，有偏好的平声字能够直观地通过使用情况反映出来，有偏好的仄声字集中使用的诗篇数和诗内密集程度不如平声字，表现不明显。这与刘宋五言诗中的表现一致。

四 宋齐五言诗声调格式的使用偏好

4.1 刘宋五言诗声调格式的使用偏好

4.1.1 刘宋五言诗四声格式的使用偏好

数理统计法对频数低的声调格式的效力有限，不易判断其性质是偶然出现，还是具有回避倾向，这里主要讨论其使用偏好。频数在 50 以上的四声格式以下称为高频格式。用排序概率对这部分格式进行理论概率的计算，并进行 z 检验，检验结果如下：

序号	四声格式	句数 x	四声格式理论概率	总句数 n	z 值	是否拒绝 H_0	意义
1.	平平去平平	124	1.76%	6568	0.7784	否	不显示倾向
2.	平平上平平	89	1.44%	6568	−0.5782	否	不显示倾向
3.	平平去平入	86	0.76%	6568	5.1007	是	偏好
4.	平平入平平	79	1.12%	6568	0.6435	否	不显示倾向

续表

5.	平去入平平	79	0.41%	6568	10.1512	是	偏好
6.	平平平平平	74	3.37%	6568	-10.0798	是	回避
7.	平平上平入	74	0.62%	6568	5.1885	是	偏好
8.	平平平上平	66	0.99%	6568	0.1278	否	不显示倾向
9.	平上去平平	66	0.68%	6568	3.2477	是	偏好
10.	平去平平平	65	1.22%	6568	-1.7240	否	不显示倾向
11.	平去去平平	65	0.64%	6568	3.5632	是	偏好
12.	平去上平平	61	0.52%	6568	4.5657	是	偏好
13.	平平去上平	60	0.52%	6568	4.4830	是	偏好
14.	平平上平去	57	0.62%	6568	2.5224	是	偏好
15.	平入去平平	57	0.50%	6568	4.2845	是	偏好
16.	平平去平上	56	0.59%	6568	2.8180	是	偏好
17.	平平去平去	53	0.76%	6568	0.4684	否	不显示倾向
18.	平上平平平	52	1.29%	6568	-3.6055	是	回避
19.	平平平去平	50	0.76%	6568	0.0418	否	不显示倾向
20.	平上入平平	50	0.43%	6568	4.1069	是	偏好

对比上述格式的频数和 z 检验结果，可以看到高频四声格式未必存在使用偏好，有的甚至反而存在回避的倾向，如"平平平平平"和"平上平平平"。真正存在使用偏好的四声格式有"平平去平入""平去入平平""平平上平入""平上去平平""平去去平平""平去上平平""平平去上平""平平上平去""平入去平平""平平去平上"和"平上入平平"11 类格式。

[1] 平平去平入[①]

（12）瑶华未堪折（谢灵运《南楼中望所迟客诗》）

[2] 平去入平平

（13）聊赠一枝春。（陆凯《赠范晔诗》）

[3] 平平上平入

（14）飞光已飘忽。（刘铄《七夕咏牛女诗》）

[4] 平上去平平

（15）园柳变鸣禽。（谢灵运《登池上楼诗》）

[5] 平去去平平

（16）清殿夏含霜。（刘义恭《登景阳楼诗》）

[①] 为简明起见每种举一例，不兼举上下句，以奇数句无标点、偶数句加句号的方式表明位置。后同。

［6］平去上平平

（17）天地岂私贫（王微《咏愁诗》）

［7］平平去上平

（18）层楼跨九成。（刘义隆《登景阳楼诗》）

［8］平平上平去

（19）回飙卷高树。（颜延之《秋胡行》章三）

［9］平入去平平

（20）长揖愧吾生。（谢瞻《答康乐秋霁诗》）

［10］平平去平上

（21）菰蒲冒清浅。（谢灵运《从斤竹涧越岭溪行诗》）

［11］平上入平平

（22）箫管激悲音（何承天《远期篇》）

4.1.2 刘宋五言诗平仄格式的使用偏好

存在偏好的高频四声格式隶属于"平平仄平仄""平仄仄平平""平平仄仄平"3种特定的平仄格式，可以推测，这一时期声调格式在平仄方面可能也存在选择偏好。不过，并非特定平仄格式内所有的四声格式都存在使用偏好。考察与高频四声格式属于同一平仄格式的其他四声格式可以证明这一点。四声格式出现的频数高低，不仅与所属平仄格式有关，也会受到用字倾向的影响。以"平平仄仄平"为例，"平平去上平"有60例，但"平平去入平"只有14例，"平平入入平"只有11例，其余第三、四字位为入声字的格式频数也比较低。

高频四声格式所属的平仄格式中各类四声格式频数情况如下：

表 9

序号	平仄格式	高频四声格式	频数	非高频四声格式	频数
1.	平平仄平仄	平平去平入	86	平平上平上	35
		平平上平入	74	平平入平上	47
		平平上平去	57	平平入平去	36
		平平去平上	56	平平入平入	32
		平平去平去	53		
2.	平仄仄平平	平去入平平	79	平上上平平	46
		平上去平平	66	平入上平平	46
		平去去平平	65	平入入平平	24
		平去上平平	61		
		平入去平平	57		
		平上入平平	50		

续表

序号	平仄类型		频数	平仄格式	频数
3.	平平仄仄平	平平去上平	60	平平上上平	44
				平平上去平	25
				平平上入平	20
				平平去去平	19
				平平去入平	14
				平平入上平	27
				平平入去平	18
				平平入入平	11

高频四声格式所属的平仄格式未必在所有平仄格式中处于使用优势，因此对所有平仄格式的使用倾向进行检验。结果得到有偏好的格式有13种，如下表：

表10

序号	平仄类型	频数	平仄格式理论概率	z 值	意义
1.	仄仄仄平平	514	4.50%	12.9808	偏好
2.	平仄仄平平	494	5.34%	7.8594	偏好
3.	平平仄平仄	476	4.08%	12.9796	偏好
4.	平平平仄仄	255	1.99%	10.9819	偏好
5.	仄仄平平仄	252	2.94%	4.2749	偏好
6.	仄仄平仄平	246	2.20%	8.5592	偏好
7.	平平仄仄平	238	3.04%	2.7371	偏好
8.	平平仄仄仄	236	2.94%	3.1433	偏好
9.	平仄平仄平	209	2.61%	2.9337	偏好
10.	仄仄平仄仄	192	2.12%	4.5110	偏好
11.	平平平仄平	161	2.06%	2.2243	偏好
12.	仄平平仄仄	158	1.68%	4.5892	偏好
13.	仄平平仄平	139	1.74%	2.3438	偏好

上述平仄格式的诗句共3570句，占总数的54.35%，即一半以上的诗句都选择了上述格式。有的诗歌全部由上述格式组成，如颜延之《五君咏·向常侍》：

句数	内容	平仄	高频平仄式序号
①	向秀甘淡薄，	仄仄平仄仄	10
②	深心托毫素。	平平仄平仄	3
③	探道好渊玄，	平仄仄平平	2
④	观书鄙章句。	平平仄平仄	3
⑤	交吕既鸿轩，	平仄仄平平	2
⑥	攀嵇亦凤举。	平平仄仄仄	8
⑦	流连河里游，	平平平仄平	11
⑧	恻怆山阳赋。	仄仄平平仄	5

上述平仄格式与后世律句平仄格式在类型上出现了较大幅度的重叠。其中（6）（9）完全被排除在近体诗格律外，格式（8）在早期近体诗中允许出现，格式（10）（11）（13）允许在特定出句或对句的情况下出现，后世以此为拗救。除上述格式外的 7 种平仄格式均为近体诗允许的平仄格式，这为近体诗句律的形成提供了诗歌实践方面的线索。

4.2 南齐五言诗声调格式的使用偏好

4.2.1 南齐五言诗四声格式的使用偏好

南齐诗高频四声格式共 7 种，用排序概率进行理论概率的计算，在此基础上进行 z 检验，检验结果如下：

表 11

序号	四声格式	句数 x	四声格式理论概率	总句数 n	z 值	是否拒绝 H_0	意义
1.	平平去平入	69	0.76%	2980	9.7512	是	偏好
2.	平平去平上	64	0.72%	2980	9.2427	是	偏好
3.	平平上平去	55	0.62%	2980	8.5415	是	偏好
4.	平平上平入	52	0.62%	2980	7.7846	是	偏好
5.	平上去平平	56	0.68%	2980	8.0106	是	偏好
6.	平去上平平	50	0.52%	2980	8.7472	是	偏好
7.	平平平上去	51	0.43%	2980	10.7943	是	偏好

以上 7 种高频格式全部存在使用偏好，具体用例如下：

[1] 平平去平入

（23）湘娥洞庭发。（袁彖《游仙诗》）

[2] 平平去平上

（24）云峰帝乡起（王融《江皋曲》）

[3] 平平上平去

（25）澄江静如练。（谢朓《晚登三山还望京邑诗》）

[4] 平平上平入

（26）王孙久为客（王融《思公子》）

[5] 平上去平平

（27）遵渚泛兰舸（王融《渌水曲》）

[6] 平去上平平

（28）何事久佳期。（王融《王孙游》）

[7] 平平平上去

（29）风云多赏会。（萧子良《游后园》）

南齐五言诗总句数不及刘宋五言诗的一半，频数在 50 以上的四声格式不多。高频格式全部存在使用偏好，反映四声字使用倾向对格式使用频数的影响被削弱。理论上，若平声字多且使用的频率高，那么四声格式中含有平声字最多的格式也应当有较高的出现频率。刘宋时期的四声格式存在这一倾向，但到了南齐的五言诗中，高频格式中平声字没有超出三个的，五连平的格式"平平平平平"仅出现 4 例，这说明四声格式的出现频数在一定程度上摆脱了四声字用字倾向的影响，从一个侧面反映五言诗自身的声调规则在逐渐形成。

上述高频四声格式平仄字数比都是 3∶2，反映了平仄字数达到这种特定平衡的格式可能更容易得到高频使用。

4.2.2 南齐五言诗平仄格式的使用偏好

上述高频四声格式属于 3 种平仄格式，"平平仄平仄""平仄仄平平"和"平平平仄仄"。与刘宋五言诗相比，"平平仄平仄"和"平仄仄平平"两种格式是一致的，少了"平平仄仄平"，增加了"平平平仄仄"。高频格式所属的平仄格式均符合后世近体诗句律。

与高频格式同平仄格式的四声格式也可能频数较低，除了受到入声字频率较低的影响，还有可能受到同调仄声共现的影响，如"平平上平上"和"平平入平入""平上上平平"和"平入入平平""平平平去去""平平平上上""平平平入入"都是各自所在的平仄格式中频数最低的四声格式，且与其他四声格式相比频数相差明显。

高频四声格式所属的平仄格式中，各类四声格式频数具体情况如下：

表 12

序号	平仄格式	高频四声格式	频数	非高频四声格式	频数
1.	平平仄平仄	平平去平入	69	平平入平去	35
		平平去平上	64	平平去平去	23
		平平上平去	55	平平入平上	23
		平平上平入	52	平平上平上	9
				平平入平入	8
2.	平仄仄平平	平上去平平	56	平上入平平	47
		平去上平平	50	平入去平平	33
				平去入平平	31
				平入上平平	24
				平去去平平	22
				平上上平平	14
				平入入平平	2

续表

3.	平平平仄仄	平平平上去	51	平平平去上	41
				平平平上入	40
				平平平入上	31
				平平平去入	20
				平平平入去	19
				平平平去去	13
				平平平上上	11
				平平平入入	9

对南齐五言诗平仄格式进行检验，用例在50以上存在偏好的平仄格式有10种，检验结果如下：

表13

序号	平仄类型	频数 x	平仄格式理论概率	z 值	意义
1.	平平仄平仄	338	5.49%	14.0397	偏好
2.	平仄仄平平	279	4.44%	13.0308	偏好
3.	仄仄仄平平	253	3.04%	17.3528	偏好
4.	平平平仄仄	237	2.90%	16.4350	偏好
5.	仄仄平平仄	189	3.01%	10.6575	偏好
6.	平平仄仄仄	186	3.72%	7.2846	偏好
7.	平平仄仄平	144	2.93%	6.1670	偏好
8.	仄平平仄仄	120	1.98%	8.0106	偏好
9.	仄仄平平平	118	2.37%	5.7100	偏好
10.	平平平仄平	108	5.64%	4.8946	偏好

从直观的角度而言，选用上述平仄格式的诗句有1972句，占南齐全部五言诗的66.17%。有的诗歌甚至全篇由上述格式构成，如王融《采菱曲》：

句数	内容	平仄	高频平仄式序号
①	炎光销玉殿，	平平平仄仄	4
②	凉风吹凤楼。	平平平仄平	10
③	雕辒傪平隰。	平平仄平仄	1
④	朱棹泊安流。	平仄仄平平	2
⑤	金华妆翠羽，	平平平仄仄	4
⑥	鹔首画飞舟。	仄仄仄平平	3
⑦	荆姬采菱曲，	平平仄平仄	1
⑧	越女江南讴。	仄仄平平平	9
⑨	腾声翻叶静，	平平平仄仄	4

续表

⑩	发响谷云浮。	仄仄仄平平	3
⑪	良时时一遇，	平平平仄仄	4
⑫	佳人难再求。	平平平仄平	10

　　与刘宋五言诗相比，存在使用偏好的平仄格式在形式上更整饬。除了格式 6 和 9 只在早期近体诗中允许出现外，其余都属于近体诗律常见格式。近体诗主要的四类平仄格式"仄仄平平仄""平平仄仄平""平平平仄仄""仄仄仄平平"都包括在内，反映出当时这些平仄格式已经具有了使用优势。另外，除了特殊格式"平平仄平仄"外，其余有使用偏好的平仄格式均有二四异声的特点。这些特点的出现早于梁代刘滔提出的"二四异声"和"平仄二元化"的大同时期（杜晓勤 2016），可能为诗律理论形成提供了实践条件。

五　结论

　　刘宋和南齐时期诗歌声律理论处于酝酿萌芽阶段，诗歌实践中反映出的使用偏好更多具有自发性。我们用文献研究法、数理统计法和数据分析法研究宋齐五言诗四声字和声调格式的使用倾向，能够反映诗歌实践对最早诗律理论的可能影响。同时，也能够从诗歌材料中发掘汉语语音史上声调语音特点的更多线索，有助于进一步认识平仄格局的形成过程。

　　在方法上，我们讨论了数理统计法检验诗律的优势和以往的不足，提出了两点优化方案。其一是估算理论总字数不应使用韵书或诗歌材料中的字头数，而应选用诗歌材料中的字频总数，后者在计算意义和时代上更为合理。其二是计算声调格式的理论概率需要考虑四声序列的意义，应当使用每一字位上四声字的理论概率计算声调格式的理论概率，这样不仅在计算意义上与考察对象相符，而且能排除各字位用字偏好对声调格式频率产生的影响。

　　在四声字的使用倾向上，宋齐五言诗多用平声字的倾向较为明显，各字位上平声字与仄声字存在的倾向基本相反，整体呈现平仄偏好互补的局面。大体上，第一和第四字位上偏好平声字、回避仄声字，第二和第三字位上回避平声字、偏好仄声字。

　　声调格式的使用偏好方面，宋齐五言诗都已经存在对平仄格式的使用偏好，整体存在声调格式逐渐整饬、规律性逐渐增强的变化。四声格式方面，高频四声格式有集中在特定平仄格式的趋势，刘宋高频四声格式全部属于"平平仄平仄""平仄仄平平""平仄仄平"，南齐高频四声格式全部属于"平平仄平仄""平仄仄平平""平平平仄仄"，两个时期高频四声格式有部分相同的所属平仄格式，且所属平仄格式全部符合后世近体诗律。平仄格式方面，刘宋五言诗中有使用偏好的平仄格式大部分符合早期近体诗律，而南齐五言诗中有使用偏好的平仄格式几乎全部符合早期近体诗律，平声字和仄声字的比全部都是3∶2，且除了"平平仄平仄"外的所有格式都为二四异声，与刘宋五言诗相比规律性增强。

宋齐五言诗的四声字使用倾向与声调格式使用倾向，为诗律规则的形成与诗律理论的提出提供了实践基础，为近体诗律的发展埋下伏笔。

参考文献

杜晓勤　2016　《大同句律形成过程及与五言诗单句韵律结构变化之关系》，《岭南学报》复刊第5辑。又收入《六朝声律与唐诗体格》，北京大学出版社，2017。

李雯静　2015　《数理统计在诗律研究中的应用——以庾信五言诗联内调四声情况为例》，《山东师范大学学报》（人文社会科学版）第6期。

鲁国尧　2008　《苦心利他，匠心独运（外一章）——读郭芹纳〈诗律〉后之感言与引申》，《语言学文集　考证、义理、辞章》，上海人民出版社。

逯钦立　1983　《先秦汉魏晋南北朝诗》（中），中华书局。

罗常培　周祖谟　1958　《汉魏晋南北朝韵部演变研究》（第一分册），科学出版社。又中华书局，2007。

沈建民　2000　《〈广韵〉各声类字的一个统计分析》，《江苏师范大学学报》（哲学社会科学版）第2期。

史星平　2014　《试论近体五言诗"对"的规则的形成》，北京大学硕士学位论文。

宋晨清　张洪明　2015　Tonal Prosody in Yongming Style Poems，南开大学出版社。

孙玉文　2015　《汉语变调构词考辨》，商务印书馆。

王　力　2013　《汉语史稿》，中华书局。

王　力　2014　《汉语语音史》，中华书局。

王　力　2015　《汉语诗律学》（上）（下），中华书局。

韦来生　2015　《数理统计》，科学出版社。

张洪明　李雯静　2011　《庾信五言诗声律考察——二项检验在汉语诗律中的案例研究》，《文学与文化》第4期。

赵团员　2012　《先秦汉魏晋南北朝诗句脚字声律研究》，北京大学硕士论文。

周祖谟　1996　《魏晋南北朝韵部之演变》，（台湾）东大图书股份有限公司。

庄思璐　2015　《平声韵到五言诗的句律：从两汉到初唐》，北京大学硕士论文。

Ting, Pang-Hsin　1975　Chinese Phonology of Wei-Chin Period: Reconstruction of the Finals as Reflected in Poetry（《魏晋音韵研究》）. Special Publications No.65, Institute of History and Philology.

The Early Rhythm Characteristics of Pentasyllabic Poetry from the Perspective of Mathematical Statistics
——Take the Pentasyllabic Poetry of Liu Song and Southern Qi as an Example

CHENG Yue

Abstract: This paper discusses and optimizes the specific application of mathematical statistics used in the study of poetry rhythm, and puts forward that the theoretical probability of words of four tones should be calculated by using the frequency of words in poetry, and the "sorting probability" should be used as the theoretical probability of tone format. Using the optimized mathematical statistics method, this paper analyzes the use tendency of four tone characters and tone formats in each word position pentasyllabic poetry in Song and Qi dynasties. In terms of the use tendency of words of four tones in each character position, the using tendencies of even and oblique tone words have obvious complementary distribution. The first and fourth character positions have a preference for words with even tone, and the second and third character positions have a preference for words with oblique tone. In terms of tone format preference, the regularity of tone format of five character poetry from Liu Song to Southern Qi gradually increased. The four-tone formats with high frequency tended to focus on the specific even-oblique formats, and the formats in line with the metrical poetry increased in the even-and -oblique tone formats with preference. This tendency provides a practical basis for the formation and development of poetic theory.

Key words: pentasyllabic poetry, four tones, level and oblique tones, mathematical statistics

（程悦　中国社会科学院语言研究所　100732）

《历史语言学研究》稿约

一

  《历史语言学研究》是由中国社会科学院语言研究所历史语法与词汇学学科（中国社会科学院重点学科）主办、商务印书馆出版发行的系列学术集刊，旨在为国内外历史语言学界提供一个较高水平的学术交流平台。从 2021 年开始，本刊改为一年两辑，简体字。

  本刊主要发表原创性的历史语言学及其相关专业的学术论文。

  本刊面向国内外语言学界组稿，实行双向匿名审稿制。欢迎投稿。本刊通讯地址：中国北京建国门内大街 5 号中国社会科学院语言研究所《历史语言学研究》编辑部，100732；电话：010-85195400。电子邮件：lsyyx@cass.org.cn。

二

  来稿请注意以下事项：

  1. 字数一般请控制在 20000 字以内，超过 5000 字者请提供 300 以内的中文提要和 3 至 5 个关键词，以及相应的英文题目、提要、关键词。

  2. 投稿电子文本即可。电子文本以 WORD 编辑，通过电子邮件以附件形式发送。作者姓名、单位、电子邮件、电话、通信地址及邮编等请另页给出。

  3. 编辑部在收到稿件后半年内告知评审结果，半年内如未收到用稿通知，可自行安排。论文一经发表，即赠样书两本。

三

  稿件编排主要体例如下：

  1. 章节层次编号，可以用 1、2，1.1、1.2，1.1.1、1.1.2，……；或一、二、三，(一)、(二)、(三)，1、2、3，……

  2. 图表编号，用图 1、图 2；表 1、表 2，……。

  3. 例句编号，用（1）（2）（3）……。例句版式，首行空 4 格，回行空 2 格，必要时接排，中间用竖线隔开。例句出处在圆括号内标明，包括书名、卷回名或卷回数等。

  4. 国际音标是否加方括号视需要而定；调值用数字形式标在音标右上角，如"[lou^{35}]"。

  5. 注释用①②③……置于每页下面，每页单独排序。谢启置于首页下，并于篇题之后标星号参照。

  6. 征引形式为"吕叔湘（1944）"；引述原文时，兼附页码，如"王力（1980：21）"，或加在引文后面"（王力 1980：21）"。

  7. 征引文献一律附在文末"参考文献"下，先中文，后日文、英文，按音序排列。

《历史语言学研究》编辑部